BVT

Seit mehr als einem Vierteljahrhundert bereist Tilman Spengler China, als Student, Journalist, Dozent und als Kanzlerbegleiter. Wie Lawrence Sternes Yorick glaubt er, daß Zugang zu einem fremden Land nur findet, wer dort nicht Abenteuer sucht, sondern den Alltag, das Vertraute im Erstaunlichen. Das hat sich in jenem Zeitraum gewaltig verändert – von der radikalsozialistischen Kulturrevolution bis zum Aufruf des ehemaligen Ministerpräsidenten an sein Volk: »Bereichert Euch!« Als beteiligter Zuhörer hat Tilman Spengler Geschichten dieser Wandlung festgehalten.

Tilman Spengler studierte Sinologie und arbeitete mehrere Jahre am Max-Planck-Institut in Starnberg, später an der Akademie der Wissenschaften in Peking. Er ist Herausgeber der Zeitschrift »Kursbuch«.
Weitere Auskünfte über sein Leben finden sich in seinem zuletzt erschienenen Buch »Meine Gesellschaft« (2001 Berlin Verlag).

Tilman Spengler

Das Glück wartet draußen vor der Stadt

Reportagen und Erzählungen aus China

Berliner Taschenbuch Verlag

Originalausgabe
Juni 2002
BvT Berliner Taschenbuch Verlags GmbH, Berlin,
ein Unternehmen der Verlagsgruppe Random House GmbH
Ein Teil der Beiträge erschien bereits in dem
1989 veröffentlichten, inzwischen vergriffenen Band
»Geistermauern«, Kursbuch-Verlag, Berlin

Umschlaggestaltung: Nina Rothfos und Patrick Gabler, Hamburg,
unter Verwendung eines Details des Gemäldes »Ohne Titel«, 2000,
von Fang Lijun, Privatbesitz
Gesetzt aus der Stempel Garamond durch psb, Berlin
Druck und Bindung: Elsnerdruck, Berlin
Printed in Germany · ISBN 3-442-76119-0

Inhalt

Vorwort

Am 1. August besuchen Herr Pang und ich das Revolutionsmuseum eines Dorfes, das früher Dreibrunnenglück hieß und später den Namen einer landwirtschaftlichen Brigade erhielt. Das Dorf liegt ein paar Dutzend Kilometer westlich von Taiyüan in der Provinz Shanxi, kein reiches Gebiet. Die Sonne scheint heftig, vielleicht suchen wir nur einen schattigen Ort, jedenfalls sind wir die einzigen Besucher. An das genaue Jahr kann ich mich nicht erinnern, es muß Mitte der 70er Jahre sein, zum Ende jener Zeit, die man in China noch die »Große Proletarische Kulturrevolution« nennt.

Eindeutig ist dagegen das Datum des 1. August. Der August ist der achte Monat und acht ist eine Glückszahl. Am 1. August 1927 begann der berühmte Aufstand von Nanchang. Am 1. August wurde die Rote Armee begründet, deren zwei Teile jeweils »Die Achte« und »Die Vierte« genannt wurden. Der 1. 8. ist natürlich ein Feiertag.

Außer dem Revolutionsmuseum gibt es in dem Dorf, das früher Dreibrunnenglück hieß, nichts zu sehen. »Nicht einmal einen Brunnen«, sagt Herr Pang, der sich erkundigt hat.

Links neben dem Museum ist das Parteibüro untergebracht, rechts daneben ein Magazin für Kunstdünger und Unkrautvernichter.

Der Ausstellungsraum ist nicht üppig ausgestattet. An der rechten Wand hängen teils gedruckte, teils handgeschriebene Statistiken, die von Erfolgen in der Produktion berichten, der

Plastikbezug über dem Porträt des eher gleichgültig dreinblickenden Parteivorsitzenden ist verstaubt, an der linken Wand hängen Losungen, die nur zu einem Teil größere, hellere Flächen überdecken.

»Vermutlich frühere Fotos, die heute politisch keinen Wert mehr haben«, sagt Pang.

Das wichtigste Exponat liegt unter einem Glaskasten und wird von innen durch vier Neonröhren beleuchtet. Es handelt sich um einen Knotenstock aus Wurzelholz, wie ihn auf traditionellen Gemälden buddhistische Pilger oder daoistische Reisende ins Paradies mit sich führen.

Die Legende vor dem Schrein sagt: »Wanderstock, den die Genossin Jiang Qing vor der Befreiung des Landes in größter Selbstlosigkeit ihrem damaligen Kommandeur überließ, als dieser bei einer siegreichen Schlacht am Bein verletzt wurde.«

Der Zufall führt Pang und mich wenige Jahre später zurück nach Dreibrunnenglück. Wieder besuchen wir das Revolutionsmuseum, in dem sich nichts geändert hat, außer der Legende. Jetzt lesen wir: »Wanderstock, den Jiang Qing, das verbrecherische Mitglied der Viererbande, gewissenlos und in größter Schamlosigkeit ihrem damaligen Kommandeur entwendete, als dieser bei einer siegreichen Schlacht am Bein verletzt wurde.«

Zum vorletzten Neujahrsfest schreibt mir Pang, daß die Armee in dem Museum heute Militärspielzeug verkauft. Den Stock hat er nicht mehr gefunden.

Der Maler Dong Qichang (1555–1636) ist auch einer der scharfsinnigsten Kunstkritiker der chinesischen Kulturgeschichte. Er untersucht Entwicklungslinien in der Tradition, die mal in den Süden, mal in den Norden führen, er rühmt des einen Malers Begabung für die Darstellung von Koniferen, des anderen überzeugende Monochrom-Technik. Eine gelungene Komposition ist für ihn die mustergültige Umsetzung von Regeln.

Man kann, sagt Dong, den Geist eines Künstlers nachempfinden und dann über ihn hinauswachsen. Wenn man ihn nur nachempfindet, landet man bei der Imitation – und von dort ist es zur Fälschung nicht weit. Das Wort »Fälschung« und das Wort »Kopie« liegen im chinesischen Sprachfeld ziemlich eng beieinander. Es geht stets um das Befolgen von Regeln. Hinzu kommen die Materialien; Papier, Tusche, Pinsel, Seide. Wenn man alle Regeln befolgt und mit alten Materialien arbeitet, kann man dann noch von Fälschung sprechen? fragt Dong.

»Diese Geschichte ist wahr«, sagt der Märchenerzähler vor dem Xihuang Tempel in Peking. »Ich habe sie schon oft erzählt, manchmal aber mit anderen Namen.«

Aus China kommen Zauberwörter. Sie lauten »Großer Sprung nach vorn«, »Laßt Hundert Blumen blühen« und »Wandzeitung«; »Massenkampagne«, »Kulturrevolution« oder »Kampf, Kritik, Umgestaltung«; »Widerspruch im Volke«, »Viererbande« und »Langer Marsch«; »Volkskommune«, »Worte des Vorsitzenden« oder »Rechtsabweichler«. Die Wörter erobern die Phantasie, setzen sich fest wie Abzählreime. Oder Popsongs. Bald summt sie die ganze Welt.

Nur wenigen Ausländern ist klar, daß die bunten Begriffe durch die Bank eine klassisch apotropäische Aufgabe haben, sie sollen Unheil abwehren, sind Beschwörungsformeln.

»Der Lange Marsch« (1934–1935), bisweilen auch »Der Glorreiche Lange Marsch« genannt, ist eine zweijährige Flucht der kommunistischen Verbände, bei der von 80 000 Teilnehmern allenfalls 9000 überlebten. Im »Großen Sprung nach vorn« (1958–1961) sollen die Industrie dezentralisiert, die Landschaft in Volkskommunen kollektiviert und Fachverstand durch Begeisterung ersetzt werden. Wenn man sich heute streitet, ob das Unternehmen zwanzig oder dreißig Millionen Opfer gekostet hat, dann nur, weil die Statistiken die genaue Festlegung so schwierig machen. Als Mao im Mai 1957 den Intellektuellen seines Landes zuruft: »Laßt hundert Blumen blühen und hundert Denkrichtungen miteinander wetteifern«, da müssen die Mutigen sehr schnell erfahren, daß diese Blumen nur blühen sollen, damit man ihnen leichter den Kopf abschlagen kann. Die Kritiker der Partei nennt man »Rechtsabweichler«, ein Begriff, der ihnen aufgesetzt wird wie ein spitzer Hut, so sind sie leichter auszumachen, besonders in der »Kulturrevolution« (1966–1976). In jenen zehn Jahren der unablässigen Kämpfe zwischen den verschiedensten politischen Fraktionen um Macht im Namen der Reinheit und der fortgesetzten Revolution droht China vollends in Armut, Dummheit und Wehrlosigkeit zu versinken. Schönrednerisch spricht man von »Widersprüchen«, die gelöst werden müssen, von »Kampf, Kritik, Umgestaltung« als den dazu tauglichen Strategien. Verantwortlich gemacht werden für die Verbrechen dieses Jahrzehnts vornehmlich vier Personen, die »Viererbande«, zu der auch Jiang Qing, die Witwe Mao Zedongs gehört. Im Oktober 1976 wurde das Quartett verhaftet und der Öffentlichkeit als Schuldige präsentiert. Natürlich spricht es den Opfern Hohn, die Verfolgungen und Morde, das Auseinanderreißen von Familien, die Zerstörung wertvollster Kunstschätze, die Vernichtung des intellektuellen Potentials einer ganzen Generation und viele andere Verbrechen mehr vornehmlich jenen vier Gestalten anzulasten. Aber es wird damit immerhin ein symbolischer Schlußstrich unter die Kämpfe gezogen. Danach flackert die Lust an Zauberwörtern nur noch sporadisch auf: Die »Vier Modernisierungen«, durch die das Land wieder auf die Beine kommen soll, rehabilitieren immerhin auch die Zahl Vier. Das Jahr 1992 bringt schließlich die kühne Aufforderung: »Ins Meer tauchen«, kühn schon deshalb, weil sich in China Schwimmen noch lange nicht als Volkssport durchgesetzt hat. Das Meer steht in dieser Losung für Handel oder Geschäftemachen, es ist – wie die Entwicklung bis heute zeigt – eine der erfolgreichsten Parolen in der Geschichte des Landes.

Im selben Jahr wird in einem Warenhaus in Peking ein goldener Füllfederhalter für den Preis von 88 888 Yüan angeboten. Auch die Acht hat sich von ihren politischen Bindungen gelöst. Ihre Bedeutung knüpft sich wieder wie früher an den chinesischen Ausdruck für »Gewinn machen«, das Glück hat zu seinem ökonomischen Ursprung zurückgefunden. Man muß dieses Zauberwort allerdings auf kantonesisch aussprechen. Von dort kommen auch die gerissensten Geschäftsleute.

»Von China haben Sie keine Ahnung!« Diesen Satz, mal höflicher, mal weniger höflich formuliert, höre ich, seitdem ich das Land bereise. Eine frühere Rotgardistin erzählt mir, wie sie ihrer Klassenlehrerin aus der Hand liest und dort nur böse

Omina findet – zuvor hat ihre Gruppe die Wohnung der Lehrerin angezündet.

Wie hat die Lehrerin darauf reagiert?

»Sie hat sich bedankt, aber das können Sie als Ausländer nicht verstehen.«

In der Nähe von Kashgar zeigt mir ein Staatsanwalt das Gefängnis für politische Häftlinge. Die Insassen, zerlumpte Gestalten, stehen bis zu den Knöcheln in Stroh und Kot. »Kein schöner Anblick«, sagt der Staatsanwalt, »ihre Nahrung haben sie auch verweigert. Was das bedeutet, können nur Chinesen verstehen.«

»Mein Roman ist gerade verboten worden«, ruft die junge Autorin aus Shanghai und wirft eine Kußhand zu den Passanten, die in der Fußgängerzone vor dem Kaffeehaus vorbeiziehen, »das ist toll, schade, daß Sie noch nicht genug von China wissen, sonst würden Sie sich mit mir freuen.«

Das Rätsel als Gütesiegel, als Schutz, als Ausrede? Schon als erstmals Begegnungen zwischen Chinesen und »Fremden« protokolliert werden, das geschieht im 5. Jahrhundert vor unserer Zeitrechnung, sind die Fremden Barbaren, manchmal sheng (»roh«), manchmal shu (»gekocht«). Die überlegene Zivilisation der Chinesen bleibt ihnen rätselhaft, denken die Herren der Kultur, auch deshalb, weil sie die Schrift nicht beherrschen. Und auch sonst ist an den Fremden manches auszusetzen: sie sind ungerecht, schlafen dauernd oder nie, führen ein ungebundenes, wildes Leben, schreien unartikuliert, und ein wenig häßlich sind sie auch. Manchmal trifft man sogar auf Tiergestalten oder Wesen, die in der Mitte des Leibes ein Loch haben, durch das man eine Stange schieben kann, wenn der Fremde bewegt werden soll.

Vom Reich der Mitte hat der Fremde keine Ahnung, er siedelt ja jenseits der Grenzen, ist wortwörtlich Ausländer.

Gut, dieses Bild gewinnt im Laufe der nachfolgenden Jahrhunderte an Farbe und an Tiefenschärfe. Aber es bleibt das Beharren auf einer besonderen chinesischen Essenz, einem ganz speziellen Wesenszug, einer Qualität, die sich nicht über Materielles definieren läßt. Techniken kann man jederzeit übernehmen, auch klaglos anerkennen, daß manche Fremde es da auf bestimmten Gebieten weiter gebracht haben als die Chinesen. Insbesondere in der Waffentechnik. Doch recht besehen sind das Äußerlichkeiten, die sich zum Charakter verhalten wie das Werkzeug zum Gehirn. Und das ist ja auch rätselhaft.

»Das ist Handwerk und keine Kunst«, schreibt Anfang des 17. Jahrhunderts der Gelehrte Zou Yigui über die Malerei der Jesuiten, die nach China gekommen sind, um den Kaiser von China von der Überlegenheit der europäischen Kunst zu überzeugen. Die Missionare, darf man unterstellen, bauen darauf, daß ein Kaiser, der die Bedeutung der Zentralperspektive begreift, auch einsieht, daß es nur einen Gott geben kann. Nämlich den der Christen. Bislang kennt der Herrscher viele Götter und zahllose Perspektiven.

Die Maler aus Europa werden in die kaiserlichen Studios vorgelassen. Sie zeigen, wie man koloriert und schattiert, sie arbeiten mit neuen Farben, und dank ihrer Perspektivkunst wird der chinesische Betrachter so verwirrt, daß er einen Zaubertrick vermutet, kurz, die ganze Angelegenheit scheint sich prächtig im Sinne der Jesuiten zu entwickeln.

Doch der Kaiser bewahrt seine Souveränität. Die Fremden, sie heißen Castiglione, Sickelparth oder Attiret, können sich in seinen Studios nur halten, wenn sie ihre Gemälde immer wieder korrigieren. Zeigen, was sie in ihrer Heimat gelernt haben, dürfen sie nur, wenn es um rein praktische Motive geht. »Um Steckbriefe«, wie einer der Maler klagt.

Giuseppe Castiglione malt im Laufe seiner weiteren Karriere immer mehr wie ein einheimischer Künstler. Da er mit seinem chinesischen Namen signiert, merken manche Kunsthistoriker gar nicht, daß die Werke von einem italienischen Meister stammen.

Die ästhetischen Missionierungs- und Selbstmissionierungsversuche haben sich in der Geschichte wiederholt. Tolldreist wird es, als die zuständige Abteilung der Kommunistischen Partei den sozialistischen Realismus zur verbindlichen Richtschnur erklärt. In der Malerei der Kulturrevolution darf auf keinem Landschaftsbild ein Hochspannungsmast fehlen.

An einem Sommernachmittag sitzen wir im Hörsaal eines College in Cambridge. Ein Redner trägt der Konferenz seine Funde und Vermutungen über die Geschichte west-östlicher Kulturbeziehungen vor. Der Vorsitzende, eine Lichtgestalt der Sinologie, hat sein Kinn in die linke Hand gestützt, die Augen sind geschlossen, was entweder auf hohe Konzentration oder tiefen Schlaf schließen läßt. Plötzlich schreckt der Vorsitzende hoch. »Verzeihen Sie, daß ich Sie unterbreche«, sagt er zu dem Redner, »sehr interessant, das Ganze, wirklich sehr interessant.« Er fährt sich kurz mit der rechten Hand über den zarten silbernen Kranz auf seinem Schädel. »Gestatten Sie mir nur eine Frage: Glauben Sie, die chinesische Kultur hat aus ihrem Kontakt mit dem Westen irgendeinen Gewinn gezogen?«

Der berühmte Vorsitzende hat die Statur, diese Frage zu stellen, weder der Redner noch wir Studenten haben die Statur, um diese Frage zu beantworten.

»Erinnern Sie sich noch an Lao She?«

»An wen?«

»Lao She, den berühmten Schriftsteller. Er hat in diesem Viertel gelebt.«

»Der ist doch tot. Man redet nicht mehr über ihn.«

Der Schriftsteller Shu Qingchun, der unter dem Namen Lao She schreibt, kommt 1899 als Kind eines mandschurischen Gardeoffiziers auf die Welt. Ein Jahr später ziehen alliierte Truppen nach Peking, um den Boxeraufstand niederzuschlagen, dabei wird auch der Vater umgebracht. Kindheit und Jugend verbringt Lao She in großer Armut, dann rettet ihn ein Stipendium nach England. 1930 kehrt er nach China zurück, etabliert sich als Schriftsteller. Seine Landsleute lieben den trockenen Stil des Dichters, seinen Witz und sein Verständnis für »die einfachen Leute«. Der Roman »Rikschakuli« wird zu einem großen Erfolg. Während der Invasion der Japaner (1937) arbeitet er für den chinesischen Widerstand. Die Partei wirft ihm seinen »milden, angelsächsischen Humor« vor, also verfaßt er Durchhaltelyrik und Agitationsprosa. 1946 wird er in die USA eingeladen, dort kann er ungestört arbeiten, aber als ihn drei Jahre später die Partei wieder in die Heimat ruft, gehorcht er. Für einen Literaten bedeutet der Aufbau des Sozialismus das Verfassen von Traktaten über den Fortschritt und den Abschied vom künstlerischen Anspruch. Für einen Literaturfunktionär – das war

Lao She auch – bedeutet es das Ausschalten kritischer Kollegen. Einmal noch, 1957, rettet er sich glorios aus den Verstrickungen, schreibt ein Stück (»Das Teehaus«), das heute noch in der ganzen Welt Bestand hat, dann fängt ihn der Apparat der Partei wieder ein, eines der letzten von ihm bekanntgewordenen Gedichte preist die Schweinezucht.

Gleich zu Beginn der Kulturrevolution gerät er in das Visier der Linksradikalen. Rotgardisten prügeln ihn fast zu Tode, im August 1966 begeht der Schriftsteller Selbstmord. Er ertränkt sich in einem kleinen See, in seinen Taschen findet man handschriftliche Kopien der Gedichte von Mao.

Im chinesischen Ausdruck für »Karriere« schwingt das Bild des »von Geburt an bis an die Grenze Gehen« mit. Philologen reizen derlei Bilder oft zu kühnen Deutungen, doch selbst wer mehr vom semantischen Alltagswert eines Begriffs ausgeht, muß zugeben, daß im China der vergangenen hundert Jahre auffällig oft »bis an die Grenzen« gegangen wurde.

Es sind Karrieren, die nicht nur durch den weiten Abstand zwischen Höhen und Tiefen bestimmt werden, sondern auch dadurch, daß sich die Rollen des Opfers und des Täters – wie bei Lao She – immer wieder abwechseln. Die Haltung des distanzierten Betrachters, des neutralen Kommentators am Rande des Geschehens ist in diesen Lebensläufen nicht vorgesehen.

Den kleinen See, in dem Lao She sich umgebracht hat, gibt es heute nicht mehr. In Peking verschwinden ständig Teile der Stadt und machen neuen Konstruktionen Platz. Manchmal bleibt nur der Name übrig, lebt vielleicht fort als Bushaltestelle, manchmal werden alle Spuren getilgt. Weitgehend verschwunden ist auch jener Witz, den Lao She mit seinen Lesern teilte.

»Sie hätten Peking damals sehen sollen!« Oder: »›Xi'an‹ erkennen Sie nicht wieder!« Oder: »Manche Städte wechseln alle sieben Tage ihre Dächer!«

In der einen oder anderen Form erhebt jeder Chinareisende Anspruch auf diese Aussagen. Die erste habe ich bei dem französischen Jesuitenpater Nicolas Trigault gefunden, sie stammt aus dem frühen 17. Jahrhundert. Bestimmt gibt es einige frühere, ganz sicher viele, viele spätere Zeugnisse, die Ähnliches festhalten. In ihnen äußert sich einmal der Stolz, etwas gesehen zu haben, was es niemals mehr geben wird, zum zweiten ein – in aller Regel berechtigtes – Bedauern über ästhetische Verluste, zum dritten vielleicht auch ein gewisses Mokieren darüber, daß es mit dem liebgewonnenen Bild vom »unwandelbaren China« doch nicht so weit her ist. Nur unvorbereitete Reisende finden, was sie suchen. Verdutzt konstatieren die Erwartungsvollen, daß alles doch ein wenig anders ist. Früher war es der Sozialismus, heute ist es der kapitalistische Einfallsreichtum.

In China regelt man das Hütetragen besser als bei uns. Der Hut gibt Rang, Stellung und Auftrag seines Trägers bekannt. Manchmal wortwörtlich, manchmal in der Metapher.

»Stülpen Sie mir keinen falschen Hut auf«, sagt, wer sich mißverstanden fühlt.

»Ich trage heute den Hut des Parteisekretärs«, sagt, wer schlechte Nachrichten weitergeben muß.

»Ohne Hut wäre es nicht so weit gekommen«, sagt, wer ein bestimmtes Frauenschicksal kommentiert.

»Laßt uns einen Hut aufsetzen«, sagt, wer in der Gobi zum Schnapstrinken einlädt.

Ich habe in meiner Zeit in China die verschiedensten Hüte tragen dürfen oder müssen, was gewiß geholfen hat, bestimmte Geschichten anvertraut zu bekommen. Ich gebe diese Geschichten hier so wieder, wie sie mir erzählt wurden, allerdings habe ich manchmal einen Ort und häufig die Namen geändert. Letzteres, da bin ich mir mit dem Märchenerzähler vor dem Xihuang Tempel in Peking einig, ändert nichts an der Wahrheit. Dieser Märchenerzähler bedankt sich nach seiner Vorstellung übrigens nicht nur bei seinem Publikum, sondern auch bei seinen Figuren. Dieser Anregung möchte ich mich anschließen.

Ambach, am 2. März 2002

Am Grab des Konfuzius

Unwandelbares China: »Das Grab des Konfuzius, die Wallfahrtsstätte für Hunderttausende von Chinesen, ist beschwerlich zu erreichen«, notierte Ende des letzten Jahrhunderts ein amerikanischer Reisender. »Um die Ruhe des Grabes nicht zu stören, untersagte der Nachkomme des Konfuzius in der 76. Generation den Anschluß der Stadt Qüfu an die Eisenbahnlinie. So muß der Besucher die letzten Kilometer in einem Eselsgespann oder im Schubkarren zurücklegen. Beide Transportformen sind nicht immer verläßlich.«

Auch die japanische Limousine, mit der der Besucher des Jahres 1987 anreist, ist nicht immer verläßlich. Zwanzig Kilometer vor dem Ziel entweichen der Kühlerhaube weiße Wölkchen – erst im Rhythmus rätselhafter Rauchzeichen, dann als bedrohliche Fontäne.

»Das war's«, sagt Li, der Fahrer, »es gibt keine Hilfe!«

Wir steigen aus. Li betrachtet den Motor, ich die Landschaft von Shandong, seit gut fünftausend Jahren Mutterboden der chinesischen Kultur. Dieser Mutterboden ist sandgrau und karggewirtschaftet. Wenig Bäume außer den Pappeln, die die Straße säumen, in der Ferne die Lehmhütten eines Dorfes und der ovale Brennofen der örtlichen Ziegelei. Soweit das in Ost-China überhaupt möglich, ist es menschenleer.

Das ändert sich in der nächsten Stunde. In einer Gegend, die ihre Bewohner mit reizvoller Unterhaltung nicht unbedingt verwöhnt, sorgt ein liegengebliebenes Auto für willkommene Abwechslung. Zumal wenn ein Ausländer zu den Gestrandeten gehört. Bald umstehen uns mehrere Dutzend Neugierige, die Szene angeregt kommentierend die einen, sie stumm begaffend die anderen.

Für das Auto gibt es offenbar wirklich keine Hilfe. Der Lange mit dem Maultiergespann sagt das, und der dicke Fahrer des Benzintankers ist derselben Meinung. »Autos«, meint der barfüßige Junge, der ein Schwein auf seinem Karren zum Markt ziehen soll, »Autos sind nur gut als Lastwagen.« Das löst ein paar abfällige Bemerkungen über Japan im allgemeinen und japanische Autohersteller im besonderen aus. Der Respekt vor den ehemaligen Kolonialherren scheint eher gering. »Autos!« sagt auch der Rikschafahrer verächtlich und spuckt auf die Straße. Ich frage ihn nach seinem Namen.

»Ich?« fragt er, lacht und spuckt noch einmal, »ich heiße Dai.«

»Können Sie mich nach Qüfu bringen?«

Dai überzieht mich mit einem musternden Blick. Starrt dann an meinem rechten Ohr vorbei. »Qüfu ist zu weit, und Sie sind zu fett. Nichts zu machen.«

Ich krame in meiner Bildung. »Sich selbst bezwingen und die guten Sitten hochhalten, das ist der Weg des Edlen.« Irgend jemand muß sich doch hier an die Sprüche des Konfuzius erinnern, schließlich ist es kaum zehn Jahre her, daß sie der gesamten Bevölkerung als abschreckendes Beispiel feudalen Denkens wieder eingebleut worden sind.

Dai läßt sich nicht anmerken, ob er das Zitat erkannt hat. Er blickt weiter an meinem rechten Ohr vorbei.

»Wir teilen uns die Strecke«, schlage ich vor, »eine Hälfte radele ich, die andere Sie.«

»Nichts zu machen«, sagt Dai, »da verdiene ich doch nichts. Ich muß Sie bezahlen und Sie mich.«

Und wenn ich ihm den Lohn für meine eigene Pedalarbeit überlasse?

Zwei Stunden später halten wir Einzug in Qüfu. Dai entspannt im Passagiersitz, ich mit gepreßtem Atem hinter dem Lenker. Wir fahren durch ein altes Stadttor, immer geradeaus, denn Qüfu, Vorbild aller späteren Regierungsstädte, ist nach einer Nord-Süd-Achse ausgerichtet. Es geht vorbei an einigen Läden, einem Kino, den mit Gerüsten zugestellten Außenmauern des Palastes der Familie Kong. Diese Familie Kong ist die Familie Konfuzius.

»Jetzt nach rechts«, kommandiert Dai. Wir biegen in die Einfahrt eines brandneuen Hotels. Der Page am Eingang kratzt sich verwundert unter dem Käppi.

Qüeli heißt das Hotel. »Qüe« nannte man früher Steintürme und »Li« eine Straße. An der Straße der Steintürme wohnte vor 2500 Jahren Konfuzius, damals so bescheiden, wie es seiner Lehre und seinen finanziellen Mitteln entsprach, und an der Qüeli wohnten die Familien seiner 77 direkten Nachkommen (selbstverständlich in der männlichen Linie). Diese Nachkommen hüteten die Lehre ihres berühmten Ahns, doch mit der Bescheidenheit war es vorbei, als – etwa seit dem 2. vorchristlichen Jahrhundert – chinesischer Kaiser um chinesischer Kaiser die Familie Kong mit Zeichen ihrer Wertschätzung überhäuften. Die Sippe stieg auf vom niederen zum höchsten Adel, ebenbürtig nur noch dem Kaiserhaus. Entsprechend wuchs auch der materielle Wohlstand; die Kongs wurden Besitzer von so viel Grund, daß die hauseigenen Katasterbeamten bisweilen Mühe hatten, den Überblick zu bewahren. Bauern in nicht weniger als fünf Provinzen Chinas konnten ein – meist schmerzvolles – Lied davon singen. Denn die Familie war nicht nur Grundherr, sie besaß auch das Privileg, eine eigene Gerichtsbarkeit auszuüben: ein kleiner Staat im chinesischen Reich.

Endlich eine Intellektuellensippe, die es zu etwas gebracht hat, denkt der Besucher erfreut. Erstaunlich nur, oder eines der vielen chinesischen Rätsel, daß diese Kontinuität auf Blutsverwandtschaft gründet. Denn die zentrale Leistung des Konfuzius bestand schließlich darin, mit der Rolle des »Edlen« der chinesischen Gesellschaft eine Leitfigur geschaffen zu haben, die eindeutig dem Geistes- und nicht dem Geburtsadel zuzuordnen ist. »Edler« konnte jeder sein, er mußte sich nur durch Erziehung, Gesinnung und entsprechende Lebenspraxis dieses Prädikat verdienen. Das war kaum weniger als eine antifeudalistische Revolution, allerdings im Rahmen eines streng autoritären Staates mit einem absoluten Herrscher. Dieser Herrscher stützte seine Regierung auf Beamte, und Beamter wurde man durch (akademische) Verdienste, nicht durch Geburt. Durch Geburt konnte man jedoch Kaiser werden – oder Nachfolger des Konfuzius.

Die Familie des Konfuzius hat sich länger an der Macht gehalten als jede chinesische Kaiserdynastie. Gewiß, diese Macht strahlte im Lauf der zwei Jahrtausende unterschiedlich hell, doch da die Familie so etwas wie die ideologische Identität des Reiches verkörperte, konnte es sich kaum ein Kaiser leisten, aus Qüfu nicht einen Teil der eigenen Legitimität zu beziehen. Die Legitimität hatte einen Gegenwert: der wurde erstattet in Ländereien und Kunstschätzen, in Privilegien und prächtigen Ausbauten des Tempels des Konfuzius. Eine symbiotische Beziehung, die den Sturz des Kaiserreiches 1911 um einige Jahrzehnte überdauerte.

»Erst die Kommunisten haben damit aufgeräumt«, sagt der Friseur, der mir den Kopf knetet. Er heißt übrigens auch Kong, was nicht unbedingt auf eine Verwandtschaft mit der berühmten Sippe schließen lassen muß. Bevor es die letzte Kaiserdynastie untersagte, mußte auch die zahlreiche Dienerschaft den Namen ihres Meisters annehmen. So heißen hier in Qüfu viele Kong. »Die Kommunisten waren die ersten, die mit Erfolg auf das feudale Denken eindroschen«, fährt Kong fort, er bohrt mit dem Knöchel in meine Schläfe, »und während der Kulturrevolution wurde auch auf die Paläste eingedroschen.«

War das eine gute oder eine schlechte Sache?

Der Friseur schweigt einen Moment. »Aufräumen mit Aberglauben ist eine gute Sache«, antwortet er, »aber alles kaputtmachen und stehlen ist auch verrückt.«

Das Mädchen mit der bunten Schleife im Zopf, das die Eintrittskarten zum Konfuziustempel verkauft, ist erst fünf Jahre nach Ausbruch der Kulturrevolution geboren worden. 1976, als der Spuk vorbei war, kam sie in die Grundschule. Nein, in der Schule hat sie weder etwas von der Kulturrevolution noch von Konfuzius gehört. Aber natürlich kennt sie Konfuzius. »Ein großer Mann«, sagt sie, »meine Mutter glaubt, bei schweren Krankheiten ist ein Opfer für Konfuzius besser als ein Opfer für Buddha. Viele hier glauben das«, fügt sie lachend hinzu, »meine Mutter hat beides ausprobiert, das ist wie Wissenschaft.«

Konfuzius wäre es ob dieser Worte wahrscheinlich übel geworden: ausgerechnet er, der Advokat äußerster Zurückhaltung gegenüber dem unerklärbar Übernatürlichen, als ein Götze verehrt, der durch Opfer in den Bann oder die Gunst der Irdischen geschlagen werden kann! Und das in der Stadt, die nur durch ihn und seine Lehre zur Berühmtheit gelangt ist. Das fügt sich wie die Errichtung einer Statue von Diderot in der Grotte von Lourdes.

»Er sieht sich auch gar nicht ähnlich«, klagt ein älterer Besucher angesichts der neuen Statue des Weisen im Konfuziustempel. Während der Kulturrevolution haben die Rotgardisten den Tempel übel zugerichtet, viele Kunstschätze sind verschwunden, die wertvollen Steintafeln mit den Kalligraphieproben vergangener Jahrhunderte zeigen noch Spuren der roten Farbe, mit der die Inschriften überpinselt wurden. In den letzten Jahren haben die Behörden begonnen, die schlimmsten Schäden auszubessern und neue Statuen aufzustellen. Denen fehlt allerdings nicht nur die Patina, sondern oft auch die Ähnlichkeit mit dem Original. Was jedoch viele Besucher nicht davon abhält, Münzen und kleine Geldscheine zu Füßen des Verehrten anzuhäufen. Konfuzius wird schon wissen, daß er der Adressat der Spenden ist.

Jener ältere Herr, der mit der Nachschöpfung unzufrieden ist, findet es auch unschicklich, daß eine Gruppe seiner Landsleute den Aprikosenaltar für ein Picknick nutzt. »Das entspricht nicht den Sitten«, sagt er streng, »hier hat Konfuzius gelehrt, hier lauschten seine Schüler«, er legt die Hand ans Ohr, »und jetzt werden hier hartgekochte Eier gegessen.«

Glaubt er, daß der Konfuzianismus in China noch einmal einen Teil der früheren Bedeutung zurückgewinnen kann?

»Ich heiße Kong«, sagt der Händler, »Kong wie in Konfuzius. Sie sind Ausländer, wahrscheinlich verstehen Sie nicht, wie das hier zugegangen ist. Aber ich erkläre Ihnen etwas, ich erkläre Ihnen: Während der Kulturrevolution war es nicht gut, wenn man Kong hieß; allerdings hat es geholfen, wenn man wie ich nur ein kleiner Angestellter war. Jetzt haben wir eine andere Politik, jetzt spielt es keine Rolle, ob man Kong heißt oder nicht, nur ...«, er senkt die Stimme, »jetzt ist es beschissen, wenn man ein kleiner Angestellter ist.«

Er fährt mit dem Federwedel über ein paar Scheußlichkeiten in seinem Angebot. »Ausländer verstehen das nicht«, wiederholt er, »ihr seid ›ehrenwerte Gäste‹, wir nennen euch die ›Dukatenkamele‹, was bleibt, ist allein, daß hier ein Geben und ein Nehmen stattfindet, ich bin Materialist, schon in der zweiten Generation, und Marx und Engels waren Deutsche.«

Am nächsten Morgen, beim Spaziergang durch die weiten Anlagen der Grabstätten des Konfuzius und all seiner Nachfahren, geht mir das Gespräch mit dem Händler Kong wieder durch den Kopf. Ist es nun der endgültige Ausverkauf Chinas, wenn Konfuzius zu einem Lieferanten von T-Shirt-Sprüchen wird, oder erweist sich daran die Souveränität einer Kultur? Andererseits: gefällt mir eine Kultur, die ihre Helden erst jetzt wiederentdeckt, wo sie deren internationalen Marktwert erkannt hat? Oder ist diese Kultur so schlau, den Marktwert dem Getriebe der Touristenbörse zu überlassen?

Man kann stundenlang in den Grabstätten spazierengehen.

(1987)

Eine gute Geschichte

1.

Es ist das Jahr des Hasen. Es ist das 38. Jahr nach der Gründung der Volksrepublik. Es ist das Jahr 1987.

Vor dem Schrein des Dichters Du Fu in den Scherenschnitten, die die Sonne durch den hohen Bambus auf die Steinplatten wirft, steht der alte Gao. Gao ist 92 und ratlos. Mehr als tausend Kilometer hat er zurückgelegt, um hierher, nach Chengdu, der Provinzhauptstadt von Sichuan, zu gelangen. Zu Fuß, dann mit dem Bus, dann wieder zu Fuß. Fast ein Jahr hat die Reise gedauert.

»Ich habe ein Ziel, und das hält am Leben«, sagt er streng. Auch sein Englisch ist aus dem letzten Jahrhundert. »Jetzt bin ich am Ziel und finde es nicht.« Gaos Stimme hat die sägende Kraft der Ertaubten. »Nein, Du Fu interessiert mich nicht, der Dichter lebt weiter in seinen Gedichten. Du Fu lebt, zwölfhundert Jahre nach seinem Tod. Aber ich bin kein Dichter!« Er öffnet den Mund zu einem lauten, hohen Lachen, ein letzter Zahn schimmert gelblich aus dem rosa Gaumen. »Aber wie werde ich sein, nach dem Tode?«

Gao greift nach meinem Ärmel und zieht mich ganz eng heran. Seine dicken Brillengläser spiegeln mir die Sonne in die Augen, sein Atem bläst konzentrierten Knoblauch. »Meine Generation ist tot und hat keine Spuren hinterlassen. Alles verbrannt. Asche. Wie unser Ministerpräsident Zhou Enlai.

Seine Asche haben sie über ganz China verstreut. Mit einem Propellerflugzeug. Nur Mao, den kann man noch sehen. In einem Sarg aus Glas. Ich habe ihn mir angeschaut. Sehr klein, sehr friedlich. Ganz und gar anders als die Geschichte des Landes. Aber er ist ja auch noch nicht lange tot.«

Gao zieht mich auf eine steinerne Bank, kramt in den Taschen seiner blauen Jacke und findet einen Zeitungsausschnitt. Hält ihn mir triumphierend vor wie ein Rechtsgutachten, das ihm einen endgültigen Anspruch einräumt. »Überreste eines Großgrundbesitzers aus der Ming-Zeit entdeckt«, lese ich. »Mumie noch gut erhalten, zahlreiche Grabbeigaben. Fundstelle in unmittelbarer Nachbarschaft des Dichters Du Fu.«

»Ich finde die Fundstelle nicht«, sagt Gao und umkrallt meine rechte Hand. »Dabei muß es hier sein, Sie sind Ausländer, Amerikaner, Ihnen wird man helfen!«

Ich male ihm die chinesischen Zeichen in den Sand, die besagen, daß meine Heimat Deutschland ist.

»Deutschland«, schreit Gao mit Entzücken, »das starke Preußen, ich weiß.« Er klopft mit seinem Gehstock auf mein Knie. »Sie haben die entschlossenen Gesichtszüge Ihres Kanzlers. Sie sehen aus wie ...« – er zögert einen Augenblick – »wie Bismarck.«

Wir finden die Ausgrabungsstätte, finden die Kleider des vor mehr als einem halben Jahrtausend Verstorbenen, zwei Paar Schuhe fürs Jenseits, einige Überröcke zum Wechseln, Münzen aus Gold für Tauschgeschäfte mit Geistern. Nicht üppig für die Ansprüche eines Archäologen, luxuriös für die Ansprüche von Herrn Gao.

»Die Kleider würden schlottern«, befindet er nach einem

kurzen, erregten Blick auf die Gebeine des Toten, »und Gold ist auch kein guter Standard mehr. Dennoch, früher war er wahrscheinlich sehr fett und ein Ausbeuter. An der Schwelle meines Todes sehe ich nur die Hingeschiedenen, die mächtig waren.«

Hat er etwas anderes erwartet?

»Als Materialist erwarte ich eine angemessene materialistische Fortsetzung meiner materiellen Existenz«, erwidert Herr Gao voll Würde und Rätsel.

2.

Keine Kultur dieser Erde steht mehr im Bann ihrer Geschichte als die der Chinesen, keine Kultur geht souveräner damit um: die Geschichte der Familie, die Geschichte der Provinz, die Geschichte des Landes, ganz zu schweigen von der Geschichte des Kunstschönen, des Anstands, der Erotik, der Leckerbissen, der Exekutionen. Etwas ist einmal geschehen, ist weitererzählt, ist aufgezeichnet worden. Eine neue Generation erzählt neu, kommentiert die Aufzeichnung. Die nächste Generation verwirft den Kommentar, erweitert die Erzählung, legt das Geschehen in eine andere Zeit. Historiker sind und waren in China immer Politiker, sind und waren mächtig oder schwach, die Zeitumstände diktierten die Konjunktur.

Schon Sima Qian, der legendäre Begründer dieser Zunft, fiel nach einer Auseinandersetzung mit seinem Kaiser in Ungnade und verdankte es nur der Güte des Kaisers, daß er kastriert statt exekutiert wurde. Fast 1700 Jahre später rühmte sich Kaiser Kangxi, er habe in seiner Regentschaft nur einen einzigen Gelehrten wegen verräterischer Schriften hinrichten lassen. Einen Historiker natürlich, Dai Mingshi, der es wagte, die Geschichte der Gegner des besiegten Kaisers aufzuzeichnen, und der über Zensur und die Vernichtung von Akten klagte. Das Reichsamt für Bestrafungen, ließ der Kaiser in seinen Memoiren festhalten, hatte sogar empfohlen, den Historiker den Tod der tausend Schnitte sterben zu lassen, alle seine männlichen Verwandten über 16 Jahre hinzurichten sowie die weiblichen und die Kinder als Sklaven zu verkaufen. Er als Kaiser habe sich jedoch gnädig gezeigt und Dai nur enthaupten lassen.

Weil Geschichte in China stets so majestätsbeladen war, weil das historische Beispiel zu Triumph oder Niederlage führte, alle anderen Argumente aus dem Feld schlagen konnte, entstand immer wieder die Gegengeschichte. Die Gegengeschichte war die Hintertreppenlist der Vernunft, die Anekdote, der Klatsch, die anarchistische Auflösung des würdevoll Gesetzten. Die Stimme des Volkes übertrieb genauso gewaltig wie die Stimme der Herrscher über das Volk.

Doch Herrscher und Beherrschte verband jener unerbittliche Glaube an die Macht des durch Geschichte faktisch Gewordenen. Geschichte verleiht Authentizität und Zeitlosigkeit, sie bestimmt den Kurs von Moral.

»Dafür gibt es keinen Präzedenzfall«, pflegte mein Freund Liao in Peking zu sagen, wenn er sich nicht entscheiden konnte, ob er mit mir Abendessen gehen, Antiquitäten aufstöbern oder – Gipfel der Verruchtheit – die Disko besuchen sollte. Über Präzedenzfälle und ihre historische Bewertung entschied das Ministerium, in dem er arbeitete.

3.

Für Herrn Gao im Garten des Dichters Du Fu ist die Geschichte der Ming-Zeit zugleich Vergangenheit, Gegenwart und Zukunft. Die Politiker seines Landes halten es eher mit der Zukunft. Früher sprach man vom »Großen Sprung vorwärts«, heute geht es um die »Vier Modernisierungen«. So wie es war, so wie es ist, kann und darf es nicht bleiben. Auch die Geschichte muß erneuert werden.

Der Besucher des Landes fühlt sich dabei auf einer historischen Achterbahn. Er steigt in Hongkong, in einem Bahnhof, der kaum älter als zehn Jahre ist, in einen Zug, dessen Innenleben den possierlichen Charme der Ostblockkultur der frühen Fünfziger bewahrt. Die Reise nach Kanton führt ihn durch Felder, die bestellt werden wie seit Jahrhunderten. Auf dem Bahnhof von Kanton kann sich der Gast entscheiden: Hotels aus vielen Zeitepochen stehen ihm zur Auswahl (falls nicht gerade Messezeit oder Touristensaison oder beides ist). Wählt er, sagen wir, den »Weißen Schwan«, ein Hotel am Perlfluß, so findet er sich historisch genau wieder dort, wo er knapp vier Stunden zuvor, in Hongkong, aufgebrochen ist. Unternimmt er einen Bummel zum nicht weit gelegenen Gemüsemarkt, so streift er erst durch die Bauten der Kolonialzeit und landet dann im Gewirr der kleinen Gassen in jedem möglichen Jahrhundert. Wahrscheinlich wird ihm dabei noch eine Song-Vase angeboten, die aus dem 11. oder aus dem 20. Jahrhundert stammt, oder aus irgendeiner Periode dazwischen.

»Ich bin auch eine Form der Vergangenheit, die weiterlebt«, lacht Maler Huang, der an diesem Abend in den Arkaden des

»Weißen Schwan« Blatt um Blatt seiner Goldfischproduktion auswickelt. Vier oder fünf Dutzend Blätter insgesamt, die sich gleichen wie ein junger Goldfisch dem anderen. Die Touristen bevorzugen Konventionelles, verläßlich Chinesisches auf Seidenpapier. Das ist dem Maler nur recht, er hat sich künstlerisch darauf eingestellt, kann gut davon leben und für die Zukunft planen.

»Ich bin jetzt so gut wie mein Lehrer mit dreißig. Er war ein hervorragender Lehrer. Goldfische waren seine Stärke.« Huang knüpft eine neue, fest in die Tageszeitung von gestern eingeschlagene Rolle voller Goldfischbilder auf. »Ich bin noch so erzogen worden, daß man zunächst versucht, den Standard des Lehrers zu erreichen. Ich weiß, in der Kulturrevolution war das nicht gefragt. Erinnern Sie sich an die Kulturrevolution?«

Die Frage ist natürlich rhetorisch. Gerade hier, am Ufer des Perlflusses. Vor zwanzig Jahren trieben die Leichen der Opfer dieser Revolution, gefesselt zumeist, Richtung Hongkong den graugrünen Fluß herab. Heute tuckert es beschaulich und tutet warm. Tutet nach viel Verkehr auf dem Wasser, einem Verkehr jedoch, dem der Besucher glaubt anhören zu können, daß er Angenehmes befördert: Stoffballen und Frischgemüse, Ausflügler und Hochzeitsgesellschaften.

»In der Kulturrevolution mußte ich Strommasten malen«, erinnert sich Huang, »und Traktoren. Kein Bild ohne Strommasten oder Traktoren – wenn es um Natur ging. Und«, fügt er nach einem konspirativen Blick hinzu, »wenn man überhaupt noch in die Lage versetzt worden war, malen zu dürfen. Ich hatte das Glück. Ich malte Entwürfe für unsere Waschschüsseln. Traditionelle Farben, allerdings ziemlich leuchtend – und immer Traktoren oder Strommasten. Was war ich froh, als ich zu den Goldfischen zurückkam. Heute ist die Geschichte der Kulturrevolution Vergangenheit, habe ich recht? Und die Geschichte lange vor der Kulturrevolution ist wieder ein Stück Gegenwart. Wie ich mit meinen Goldfischen. Und wenn es sich trifft, daß diese Tradition auf das ausgesprochene Willkommen ausländischer Gäste mit ihren Devisen trifft, worüber soll ich mich beklagen?«

Aber hat er nie den Stachel des Erneuerers, des Modernisten verspürt?

»Erneuert worden bin ich in der Kulturrevolution. Das hat mir gereicht.«

Und die nichttraditionalistische Variante in der gegenwärtigen Malerei?

Maler Huang versteht die Frage nicht. Ich zähle ein paar Namen auf, rede von Brüchen mit der Tradition, dem Ideal des ikonoklastischen Malers im Westen, der seinen eigenen Weg sucht, nicht den, den sein Lehrer oder dessen Lehrer bereits gefunden hat.

»Für mich«, sagt Huang, »sind das Programme, wenn Sie verzeihen, leere Worte. Der moderne chinesische Maler hat einen anderen Lehrer als ich. Er verkauft an einen anderen Markt. Ich verkaufe die Goldfische, die ich malen kann, er verkauft das Moderne, das er malen kann. Wenn einer malen kann, malt er, was er kann, Goldfische oder Modernes. Alles andere wäre dumm.«

4.

Die Kulturrevolution hat überall in China zugeschlagen und Geschichte vernichtet, doch kein Landstrich wurde schlimmer verwüstet als das Autonome Gebiet Tibet. 28 Jahre ist es jetzt her, seitdem der Dalai-Lama mit hunderttausend Anhängern nach Indien geflüchtet ist, doch das war erst der Anfang einer Passion, auf deren Höhepunkt mehr als 6000 Klöster in Schutt sanken, Milliardenwerte an kostbaren Statuen verschwanden und ungezählte Lamas zur weltlichen Arbeit gepreßt wurden.

Auch heute, mehr als ein Jahrzehnt nach der Herrschaft des Schreckens, sind die Spuren der Zerstörung noch überall sichtbar: in den Ruinen der Klöster wie in den Gesichtern der Mönche, die sich nicht damit abfinden können, daß der Besucher aus dem Ausland kein Bild des Dalai-Lama mitgebracht hat. Gewiß, es wird überall wiederaufgebaut, verputzt, neuer Farbschmuck, neuer Goldlack aufgelegt – im Potala, der Winterresidenz, und im Norbulingka, dem Sommerpalast des Dalai-Lama, in Shigatse und in Ganden. Doch seltsam, der Anblick der Zimmermänner, die in einem entlegenen Winkel hobeln, der Maler, die sorgfältig nach alten Vorlagen Ornamente auftragen, der Gärtner über ihren Geranientöpfen, stimmt nicht heiter, zukunftsfroh, sondern schwermütig. Die physische Bewältigung der Zerstörung weckt nur neue schmerzhafte Erinnerungen.

In einem verwilderten Park im Norbulingka zeigt mir der kleine alte Wächter stolz die beiden Staatskarossen, die seine Heiligkeit hier zurückgelassen hat. »Dalai-Lama«, sagt der Wächter, und noch einmal »Dalai-Lama«. Hohe Schachtelhalme wachsen aus den Rostlöchern der Wracks. Der Wächter zeigt auf die eingestürzten Dächer, die zerbrochenen Scheiben. Tränen stehen in seinen Augen, während er in einer makabren Pantomime vorführt, wie Kehlen durchschnitten, Hände platt geschlagen wurden.

Er führt mich zu einem Lama, dem die Aufsicht über die Privatgemächer des Dalai-Lama obliegt. Hier sieht es noch so aus, als sei seine Heiligkeit nur fürs Wochenende davongereist. Wenn er zurückkommt, erwarten ihn wieder seine Badewanne aus Liverpool, die Art-déco-Stühle der dreißiger Jahre, dunkelrot bezogen, aus Indien, die Wandmalerei im Kinderzimmer, die die Geschichte des Buddhismus festhält.

»Tibet ist so klein, und China ist so groß«, seufzt der Lama. Er spricht über die vertrauten Kalamitäten: die zerstörten Klöster und die fehlenden Novizen, die Tibeter, die immer weniger, und die Chinesen, die immer mehr werden. »Wir hoffen«, sagt der Lama, »mit seiner Heiligkeit wird es wieder eine Zukunft geben, so modern wie die der Chinesen.«

Vor dem Potala, gegenüber dem neu errichteten Museum der tibetischen Revolution, das immer geschlossen ist, schaffen sich einige junge Lamas die Illusion eines vertrauten Fortschritts. Sie posieren für Fotos vor bunt bemalten Staffagen – Staffagen mit Szenen aus Shanghai, aus einem modernen Niemandsland, aus der Kabine der lokalen Fluggesellschaft, einem Zugabteil. Ehrfürchtig betrachten die Mönche diese Zeugnisse der Zukunft, Fotos, die auf der Stelle, im Staub der Straße, entwickelt werden.

5.

Der Zukunftstraum des Lamas kommt mir wieder in den Sinn, als ich in Peking auf dem Meishan, dem Kohleberg, stehe. Eine junge Schriftstellerin hat mich hierhergeführt, um mir ihre Sicht der Modernisierung von Peking zu zeigen. »Kohleberg« klingt nach Ruhrgebiet und steht für einen anmutig geschwungenen Hügel nördlich des Kaiserpalastes, auf dem sich der letzte Herrscher der Ming-Dynastie erhängt hat.

Wir blicken versonnen über die gelb schimmernden Dächer der Verbotenen Stadt, die die Monumente imperialer Erhabenheit und Einschüchterung prunkvoll bedecken, und wenden uns dann nach Norden, den alten Stadtvierteln mit ihren eingeschossigen Höfen zu, die immer mehr von grauen Hochbauten bedrängt werden, dem architektonischen Fastfood für die Wohnungsnot der Metropole.

»Peking«, sagt die Schriftstellerin, »ist eine besondere Stadt, eine Stadt, um die es schade ist.« Sie deutet auf eine Gruppe von Kränen, die wie mythische Vögel in einem riesigen nassen Bauloch stehen. »Wenn es doch nur einen kultivierten Plan gegeben hätte, dann hätte man das alte Peking bewahren und dennoch ein neues bauen können.«

Ein Plan zur Bewahrung scheint erst entworfen worden zu sein, nachdem die Sanierer ihr Mütchen gekühlt hatten und der Tourismus als Devisenquelle entdeckt worden war. Doch da waren die alten Stadtmauern mitsamt den prächtigen Toren und Ecktürmen bereits niedergerissen, war der »Platz vor dem Tor des Himmlischen Friedens« zum Aufmarschplatz der Massen planiert, waren die meisten der engen Gassen, die das traditionelle Stadtbild geprägt hatten, von gesichtslosen Bauklötzen ersetzt worden.

»Sie haben die Geschichte und die Natur saniert«, sagt die Schriftstellerin vorwurfsvoll.

Dort, wo die Geschichte präpariert und aufbewahrt wird, in den pompösen Museen mit dem Liebreiz sino-stalinistischer Fassaden, begreift der Besucher schnell, daß dieses Gut seit Gründung der Volksrepublik behandelt wurde wie ein launisches Ungetüm, das nur unter großen Sicherheitsvorkehrungen präsentiert werden kann. Während der Kulturrevolution hatte man den größten der Geschichtstempel, das »Museum der Chinesischen Geschichte und Revolution«, geschlossen, zu unbestimmbar war das Schicksal der Exponate und der Sachverhalte, für die sie standen. Als die Tore wieder geöffnet wurden, waren die Vorzeigeobjekte umstellt von dem, was der Museumspädagoge »intellektuelle Flachware« nennt: Erklärungstafeln, die politisch gesicherte Erkenntnisse in spröder Prosa wiedergeben.

Erst der Tourismus, die »Industrie ohne Rauch«, hat den Umschwung bewirkt, hat die Werte umgewertet. Touristen kommen mit einer eindeutigen Erwartung nach China – sie suchen verläßlich Historisches: schimmernde Schmuckkammern und einsame Tempel auf verwunschenen Berghängen, Original-Eremiten und Mönche, die den Gong schlagen. Stadtautobahnen beeindrucken Touristen selten, und Supermärkte lassen sie kalt. Offenbar liegt da ein Teil des Dilemmas der chinesischen Planer. Sie glauben, modern und international sein zu müssen, und stellen fest, daß das Land wegen seines Alters und seiner Andersartigkeit geliebt wird.

Auch der alte Apotheker, mit dem ich im Purpurbambus-

Park spazierengehe, kann mir das Rätsel nicht lösen, warum in der Kulturrevolution so viel Historisches zerschlagen wurde, gleichzeitig aber Projekte wie die Ausgrabung der Totenarmee bei Xi'an eine besondere Priorität genossen; warum Rotgardisten auf sogenannte »bürgerliche Elemente« eindroschen, Mao dagegen wie ein Kaiser begraben wurde.

»Autorität braucht Tradition«, antwortet er nach kurzem Nachdenken – und fügt hinzu: »Autorität braucht Macht, nicht Logik.«

Im alten Sommerpalast, im Yuanmingyuan, kann der Besucher nachvollziehen, wie es zuging, als Europäer Hand an die chinesische Geschichte legten. Innerhalb von nur zehn Tagen zerstörten englische und französische Truppen 1860 eine Anlage von Tempeln, Palästen und Pavillons, von künstlichen Seen und Springbrunnen, die sich kunstvoll über 340 Hektar ausdehnte. Dem Plündern und Brandschatzen widerstanden nur ein paar Steinportale, Ruinen eines Rokoko-Schlößchens, das sich Kaiser Qianlong von einem italienischen Architekten hatte entwerfen lassen. Touristen trifft man hier selten, die meisten Chinesen schätzen Kulturdenkmäler nur, wenn sie vollständig sind, Ausländer zieht es eher in den neuen Sommerpalast.

Ein kleines Museum bewahrt das Andenken: Skizzen und Baupläne, Modelle aus Holzpappe, szenische Darstellungen von marodierenden englischen Soldaten wie im Krippenspiel. Eine Kunststudentin erklärt der Besucherdelegation Nankinger Offiziere das historische Geschehen. Als sie den Ausländer sieht, senkt sie die Stimme.

»Zehn Tage«, sagt ein Offizier nach einem langen Blick auf das Modell, »zehn Tage«, fast klingt es respektvoll.

Am heftigsten weht die Geschichte als Klatsch, als Gerücht, als Anekdote durch die Straßen der Stadt, hält sich an Orten fest, an denen meist nur noch die Namen die Erinnerung auslösen: Ja, hier wurde früher der kaiserliche Reis angebaut, Reis so köstlich, wie er später nie wieder gegessen wurde. An diesem Straßenzug fanden die Hinrichtungen statt, klar, daß es hier auch heute noch so viele Unfälle gibt. In diesem Graben wurden die Liebhaber der Kaiserinwitwe Cixi versenkt, stämmige Bauernburschen, die den Morgen nach der Liebesnacht nicht erleben durften. Fuchsgeister, richtige Fuchsgeister, die den Männern den Verstand rauben, spukten hier noch in den sechziger Jahren, früher stand da ein Bordell. Von hier aus regierte der König der Rikschakulis, Opium gab es immer dort, die herrlichsten Nachtigallen kaufte man …

Vor dem Porträt der Cixi, im neuen Sommerpalast, wendet sich der kleine Dicke, der seit einer halben Stunde dicht vor uns gelaufen ist, plötzlich um und deutet erregt auf die frühere Herrscherin. »Kennen Sie diese Frau? Ein böser Mensch. Grundübel und sehr gefährlich. Man nannte sie ›der alte Buddha‹, doch sie hat Fleisch gegessen. Sie war so schlecht wie ihre Nachfolgerin.«

Die »Nachfolgerin«, das war natürlich Jiang Qing, die Witwe Maos, mit ihren Komplizen aus der »Viererbande« und mit dem ehemaligen Verteidigungsminister Lin Biao eine der Standardschuldigen für die Kulturrevolution und damit für so ziemlich alles, was Chinesen und Ausländern an China mißfiel. »Aufgrund der Zerstörung, angezettelt durch Lin Biao und die Viererbande …« war bis vor kurzem die Generalentschuldigung für Engpässe im Transportsystem, Rückstände in der Erziehung, Niederlagen im internationalen Wettbewerb. Auch schlechte Geschichte kann ihren Wert haben.

Der junge Briefmarkenhändler mit der verspiegelten Sonnenbrille im Vorhof des Palastes profitiert von diesem Wert. Der teuerste Satz in seinem Angebot zeigt Mao und Lin Biao gemeinsam.

»Warum sind die Marken so teuer?«

»Die Politik hat sich geändert, und die Serie ist eingestellt worden«, antwortet er lakonisch.

»Was wissen Sie noch von Lin Biao?«

»Ich kann mich nicht genau erinnern. Ich glaube, er war schlecht.«

6.

Auf der langen Bahnfahrt zurück in den Süden blättere ich im Tagebuch, sortiere, was für mich die Geschichte dieser Reise sein wird. »Geschichte als Glücksbringer« finde ich – zweifach unterstrichen – als Eintrag nach einem Tempelbesuch in der Gegend von Foushan, unweit von Kanton. Darunter: »Die lokalen Touristen – es gibt sie in beständig steigenden Zahlen – opfern den Relikten, alten wie nachgemachten, mit Münzen und kleinen Geldscheinen: einen Groschen für einen Buddha, einen halben für eine alte Mauer, drei für einen Dinosaurier aus Pappmaché. Das Geld wird geworfen oder geklebt, glücklich, wer Buddhas Nabel, einen Spalt in der Mauer oder das Maul des Sauriers trifft.«

Die weißhaarige Frau auf dem Sitz gegenüber bietet mir einen Keks an. Wir haben uns vor fünfhundert Kilometern vorgestellt, dann sind wir beide eingenickt, die letzten hundert Kilometer hat sie aus dem Fenster, ich in mein Buch geblickt. Auf der Schlafbank über ihrem Sitz schläft ein Soldat in seiner Uniform. Vor einer Stunde schlief dort sein Kamerad, vor zwei Stunden dessen Kamerad. Würden sie nicht schlafen, könnte man eine halbe Kompanie kennenlernen. Draußen ziehen Rapsfelder vorbei.

»Sie müssen sehr gebildet sein«, sagt die Frau unvermittelt, »ich weiß nicht, ob ich richtig verstanden habe, was Sie machen, aber unsere Geschichte ist so verwirrend. Ende der fünfziger Jahre habe ich erzählen müssen, wie schlimm es vor der Befreiung war. Das waren immer dieselben Geschichten von Hunger, von Ausbeutung, von Prügel. Dabei haben wir selber gehungert, damals Ende der fünfziger, Anfang der sechziger Jahre – Gras haben wir gegessen und Baumrinde, die Arme und die Beine waren geschwollen. Aber es war natürlich ohne Ausbeutung. Gut, daß das jetzt Geschichte ist.«

Ein weiterer Soldat ist eingetreten, um seinen Kameraden beim Schlafen abzulösen. Er hat die Worte der Frau gehört.

»Die Jugend weiß nichts von Geschichte«, nickt er zustimmend, »da ist noch viel zu tun in der Zukunft. Eine gute Geschichte …«

Der Soldat auf der oberen Bank ist aufgewacht und fällt ihm ins Wort: »Bei so viel Geschichte braucht man um so mehr Zukunft«, sagt er und gähnt.

(1987)

Wiedersehen mit einem Maler

Der Maler Huang verkauft seine Goldfische jetzt in einem schicken Hotel der Hauptstadt, an vier Nachmittagen der Woche können Touristen ihn auch als Lehrer für die Technik des Tuschens auf Seidenpapier mieten. Das kostet 90 US Dollar in der Stunde, »als Künstler«, sagt Huang dazu, »wird man im Alter eben teurer, das unterscheidet uns von den Blumenmädchen«. Vor zwölf Jahren war er fast glattrasiert, trug Sandalen, blaue Hosen und eine grüne Uniformjacke, heute mündet sein Kinn in einen langen weißen Bart, das Kopfhaar in einem Knoten, das fließende Gewand reicht bis zu den glänzenden Schuhen.

»Sie sehen aus wie ein daoistischer Heiliger«, sage ich anerkennend, nachdem wir das Notwendige über die vergangenen Jahre ausgetauscht haben.

»Ich habe eine junge Frau«, antwortet er, »sie liebt alles, was ein wenig anders ist. Meinen Malstil kann ich nicht ändern, dafür aber mein Aussehen.«

Am Montagnachmittag hat sein kleiner Laden geschlossen, wir verabreden uns zum Besuch einer populären Galerie unweit des Palastmuseums. Hier haben auch schon einige Ausländer ausgestellt, die meisten mit dem Hinweis, sie seien die ersten westlichen Künstler überhaupt, denen die Ehre widerfahren sei, in der Verbotenen Stadt auszustellen.

»Fast in der Verbotenen Stadt«, lacht Huang, »nur eben auf der anderen Straßenseite des Palastes.«

Die nächsten zwanzig Minuten schweigen wir. Allerdings schweigt der Künstler beredter. Er streicht dramatisch über seinen Bart, schleppt sich, ein Bein nachziehend, zum nächsten Bild, seufzt oder zieht Schleim hoch, allerdings ohne zu spucken, klopft heftig mit dem Bambusstock auf den Steinboden.

»Wenn das eine friedliche Koexistenz sein soll, furze ich auf die Ästhetik«, ruft er schließlich und zeigt anklagend mit seinem Stock auf die Ölgemälde an den Wänden, auf pointillistische Reisfelder aus der Provinz Yünnan, auf kubistische Tempel, die vielleicht aus Fujian stammen, surrealistische Stromschnellen am Yangzi, neorealistische Nackte auf einer städtischen Parkbank und expressionistische Kavalleristen vor einer unbestimmbaren Schneelandschaft.

»Der Tiger trägt keine Hosen, und Gemüse gehört nicht in den Weihrauchkessel«, sagte Huang in einem überraschenden Wechsel seiner Sprachbilder.

Ich versuche, den Ausdruck »Chinoiserie« so zu übersetzen, daß ich daraus auch eine »Europoiserie« machen kann, doch die Übertragung holpert auch im Chinesischen. Bevor ich mich nach den Preisen für die Exponate erkundigen kann, zieht mein Gefährte mich sehr bestimmt aus dem Saal.

Gegenüber dem Eingang zur Galerie, geschmiegt an die Ostmauer der Verbotenen Stadt, liegt eine Reihe von kleinen Läden, darunter auch ein Imbißstand, den die Einheimischen wegen seiner gewürzten Fleischtaschen empfehlen.

»Noch vor ein paar Jahren haben die Hotels für ihre Hallen nur politische Motive anfertigen lassen«, sagt Huang, nachdem er dem Wirt unsere Bestellung entgegengerufen hat, »Porträts, Plastiken, heroische Halbreliefs, Massenszenen als

Wandmalerei, immerhin, da ist man jetzt weiter, man muß den geschäftlichen Fortschritt erkennen, wo er sich zu erkennen gibt.«

Hat er Fortschritt gesagt?

»Fortschritt bedeutet Bewegung«, antwortet der Maler, »ich rede jetzt ganz allgemein, nicht nur von der Kunst, der Politik oder dem Geschäft, und wo Bewegung ist, kann man leichter ausweichen, wenn der Gegner zu mächtig wird.«

Was hat das mit den scheußlichen pseudowestlichen Bildern zu tun, die wir gerade in der Galerie betrachtet haben?

»Meine Frau«, sagt Huang, ohne die Eßschale vor dem Mund abzusetzen, »meine Frau macht sich so ihre eigenen Gedanken, manchmal nicht sehr tief, aber sehr eigen.« Die Fleischtaschen verschwinden so schnell in seinem Mund, als schluckte er mechanisch eine Kette mit großen Perlen. »Meine Frau schwärmt, wie gesagt, für das andere, sie hat damals auch gern bei McDonald's gegessen, als es den noch gab, aber als ich sie neulich hierherführte, um ihr diese Bilder zu zeigen, sagte sie nur: ›Hoffentlich verstehen wir den Westen falsch.‹ Darauf habe ich erwidert …«

Seine letzte Fleischtasche hat sich vor die Luftröhre gelegt, mein Freund hustet, und als er wieder sprechen kann, sagt er nur: »Das geht alles vorbei.«

»Der Fortschritt …?« frage ich, unsicher, ob sich die letzte Äußerung nur auf das Husten bezogen hat.

Huang greift nach der Teekanne und füllt unsere Schälchen. »Mein engster Freund ist bei den Armeemalern gelandet. Damals auf der Kunstakademie war er einer der Besten unseres Jahrgangs, als man uns nach dem Examen unsere Posten zuwies, kam er zur Armee. Bei den Schlachtenmalern war nichts mehr frei, für Skulpturen reichten seine Noten oder seine Beziehungen nicht, also wurde er Assistenzmaler bei den Porträtisten. Das war eine ruhige, sichere Arbeit, eher schon im Bereich von Miniaturmalerei, weil er immer nur ganz kleine Köpfe von Kadern ausführen mußte, die auf Versammlungen in den hinteren Reihen saßen und auf die kaum Licht fiel. Nie frontal, verstehst du, nur im Anschnitt und entweder mit dem Gesichtsausdruck ›gespannte Aufmerksamkeit‹ oder ›jubelnde Zustimmung‹.«

Huang verlangt vom Wirt einen Stift und führt mit ein paar schnellen und präzisen Strichen auf meiner Papierserviette vor, wie ich als aufmerksamer oder jubelnder Funktionär in der hinteren Reihe einer Parteiversammlung der Armee ausgesehen hätte. Ich empfinde das Porträt nicht als unschmeichelhaft.

»Nach ein paar Jahren wurde er befördert, und damit fing die Sache langsam an, heikel zu werden. Die Kulturrevolution war vorbei, das ließ einen neuen Individualismus ins Kraut schießen. Die Genossen wollten auf den Bildern nicht mehr in den hinteren Reihen sitzen, es wurde Druck ausgeübt, Bestechungsgelder sollen angeboten worden sein, damit bestimmte Köpfe in ein besseres, andere in ein schlechteres Licht gerückt wurden, kurzum, meinem Freund wurde die Entwicklung unheimlich, er wollte sich diesem Fortschritt entziehen.«

Und verließ die Armee?

»Niemand verläßt unsere Armee. Nein, aber er machte den verhängnisvollen Fehler, sich nicht zu widersetzen, als er zu den Vorlagemalern kommandiert wurde. Vorlagemaler«, erklärt Huang, bevor ich fragen kann, »legen die vorbildlichen Proportionen in den Erscheinungen unserer Helden fest. Höhe der Stirn in bezug auf die Mundpartie, Verhältnis der Farben im Gesicht zueinander, Breite der Schultern zur Taille, du verstehst, die Grundkomposition, alles muß sich entsprechen, wie die Tülle dem Henkel der Teekanne. Das ist die Vorlage, der alle anderen Maler folgen müssen.«

Der Wirt hat nur das Wort Teekanne mitbekommen und gießt heißes Wasser nach.

»Natürlich ist mein Freund nur für einen einzigen Aspekt zuständig, in seinem Fall: Nase zu Wangenknochen, aber auch von dieser Arbeit hängen viele tausend andere Arbeiten in allen Militärbezirken ab. Bilder für Kantinen, Offiziersheime, Eingangshallen, du weißt, wie weit sich unsere Volksbefreiungsarmee ausgedehnt hat.«

Genau weiß ich das nicht, aber dringlicher will ich erklärt bekommen, was diese Geschichte mit dem Fortschritt zu tun hat.

»Mit dem Fortschritt?«

»Mit der Möglichkeit, einem übermächtigen Gegner auszuweichen.«

Huang zieht versonnen zwei Teeblätter aus seinem Bart und läßt sie zurück in sein Schälchen fallen. »Mein Freund hat einen Fehler gemacht, eine Flüchtigkeit, eine Unaufmerksamkeit, was weiß ich. Derlei passiert, wenn man jahrelang nur Nasen und Wangenknochen malt, man glaubt, alles zu beherrschen, bequem den Tiger zu reiten, und wird sorglos. Mein Freund beging eines Tages einen furchtbaren Fehler, er verwechselte Nase und Ohren, die Proportionen wurden gräßlich entstellt, doch niemand im Atelier bemerkte das Versehen, und plötzlich, oder besser gesagt, im Laufe der nächsten zwei Wochen entstanden fünftausend Porträts eines berühmten, erst kürzlich verstorbenen Armeekommandeurs, und auf jedem einzelnen sind die Ohren kleiner als seine Nase.«

Aber der Fortschritt?

»Hätte es damals schon Fortschritt gegeben – wie auf diesen häßlichen Bildern, die in der Galerie hängen, mein Freund hätte sagen können: Die Kunst ist vielgestaltig, wir müssen manches prüfen, und was Bestand hat, wird sich erst im Kampf entscheiden, in Kampf, Kritik und Umgestaltung.«

Diese letzten drei Begriffe erinnern mich daran, wie es Herrn Huang während der Kulturrevolution ergangen ist, als er nur Strommasten und Traktoren malen mußte. »Und die Goldfische«, will ich zum Abschluß wissen, »wie verhalten die sich zum Fortschritt?«

»Goldfische sind eine Möglichkeit des Fortschritts nach hinten«, antwortet Herr Huang fast beiläufig, »früher nannte man das Dialektik, heute überwiegt die Freude an ihnen.«

Der Wirt verbeugt sich, als wir sein Lokal verlassen.

(2002)

Korrekturmaßnahmen

Als das Stück noch aufgeführt wurde, hatte man für den Darsteller des Schurken einen kräftigen, vierschrötigen Schauspieler ausgesucht. Auf der Bühne trug er ein Bärtchen unter der Nase, das scharf umrissen aus seinem weiß geschminkten Gesicht herausstach. »Bei einer Aufführung in Wuhan«, erinnerte sich ein Zuschauer, »war es so heiß, daß das Bärtchen über die Oberlippe rutschte. Aber der Mann war derart böse, so von Grund auf verdorben, daß niemand unter den Zuschauern darüber lachte, auch nicht über sein Stottern. Meine Kinder hätte ich nie in die Vorstellung gelassen.«

Das Stück *Schau westwärts nach Xi'an* war überall in China ein großer Erfolg. Es handelte von einem gerade abgeschlossenen politischen Kriminalfall, der »Affäre Li Wanming«. Mitte und Ende der fünfziger Jahre galt der Name Li Wanming als Synonym für betrügerische Hochstapelei in der Volksrepublik. »Das ging schon so weit«, sagte der Zuschauer, »daß Sie lange suchen müssen, bis Sie ein Kind aus den fünfziger Jahren finden werden, das den Vornamen Wanming (zehntausend würdige Erinnerungen) trägt, denn Li heißen hier ja viele.«

Als das Vorbild für die Theaterfigur nationale Berühmtheit erlangte, war es gerade 27 Jahre alt. Als Kind, als Jugendlicher und als Erwachsener – in China wurde man das damals nach dem 16. Lebensjahr – hatte Li den Bürgerkrieg zwischen Nationalisten und Kommunisten, die japanische Invasion und den erneuten Bürgerkrieg miterlebt und hatte dabei – je nach Erfolgsaussicht – auf den verschiedenen Seiten mitgekämpft. Der Sieg der Armeen von Mao Zedong und Zhu De über die Nationalisten unter Chiang Kaishek hatte ihn überrascht. Denn 1949 stand er gerade auf der falschen Seite. Damals trug er die Uniform einer besonders berüchtigten Einheit der Nationalisten, die sich vornehmlich aus Halbwüchsigen rekrutierte. Als Li merkte, daß der Verband, dem er angehörte, verloren war, desertierte er und verbrannte seine Uniform. Er schlug sich einige Wochen bei Verwandten durch und beschaffte sich von alten Freunden, die den Übergang zur Siegerpartei früher bewerkstelligt hatten, gefälschte Ausweispapiere. Dann begann eine steile Karriere beim früheren Gegner. Doch sechs Jahre später wurde er entlarvt und von der zweithöchsten Kammer des Landes zu 15 Jahren »Umerziehung durch Arbeit« verurteilt. Durch die Kulturrevolution verzögerte sich seine Entlassung um weitere zehn Jahre. Aber heute, im Herbst 1980, ist Herr Li frei und – nach eigenem Bekunden – glücklich, ein neuer Mensch geworden zu sein.

Für die Veranstalter war der Erfolg der »Umerziehung durch Arbeit« so überzeugend, daß Herr Li im September 1980 in Xi'an der Presse vorgestellt werden konnte. Mit der Bühnengestalt der fünfziger Jahre hat er nicht viel Ähnlichkeit, auch nicht in seinem Auftreten, sieht man einmal davon ab, daß er – wie der Bühnenheld – stottert. Der umerzogene Herr Li ist eher kleiner als der Durchschnittschinese, sein Haar ist sauber gescheitelt, und er trägt eine Brille. Der Vertreter einer Pekinger Tageszeitung schrieb, Herr Li habe auf ihn gewirkt wie ein gehemmter Intellektueller. Die Kollegin von einem anderen Blatt meinte dagegen, das Unauffällige habe etwas Bedrohliches, den Schurken im Theater habe sie, obwohl sie ihn nur von Fotografien kannte, leichter einordnen können.

Herr Li spricht gern über das, was er seine kriminelle Vergangenheit nennt. »Gerade unter den heutigen Jugendlichen«, sagt er, »die es ja eigentlich besonders angeht, gibt es kaum noch einen, der den ganzen Sachverhalt kennt. Dabei habe ich über 20 Jahre gebraucht, um mich zu einem neuen Menschen zu läutern. Meine Lebensgeschichte sollte ein Exempel sein.«

Er erzählt die Lebensgeschichte im Lesesaal der Fabrik, in der er nach seiner Entlassung eingestellt wurde. Der längliche Raum enthält acht Reihen mit einfachen, schwarz lackierten Tischen und dreibeinigen Hockern aus Plastik. Neben der Eingangstür tragen sich die besuchenden Reporter nach Vorlage ihrer Kennkarten in ein Besucherbuch ein; die Eintragung überwacht eine ältere untersetzte Frau in grauem Anzug. Auf der Brusttasche ihrer Jacke ist mit rotem Faden eine Nummer eingenäht. Neben das Besucherbuch hat die Frau ein kleines Vokabelheft gelegt, aus dem sie sich in unregelmäßigen Abständen halblaut englische Verben vorliest. Für die Reporter sind Stühle herbeigeschafft worden, die Werksleitung hat auch für Tee gesorgt, der in einfachen weißen Emaillebechern mit Deckeln verabreicht wird. An der Stirnseite des Lesesaals hängen farbige Drucke von Mao Zedong und Hua Guofeng. Nur unter dem Bild von Hua steht sein Name, der des verstorbenen Parteivorsitzenden wird als bekannt vorausgesetzt.

Bei den einleitenden Worten eines jüngeren Mannes in graublauem Funktionärshabit – seine Anzugjacke weist vier

Taschen auf, aus der linken oberen Tasche blitzen silbern drei Kugelschreiberspangen – herrscht unter den Journalisten noch keine größere Aufmerksamkeit. Sie schwatzen miteinander, kramen in Federmäppchen oder blasen in ihre Teebecher. Doch als Herr Li das Wort erhält, wird es ruhig im Saal. Nur von der Eingangstür hört man: »to bring, brought, brought; to catch, caught, caught; to sing, sang, sung …«

»Um mir nach der Befreiung, im Jahre 1949, mit üblen Tricks Ruhm, eine hohe Stellung und ein gutes Einkommen zu beschaffen«, beginnt Herr Li, »habe ich unablässig gelogen, betrogen und falsche Dokumente angefertigt. Das war damals möglich, weil die Organisation der Personalstellensysteme noch nicht im ganzen Lande aufgebaut worden war. Ich habe mich arglistig und betrügerisch als Parteimitglied und als Held der Freiwilligenarmee im Kriege ausgegeben. Bei jeder sich bietenden Gelegenheit habe ich hochgestapelt und gegaunert. Wann immer ein Organ unserer Regierung nicht achtgab, habe ich mich mit schlechten Absichten eingeschlichen – und das war häufig. Wie ein schädlicher Wurm bin ich sogar in die Organisation der Kommunistischen Partei eingedrungen, mit Lügen und völlig falschen Behauptungen. So wurde ich 1952 Stellvertretender Abteilungsleiter im Amt für Personalangelegenheiten der Regierungskommission Mitte-Süd für Landwirtschaft und Forsten. Gleichzeitig ernannten mich die führenden Kader zum Sekretär der Vereinigten Parteizelle. Als unser Büro 1953 nach Peking verlegt wurde, waren die Maßnahmen zu meiner Beförderung zum Abteilungsleiter bereits eingeleitet worden. Damals erschlich ich mir arglistig und betrügerisch sowie unter Vorspiegelung völlig falscher Tatsachen auch noch die Teilnahme an einer

Delegation von Vertretern der chinesischen Landwirtschaft, die zu Konsultationen und Besichtigungen in die Sowjetunion reiste.«

Der junge Funktionär, der die Einführung gesprochen hat, unterbricht und fragt, ob zu diesem Lebensabschnitt noch Details erwünscht sind. Doch die Presse schweigt. Ein Lokalreporter beugt sich mit dem Oberkörper über den Tisch und mustert Herrn Li scharf durch seine randlose Brille. Dann löst das Zucken eines Blitzlichts die entstandene Stille, die Journalisten greifen nach ihren Teebechern, nehmen einige kleine Schlucke und legen sorgfältig wieder die Deckel auf die Gefäße. Herr Li kann fortfahren.

Der glatte Verlauf seiner Karriere als Hochstapler hatte Herrn Li offensichtlich zu sorglos gemacht, sonst hätte er bei seinem neuen Streich größere Vorsicht walten lassen: »Ende 1954 verwickelte ich arglistig einen hohen Offizier der Volksbefreiungsarmee in ein schändliches Betrugsmanöver. Mit Lügen und anderen falschen Worten brachte ich ihn dazu, mir einen ›handgeschriebenen Empfehlungsbrief‹ und eine ›militärische Eildepesche‹ auszustellen, die, was völlig unwahr war, behauptete, ich müsse in einer dringenden Angelegenheit zu meiner militärischen Einheit, um dort sogenannte Fragen der Strategie und der Ausbildung zu erörtern. Ich bekam ein Flugzeug gestellt und reiste damit von Peking in den Westen, angeblich um Militärisches zu verhandeln.«

Xi'an, die Hauptstadt der Provinz Shaanxi im Nordwesten Chinas, war das Ende dieser Reise und auch das Ende der Parteikarriere des Herrn Li. Am 10. Januar 1955 stellten ihn dort Beamte der für die Sicherheit des Landes zuständigen Behörde. »Ich wurde wenige Tage später nach Peking verbracht«, erinnert sich Herr Li und fügt nicht ganz frei von Stolz hinzu: »In der Hauptstadt nahm sich der Erste Vorsitzende des Amts für Öffentliche Ordnung meines Falles persönlich an. Die Verhandlung brachte alles genau an den Tag. Sie dauerte mehrere Wochen. Ich bekam 15 Jahre.«

Die 15 Jahre hätte er eigentlich bis zum Frühjahr 1970 abgesessen gehabt, doch diesen Ausgang verhinderte, was die chinesische Propaganda seit Ende 1976 den »bösen Wind der von Lin Biao und der Viererbande entfachten ultralinken Bewegung in der Kulturrevolution« nennt. Als die Entlassung des Herrn Li bevorstand, nahmen sich die Vertreter der »Ultralinken«, also die neuen Herren im Justizwesen, seinen Fall noch einmal vor und stuften die Sünden des Sträflings als »objektiv konterrevolutionär« ein. »Sie ermahnten mich, zu überprüfen, ob meine Gedanken und Ansichten nicht den Tatbestand der Verbreitung reaktionärer Theorien erfüllten.« Die Überprüfung fiel positiv aus. Am 30. August 1968 erhielt Herr Li eine weitere Strafe von zehn Jahren »Umerziehung durch Arbeit«, deren letzte zwei Jahre er allerdings nicht mehr verbüßen mußte. Ende Mai 1978 wurde er aus der Haft entlassen.

Mit der Schilderung des zweiten Teils seiner Strafe hat sich Herr Li die Sympathie seiner Zuhörer gesichert. Denn sie macht aus dem politischen Kapitalverbrecher, den das Gesetz zu Recht in seiner ganzen Schärfe getroffen hat, ein »Opfer der Viererbande«, ein Stichwort, auf das sich die angereisten Journalisten verstehen. »Der auch«, sagt der Lokalreporter, der vorhin den Erzählenden noch so streng fixiert hat. Sein Nachbar beginnt eine längere Geschichte über das Schicksal eines nahen Verwandten, ein Dritter berichtet, wie ihn die »Viererbande« von der Redaktion in die Setzerei versetzt habe. Der Versammlungsleiter muß eingreifen, um Herrn Li wieder in das Zentrum der Aufmerksamkeit zu rücken.

Herr Li hat gegen die Verlängerung seiner ursprünglichen Strafe keinen Protest eingelegt. »Doch schon ein Jahr nach meiner Entlassung war das Urteil kassiert«, ruft er aus, und hier wird vor offenkundiger Begeisterung sein Stottern stärker, »das beweist Ihnen, mit welchem Nachdruck sich unsere Regierung um eine korrekte Amtsführung bemüht!«

Der Vertreter der *Pekinger Abendzeitung* möchte von Herrn Li wissen, wie dieser selbst den Erfolg oder die Auswirkungen von 25 Jahren »Umerziehung durch Arbeit« bewertet. Herr Li zögert einen Moment mit der Antwort, lächelt freundlich und fragt dann – ein wenig zum Verdutzen der Zuhörer – zurück: »Für wie alt halten Sie mich?«

In den Artikeln, die sie später veröffentlichten, behaupteten die Reporter, sie hätten auf diese Frage zunächst einander, dann Herrn Li, dann wieder einander betrachtet. »Wir waren unschlüssig«, schrieb einer von ihnen, der die Frage – wie seine Kollegen wohl auch – sehr wörtlich genommen hatte, »Li Wanming hatte kaum graue Haare, sein Gesicht zeigte eine gesunde gebräunte Farbe und nur ganz wenige Falten.«

Die Verwirrung unter den Reportern scheint Herrn Li zu amüsieren. »Manche meiner früheren Bekannten meinen, ich sei etwas abgemagert, dabei ist mein Körper völlig gesund, während der ganzen Zeit im Gefängnis bin ich nie ernstlich krank geworden – kaum einer glaubt mir, daß ich schon 53 Jahre alt bin.« Und auf das ungläubige Kopfschütteln und Gemurmel der Pressevertreter fügt er schlicht hinzu: »Das liegt ganz einfach daran, daß ich beim Abbüßen meiner Strafe den Weg der Rechtschaffenheit gefunden habe.«

Ob er in seiner neuen Umgebung auf Ressentiments gestoßen sei, möchte der Vertreter der *Pekinger Abendzeitung* wissen. »Nein«, sagt Herr Li mit Nachdruck. »Ich arbeite jetzt zur völligen Zufriedenheit der Massen in einer Autofabrik in Xi'an, es wurde mir sogar schon die Verantwortung für das Materiallager übertragen. Auch auf der Bank ist man sehr zuvorkommend mir gegenüber. Ich habe auch bereits 1000 Yuan gespart, darin ist meine Entschädigung enthalten, mein Monatslohn beträgt fast 50 Yuan. Früher habe ich das Doppelte allein für Zigaretten ausgegeben. Sie sehen, nicht nur mein Denken hat sich geändert, ich kann jetzt auch verantwortlich mit meinem Leben umgehen.«

Die für das Interview vorgesehene Zeit ist schon überschritten. Eine Reihe von Arbeitern in blauen Hosen und grauen Kitteln wartet in der hinteren Ecke des Lesesaals darauf, daß die von der Presse besetzten Bänke freigegeben werden. Doch Herr Li hat seine Geschichte noch nicht abgeschlossen. »In der ersten Zeit im Gefängnis«, berichtet er, »da konnte ich nicht in den Spiegel schauen, so sehr habe ich mich verachtet. Am Tage meiner Entlassung habe ich noch einmal in den Spiegel gesehen: ich war ein von Grund auf geänderter, strahlender Mensch. Die Leute, mit denen ich heute zu tun habe, sagen alle: Wir sind froh, daß du dich von einem politischen Betrüger zu einem normalen Bürger gewandelt hast.«

Die Reporter räumen ihr Schreibgerät zusammen und erheben sich – am Abend fliegt nur eine Maschine von Xi'an zurück nach Peking. Herr Li schüttelt allen lange die Hand.

»Früher war ich ein Volksschädling«, ruft er – die ersten sind schon gegangen –, »jetzt möchte ich von ganzem Herzen ein gewöhnlicher Bürger zum Nutzen des Volkes sein. Ohne Erziehung und Propaganda hätte ich es nie so weit gebracht.«

Im Hof vor dem Lesesaal steigen die Reporter in die bereitgestellten Wagen. Es ist nicht weit zum Flughafen, man liegt noch gut in der Zeit, doch es ist nie ganz sicher, ob sich die einheimische Fluggesellschaft auch tatsächlich an die Abflugzeit hält. »Eine gute Geschichte«, sagt einer der Journalisten, »schade, daß das Stück nicht mehr aufgeführt wird.«

Lao She, der Autor des Stücks, hat die Resozialisierung seines Helden nicht mehr erlebt. Gleich zu Beginn der Kulturrevolution wurde er als »Revisionist«, »Nachäffer alles Ausländischen« und als »bürgerlicher Literat« angegriffen. Am 23. August 1966 verprügelte ihn eine Abordnung von Rotgardisten. Tags darauf fand seine Frau die Leiche des Schriftstellers am Westufer des Sees zum Himmlischen Frieden in Peking.

(1981)

Das Glück wartet draußen vor der Stadt

»Bei dem alten Wu ist gestern schon die Kohle für den Winter angeliefert worden. Fast zwei Zentner, wenn nicht mehr. Liegt alles noch vor seinem Tor.«

»Sein Sohn kommt erst morgen aus der Stadt.«

»In der Stadt könnte man Kohle nicht so einfach auf der Straße rumliegen lassen.«

»Würde sofort gestohlen, spätestens über Nacht.«

»In der Stadt wird jetzt wieder viel verhaftet, haben sie im Fernsehen gezeigt.«

Ein nicht unbeträchtlicher Teil der wohlhabenden Avantgarde der chinesischen Malerei wohnt in Dongzhuang, einem kleineren Dorf, vielleicht eine Autostunde von der Hauptstadt entfernt. Nimmt man den Bus, dauert es ziemlich endlos, selbst wenn ein Sitzplatz zur Verfügung steht, was nicht immer der Fall ist.

»Es ist nicht einmal immer der Fall, daß überhaupt ein Bus fährt«, behauptet ein junger Mann, der an der Landstraße Gemüse verkauft.

Die Künstler leben weniger in einem Dorf als vielmehr in einer brettspielhaft geordneten Sammlung von Bauernhäusern im traditionellen Stil nordchinesischer Katen. Vielleicht hat nach der sozialistischen Revolution eine um gerade Linien bemühte Verwaltung aus dem ehemaligen Dorf eine Musterbrigade geschaffen, jedenfalls fehlen alle Spuren einer nur durch Geschichte zu erklärenden Unordnung. Verschieden große Gehöfte etwa, oder der Platz für einen Tempel, einen Lotusteich, vielleicht sogar einen Friedhof. Auch die Architektur der Katen folgt strengen geometrischen Regeln. Die Anwesen bestehen aus einem hellen, langgezogenen, rechteckigen Raum, der nach oben mit einem von alten eigenwilligen Balken gestützten Dach abgedeckt wird. Meist sind die Gebäude so angelegt, daß sie einen traditionell nordchinesischen Innenhof umgrenzen. Genauso nordchinesisch traditionell sind die Farben: ein gebundenes Weiß für die Mauern, das klassische Grau für die wellenverliebten Dachziegel.

Im Innenhof finden wir einen gemauerten Brunnen, Blumen, Gemüse, das an Stangen rankt. Sämtlich Gegenstände, die unser idyllisches Bild von einem chinesischen Dorf freundlich bestärken würden, wäre es eben ein Dorf und keine Anlage.

»Nächstes Jahr sollen neue Gräben angelegt werden.«

»Man muß doch nur die alten reinigen, neue sind rausgeworfenes Geld.«

»In der Stadt habe ich neulich ganz kleine Bagger gesehen, nicht größer als ein Pferd.«

»Pferde taugen doch nicht zum Baggern.«

Hier in Dongzhuang findet man zwar keinen Marktplatz, dafür aber mehr Künstler als sonst irgendwo in China. »Mehrere hundert Maler, Familienmitglieder eingerechnet«, sagt unser kompetenter Führer aus dem Goethe-Institut. Wenn es seine Arbeit in der Stadt zuläßt, wohnt und malt er selber hier. Seinen fehlenden Reichtum und seine erklärte Liebe zur Nicht-Moderne versucht er höflichkeitshalber zu verbergen. Sein Herz gehört den Weidenbäumen und den Pappelwäldchen und auch den Hunden, die hier ein jeder hält und die sich von Hof zu Hof heftige Bellduelle liefern.

Die wohlhabenden Maler haben ein ausländisches Geländefahrzeug vor der Einfahrt stehen und tragen schwarze Gewänder. Offenbar entworfen von japanischen Designern, die nie als Kinder beim Skilaufen eine Keilhose tragen mußten. Ihre großzügig geschnittenen Ateliers sind gleichzeitig Ausstellungsräume, Salon und Magazin. Lebten wir noch unter den Kaisern, trügen die Räume gewiß klingende Namen, wie »Einfacher See unter Herbstmond«, »Regenwolken über Orchideen« oder »Einfaches Leben und friedliche Umgebung«. Doch in diesen Zeiten des unsicheren Postsozialismus steht nicht einmal eine Nummer an der Haustür.

Die weniger wohlhabenden Maler teilen sich Atelier und Wohnraum und trocknen ihre Wäsche in der Küche vor der Südseite des Innenhofes. Das sieht merkwürdig nach Spitzweg aus, jedenfalls jetzt, im frühen November, an einem Tag, an dem die Sonne kaum durch die niedrigen Wolken dringt.

»... eine Einzelausstellung?«

»Nicht ganz. Ein paar aus Nanking sind auch eingeladen.«

»Was wollen die denn hier?«

»Seit wann malt den jemand ›informell‹ in Nanking?«

»Sei vorsichtig mit dem Katalog. Ich kenne den Aussteller, der spart gerne beim Druck.«

Die meisten der Maler, die sich hier zusammengefunden haben, lebten – oder trafen sich – noch vor ein paar Jahren in einer Künstlerkolonie am Rande, fast außerhalb der Stadt, nahe des alten Sommerpalastes. Das war die schrille Szene für Rockmusiker, Straßenpoeten, Drop-outs aus jeglichen sozialen oder ästhetischen Bindungen. Dort ging es bisweilen so laut und rauschhaft, so romantisch, zerstörerisch und verschlampt zu wie in manchen Romanen oder Kurzgeschichten der jungen chinesischen Erzähler, die nichts für obszön halten – ausgenommen natürlich die traditionellen Regeln des Erzählens und politische Korrektheit.

Die Kommunistische Partei betrachtete das Treiben mit Wut, Argwohn und Entsetzen, vielleicht auch mit Neid.

Die westlichen Ausländer in der Hauptstadt führten gerne ihre Gäste hierher, um ihnen »einmal ein ganz anderes China zu zeigen«. Den Künstlern machte das nichts aus. Die Ausländer brachten Zeitschriften, Kataloge, Bücher und CDs mit, von denen konnte man sich inspirieren lassen, auf jeden Fall konnte man sie kopieren und weitervertreiben.

»Lu hat seine erste Serie damals beim französischen Botschafter ausgestellt.«

»In der Privatwohnung.«

»Wenn ein Botschafter umzieht, muß die Wohnung renoviert werden. Da wird erst mal alles abgerissen, Tapeten und so …«

»Für eine Ausstellung kann man sich nichts Besseres vorstellen.«

»Kann natürlich nicht jeder besuchen.«

An den alten Wirkungsstätten der Künstler um den Sommerpalast vermessen bereits die ersten Kulturarchäologen die Topographie jener Nährböden der unbotmäßigen Moderne. Doch das ist Peking. Hier im Dorf Dongzhuang spürt man den Abstand zur Hauptstadt und zu jenen wilden Jahren. Gewiß, die Stadt oder der Staat sind immer noch ein Bezugspunkt, doch einen anderen, mindestens ebenso wichtigen liefert das Internet, das die Bewegungen des weltweiten Kunstmarktes mitteilt und die neuesten Kapricen der Ausstellungsgestalter und Galeristen. Auf New York, London, Düsseldorf oder Tokyo, auf Per Kirkeby und Jeff Koons, auf Sigmar Polke oder Jenny Holzer läßt sich so gelassen und in kürzester Zeit reagieren.

Politik? Ja doch, aber stets unter der Kuratel des Ästhetischen. In einem Atelier hängt das Bild eines bekannten Kollegen, der mehrere Dutzend Aufnahmen zusammengestellt hat, die alle das Zeichen »Chai« auf verschiedenen Ziegelsteinen zeigen. »Chai« heißt: »Abreißen«, und die Ziegelsteine gehörten zu den Mauern alter chinesischer Häuser, die erbarmungslos der Modernisierung weichen mußten. »China« ist das Werk betitelt, die Botschaft eindeutig und kritisch, allerdings bleibt die Wirkung auch erhalten, wenn man das Zeichen nicht verstehen kann. Eine der Kunstrichtungen, die uns hier vorgeführt werden, heißt »zynischer Realismus«.

»Meinen Artikel haben sie veröffentlicht, aber die Passage über Anselm Kiefer haben sie gestrichen.«

»Das war bestimmt Zhang. Zhang hat immer noch die Parteilinie im Kopf.«

»Im Kopf und im Nacken.«

»... und hat immer noch genug Macht, dir eine Ausstellung zu versauen.«

»... weil angeblich die Feuerpolizei nicht zugestimmt hat oder die Toiletten fehlen.«

Zum Abschied treffen wir uns mit allen hiesigen Künstlern der Avantgarde zum Essen in einem Restaurant, direkt an der breiten Straße, die zum Flughafen und in die Hauptstadt führt. Das Lokal macht mit Fahnen aus aller Herren Länder auf sich aufmerksam, die Dekoration glänzt golden, die Kellnerinnen laufen in hochhackigen Schuhen, tragen hochgeschlitzte Röcke und hochgesteckte Frisuren, nicht direkt eine ländliche Tracht. Für uns ist im ersten Stock ein schmucker kleiner Raum reserviert, und noch die Sorgfalt, mit der unser Gastgeber, der Kunstkritiker, die Speisekarte studiert, verrät, daß sich die Küche des Hauses nicht nur am Geschmack einfacher Bauern orientiert.

Zu den Vorspeisen unterhalten wir uns über den Begriff »Avantgarde«.

»Wir würden uns nie so nennen«, sagt der Acrylmaler, »Avantgarde, das klingt ja scheußlich nach Sozialismus. ›Die Avantgarde der Arbeiterklasse‹, oder es klingt nach Militär: ›Die heldenhafte Avantgarde unserer roten Kavallerie erstürmte ...‹«

Er bläst ein Signal in seine Serviette.

Wörtlich ins Deutsche übersetzt heißt Avantgarde übrigens »Vorauskopf«. Ist hier irgendein Bezug zur Existenz der Künstler auf dem Lande zu finden?

»Nur wenn ›voraus‹ auch Abstand bedeutet.«

Man muß Abstand halten, man muß sich rar machen, und

wer sich schnell international orientiert, liegt nie ganz falsch, nur muß die chinesische Herkunft erkennbar bleiben.

Abstand zu wem?

Zu allen Verpflichtungen, Schulen, Kampagnen, Auszeichnungen, Staatsaufträgen ... immer als erster gleich nein sagen. Und das fällt sehr viel leichter, wenn man praktisch nur noch im Internet auftritt.

»Wer muß sich hier schon fürchten«, ruft einer der Künstler, wir haben bereits die Mäntel angezogen, »im Hof haben wir die Hunde und unseren Markt auf der ganzen Welt.«

»Nur in China noch nicht«, wendet der Besucher ein.

»Das Glück wartet immer draußen vor der Stadt«, antwortet der Künstler.

(2002)

Chinesische Einladungen

Der Inder, der bis Delhi neben mir saß, hielt nichts von China. Er hatte seinen fetten Unterarm auf unsere gemeinsame Sitzlehne gestützt und schnipste mit den Fingern. »Die Chinesen sind rückständig und unverschämt«, sagte er, »das einzige, was sie können, ist, andere zu blenden. Millionen von Touristen fahren jedes Jahr nach China und werden betrogen. Ein Millionengeschäft, und die Luftfahrtgesellschaften stecken mit den Schwindlern unter einer Decke.« Er nahm einer vorbeiziehenden Stewardeß zwei Zigarren vom Tablett und bot mir eine an. »Wissen Sie, wer in Deutschland das Asylantenproblem erst geschaffen hat? Die Luftfahrtgesellschaften«, sagte er mit verschwörerischem Triumph in der Stimme, »auch die Lufthansa; die geht in Indien auf die Dörfer, wirbt mit der deutschen Sozialhilfe und verkauft fleißig Flugscheine, um die Maschinen vollzukriegen.«

Meinen Flugschein hatte die Lufthansa selbst bezahlt. Doch in der Logik meines Sitznachbarn war ich damit nur zum Handlanger eines Komplotts geworden. Zusammen mit sechs Reisejournalisten flog ich auf Einladung eines deutschen Chinareiseveranstalters, eines chinesischen Chinareiseveranstalters und eben der Lufthansa nach Hongkong und von dort in die Volksrepublik, um zehn Tage lang vorgeführt zu bekommen, wie der »chinesische Weg zum Tourismus« beschaffen sei. Seit 1978 packen die Chinesen den Tourismus geschäftsmäßig an. In jenem Jahr reisten so viele Besucher ins

Land wie in der ganzen Zeit von 1954 bis 1977 zusammengenommen. In den folgenden Jahren verdoppelten sich die Zahlen, die »Industrie ohne Rauch«, wie der Tourismus genannt wird, kam in Schwung. Mittlerweile reisen pro Jahr etwa eine Viertelmillion selbstzahlender Touristen und eine ganze Million verwandtenbesuchender Devisenträger durchs Land. Nur die Westdeutschen hat dieser Schwung noch nicht recht erfaßt. »Ganze 0,3 Promille aller ausländischen Chinabesucher sind aus der Bundesrepublik«, lautete das Lamento der offizielleren unserer offiziellen Begleiter und Gesprächspartner in China. Ein jämmerlicher vierter Platz hinter Japanern, Amerikanern und Franzosen. Ob das durch unsere Berichte besser werden sollte?

Auf dem Bahnhof von Kowloon herrschte dichtes Gedränge. Täglich fahren zwei Züge von Hongkong nach Kanton, seit 1979 braucht man an der Grenze nicht mehr umzusteigen. Paß- und Zollkontrolle finden jeweils auf dem Bahnhof statt. Die Beamten in Hongkong müssen drei verschiedene Fahndungslisten durchblättern: für Chinesen, für Japaner und für den Rest der Welt. Sie machen das sehr sorgfältig, entsprechend lang sind die Schlangen vor den Schaltern. Die meisten Chinesen, die ihre Familie in der Volksrepublik besuchen, schleppen in großen Pappschachteln Geschenke, Fernseher, Kassettenrecorder oder Schnellkochtöpfe. In Kanton muß auf diese Waren Zoll entrichtet werden, etwa in der Höhe des Kaufpreises, doch damit scheinen sich die meisten Besucher klaglos abzufinden. Die Angehörigen »drüben« erwarten ein feines Präsent; gerade in den Südprovinzen weiß man mittlerweile sehr genau zwischen einem doppelten und einem vierfachen Lautsprechersystem zu unterscheiden, und die Zeit, da man mit japanischer oder gar Hongkonger Billigware Eindruck schinden konnte, ist längst vorbei.

Einige Besucher bringen einen alten Verwandten mit, damit er in der Heimat sterben kann. Als wir auf unsere Abfertigung warteten, zog ein Ehepaar den zitternden Großvater in den Waschraum. Er hatte einen Schwächeanfall, Speichel rann ihm aus dem Mund, seine Augen blickten ausdruckslos in die Ferne. »Es wird alles gut, Großvater«, redete die Frau begütigend auf den Graukopf ein und nestelte an seinem Urinbeutel. Ihr Mann kümmerte sich unterdessen um einen Gepäckwagen. Als die Frau mit dem Alten aus dem Waschraum kam, zog sie ihn mühsam auf den Karren, legte seine Hände auf die vordere Wagenwand, kletterte geschwind herab und half ihrem Mann an der Deichsel. Der Großvater verschwand in der Menge wie ein römischer Gladiator.

Die Fahrt von Hongkong nach Kanton ist auf Rädern unvergleichlich schöner als die Luftreise. Der Passagier muß sich nur darauf einrichten, daß die Toiletten geschlossen bleiben, damit sich die Hongkonger Umweltprobleme nicht noch durch die China-Touristen verschärfen. Weil es sehr langsam vorangeht, kann man alles in Ruhe betrachten, das Durch- und Nebeneinander von Dschunken, Yachten und Lastkähnen in den Buchten, das hemmungslose tropische Grün um die gelben glattrasierten Flächen, die für neue Bauprojekte präpariert werden. Dort, wo die Rücken der steilen Hügel der New Territories nach China blicken, sind häufig lange Reihen von kleinen weißen Grabsteinen eingepflanzt. Die Toten sollen eine angenehme Aussicht auf die Heimat genießen, wenn sie dort schon nicht bestattet werden können.

Mit dem Überqueren der Grenze zur Volksrepublik wurde unsere kleine Reisegruppe ganz ohne eigenes Verdienst befördert. Von nun an waren wir eine Delegation. Eine Delegation disziplinierte. Daher ist sie für die Chinesen die ideale Reiseorganisation. Eine Delegation hat einen Delegationsleiter. Das ist für die Sitzordnung bei Tischrunden wichtig und klärt die Frage, wer auf die öffentlich gegebene Versicherung, die chinesisch-deutsche Freundschaft habe eine Vertiefung erfahren, die Gegenversicherung abgibt, auch die deutsch-chinesische Freundschaft sei von unbändigem Wachstum.

Daß Delegationen und Gruppen den Individualreisenden vorgezogen werden, muß man verstehen: Reisen in China ist das Geheimnis, wie viel zu große Massen auf viel zu wenige, sich nur langsam bewegende Transportmittel verteilt werden können; ein gewisser Gleichschritt entspricht dabei der ökonomischen Vernunft. In unserem Fall lastete noch ein zusätzlicher Druck auf den Veranstaltern. Weil es um Tourismus ging, mußten so viele bewährte Sehenswürdigkeiten wie möglich in den Tagesablauf gepackt werden, und weil es sich um eine Delegation handelte, mußten auch so viele Empfänge wie verkraftbar veranstaltet werden. Letzteres ist eine Frage des Gesichts. Von einem Vizeminister empfangen zu werden gibt einem natürlich ein ganz großes Gesicht. Das galt selbst dann, als die Chinesen so viele Vizeminister hatten wie die italienische Flotte Admiräle. Und wenn ein Provinzfunktionär erfährt, daß sich in seinem Sprengel eine Delegation aufhält, die in Kürze in Peking von einem hohen Kader durch Verpflegung geehrt wird, bemüht auch er sich um eine Aufwartung. Das ist wiederum gut für das Gesicht des Provinzfunktionärs.

Einschränkend muß man nur anfügen, daß der Stand des Journalisten in China nicht so geachtet ist, daß dessen Vertretern automatisch mit dem Maß an Respekt begegnet würde, wie es in anderen Ländern der Brauch ist. Oder ob es an den Namen lag? *Frankfurter Allgemeine Zeitung* übersetzte ein junger Dolmetscher in Kanton mit »eine generelle Zeitung in Frankfurt«. Auch von den Auflagen läßt sich in China kaum jemand beeindrucken. »Wie viele Exemplare verkaufen Sie täglich?« Die Kollegin von der *Welt* senkte den blonden Lockenkopf.

In Kanton wurden wir von örtlichen und nationalen Vertretern des China Travel Service empfangen. Wir verließen den Bahnhof über die lange Rampe, die zum Parkplatz führt, vorbei an den sich dicht drängenden Chinesen, die hinter einem zugesperrten Gatter auf ihre Freunde und Verwandten warteten. Ein japanischer Kleinbus – die Chinesen nennen ihn »Brotlaib-Auto« – brachte uns ins Hotel. Nach kurzer Zeit hatten wir die Stadt hinter uns gelassen. Durch blühende Orangenhaine ging die Fahrt zum Nan Hu, dem Südlichen See, der etwa eine halbe Stunde vom Zentrum entfernt in den Sieben-Sterne-Bergen liegt. Hier entsteht mit großem Aufwand ein Touristenzentrum, das für China vorbildlich sein soll.

Nicht alle Gebäude sind neu. In der militärisch gesicherten Abgeschiedenheit haben früher die höchsten chinesischen Parteifunktionäre ihr Urlaubsquartier bezogen. Für gut 400 Mark kann der heutige Gast in der Suite wohnen, die einst Mao Zedong, seiner Frau Jiang Qing oder dem Marschall Lin Biao zur Verfügung stand. Die Suite, die uns als das frühere Gemach der zur Zeit im Gefängnis einsitzenden Mao-Witwe vorgestellt wurde, ist ein kaltes, häßliches Monstrum von über 200 Quadratmetern. Der Gast, der mehrfach vom Empfangssalon mit den blauen Plastiksesseln ins Badezimmer laufen muß, riskiert Seitenstechen. Dafür ziert das Badezimmer ein brusthohes Pissoir der Marke Victory. Die Farb- und Formgebung der übrigen Gemächer zitiert die westliche Innenarchitektur der frühen fünfziger Jahre, der monumentale Kühlschrank ist leer und der dunkelrote Teppich abgetreten.

»Die ausländischen Freunde wohnen gern hier«, sagte der Hoteldirektor Wang, »für die meisten Chinesen ist es ein wenig groß.«

Im neuen zweigeschossigen Trakt der Hotelanlage sind eine Bar und eine Disko eingerichtet worden. Hier muß ein in Hongkong zur Schule gegangener Künstler seine Phantasie ausgelebt haben: Fluoreszierende Röhren, in denen elektronisch kontrollierte Lämpchen glimmen, führen in den ersten Stock. Den Tanzboden überspannt ein metallenes Gewebe aus winzigen Glühbirnen, und um die Lichtpracht noch zu steigern, rotiert auf Knopfdruck von der Decke eine mit zahllosen Spiegelchen besetzte Kugel, die von mehreren verschiedenfarbigen Scheinwerfern angestrahlt wird. Vielfach gebrochene Lichtkaskaden werden auf den Boden geworfen, sie changieren so geschwind, daß dem Betrachter übel wird.

»Die Mehrheit der Massen«, sagte der Hoteldirektor, »ist gegen die Disko.« Ich beginne mich für die Massen zu erwärmen.

Das Nan-Hu-Hotel hat auch einen Freizeitpark, dazu gehören Tennisplätze und ein Schießstand, in dem man mit halbautomatischen und mit Maschinenpistolen ballern kann. Wer die Munition mitbringt, zahlt für zehn Schuß nicht einmal eine Mark. »Any inconvenience will beg your excuse«, hofft ein Schild am Ausgang.

Am Abend kommt es zu einem Gespräch zwischen den Vertretern von *Lüxingshe* (China Travel Service), dem Hoteldirektor und den deutschen Journalisten. Man muß hier erklärend vorausschicken, daß es im Chinesischen – genauer: in der Pekinger Offizialsprache – zwar Worte für »Presseempfang« und für »Presseerklärung« gibt, daß aber der Begriff »Pressekonferenz« noch nicht eingeführt wurde. In Peking läuft eine »Pressekonferenz« meist so ab, daß ein höherer Funktionär eine Rede hält, sich danach freundlich oder mißmutig mehrere Fragen anhört, eine weitere Rede hält und dann die Veranstaltung für beendet erklärt.

Unter dieser Voraussetzung ging es uns glänzend: Der Hoteldirektor durchsetzte seine Ansprache, die er wohl wegen der vielen Zahlen vom Blatt las, mit häufigen Pausen, in denen er das gerade Vorgetragene bereitwillig präzisierte: »Vielleicht ein wenig mehr als 25 Minuten zum Flughafen, das ist richtig, es sind genau 410 Zimmer mit 820 Betten, Kühlschrank und Fernsehanlage in den besseren Zimmern, das Personal umfaßt nicht 800, sondern 860 Personen, nein, es gibt zwei Lohnstufen – in der unteren zahlen wir im Monat 34 Yuan, in der oberen 43,5 Yuan – und natürlich Prämien, richtig, die Angestellten wohnen hier und können in der Kantine essen, aber für den Strom müssen sie selber zahlen.« Das zuletzt genannte Detail empörte die deutschen Journalisten. Sie hielten es für sozial ungerechtfertigt. »Die Preise«, schloß der Direktor ab, »werden vom Staatlichen Büro für Preisfragen für den ganzen Staat festgelegt. Dort orientiert man sich an den internationalen Preisen.«

Wir fragten Herrn Yüan von *Lüxingshe* nach den negativen Auswirkungen des Tourismus auf die chinesische Gesellschaft. Herr Yüan blinzelte überrascht und warf uns über seine Brillengläser einen kritischen Blick zu. »Vielleicht vorher noch ein paar Zahlen?« fragte er höflich. »Sehr gut«, antworteten die Vertreter der einheimischen Reiseorganisationen und brachten ihre Bleistifte in Stellung. »Nein, danke, das reicht«, riefen die deutschen Journalisten wie eine unartige Schulklasse. »Ich erläutere Ihnen den touristischen Weg im chinesischen Typ«, hob Herr Yüan die Stimme. »Zunächst: dem Inhalt nach besteht ein wichtiger Unterschied. In China gibt es keinen Striptease, keinen Tanz nackter Frauen, und wenn wir eine Bar haben, gibt es an der Bar keine Prostitution.« Er machte eine kurze Kunstpause. »Zweitens«, fuhr er fort, »legen wir Wert auf traditionelle Kultur und Naturschönheiten. Sie werden das morgen sehen, wenn wir den Tempel der Sechs Feigenbäume besuchen. Die dritte Besonderheit: durch Besichtigung der Kommunen kann man Kontakt mit der Bevölkerung nehmen. Natürlich gibt es negativen Einfluß, etwa im Bereich der Wirtschaftsverbrechen. Doch das bekommt unser Staat in den Griff. Früher kriegte ein Wirtschaftsverbrecher höchstens acht Jahre Gefängnis, heute kann man ihn erschießen. Und natürlich wird die Lebensweise durch Tourismus negativ beeinflußt. Auch hier haben wir Maßnahmen getroffen: Männer dürfen keine langen Haare tragen, in der Kleidung dürfen Männer und Frauen nicht erotisch aufreizend wirken, so können wir das Problem lösen.«

Ich stellte Herrn Yüan eine Frage zum Kontakt mit der Bevölkerung. Warum darf ich mich nicht mit meinen chinesischen Freunden treffen, ohne daß die zuvor bei der für sie zuständigen Verwaltungsbehörde um Erlaubnis nachsuchen müssen? »Wenn es keine Probleme gibt«, antwortete Herr Yüan, »kommt die Erlaubnis blitzschnell. Wenn es etwas zu verbergen gibt, sind die Sicherheitsorgane ohnehin im Recht.«

»Ich kann Ihnen eine Geschichte erzählen«, sagte Herr Yüan nachsichtig und senkte seine Stimme, »die man nur ungern erzählt. Ein junges chinesisches Mädchen steht zufällig vor dem Eingang der Diskothek in Peking und wird von dem Angehörigen einer uns befreundeten Botschaft zum Tanzen eingeladen. Das Mädchen ist jung und willigt ein. Durch berauschende Getränke wird sie zu immer wilderen Tänzen verleitet. Es ist schon früher Morgen, da ergreift der Botschaftsangehörige das Mädchen und bringt sie im Kofferraum seines Botschaftsautos in die Botschaft. Daraufhin vergewaltigen alle Botschaftsangehörigen das Mädchen und machen Polaroidaufnahmen von dem Geschehen. Mittels dieser Aufnahmen wird das Mädchen gezwungen, alle Geheimnisse ihrer Dienststelle preiszugeben. Sie verstehen, warum wir bei ›ausländischen Kontakten‹ vorsichtig sind?«

Es war ein warmer Sonntagnachmittag, als wir durch den Tempel der Sechs Feigenbäume schlenderten. Er wurde Ende des 5. Jahrhunderts gebaut und ist heute Sitz der Kantoner Buddhistenvereinigung. Von den Bäumen, die den Dichter Su Dongpo so entzückt haben sollen, daß er den ganzen Tempel danach benannte, steht heute keiner mehr, doch die berühmte Blumenpagode ist erhalten geblieben und wurde 1979 sehr sorgfältig restauriert. Hinter der Pagode warten drei massige Buddhastatuen aus Metall auf ihren Rücktransport. Während der Kulturrevolution wurden sie hier zum Schutz ausgelagert, einige einflußreiche Politiker der radikalen Linken hatten angeordnet, sie einzuschmelzen, doch offenbar traute sich niemand, innerhalb der Tempelanlagen Hand an sie zu legen.

An diesem Nachmittag sorgten viele Einheimische, die zum Opfern in den Tempel gekommen waren, für ein reges Treiben. Sie zündeten Räucherstäbchen an, verbrannten kleine Papiermodelle und symbolisches Geld für die Verstorbenen. Manche hatten Mandarinen mitgebracht, Backwerk oder verschiedene Fläschchen mit kostbaren Ölen, die sie den Bonzen überreichten, damit diese die Gaben vor den Statuen ausbreiteten.

Besonders lebhaft ging es vor dem Wohnhaus des Tempelvorstehers zu, in einem durch eine Mauer abgetrennten Winkel des Gartens. Auch dort war ein kleiner Altar aufgebaut, vor dem die Gläubigen ihre Kniefälle machten, die Hände zusammenlegten und sich rituell verneigten. Diese Rituale erforderten Mut, viele der Umstehenden deuteten spöttisch mit den Fingern auf die Opfernden und äfften deren Bewegungen unter dem beifälligen Gelächter der Menge nach.

Unsere Reisebegleiterin, Frau Liao, die mir gefolgt war, betrachtete die Szene mit Mißvergnügen. »Das ist Aberglaube«, sagte sie streng, »aber die meisten Leute hier glauben sowieso nicht, auch wenn sie so tun.« Ich machte einen Einwand. »Wirklich«, entgegnete sie heftig, »ich sage die Wahrheit.« Sie packte eine alte Frau am Arm und fragte scharf: »Glaubst du oder glaubst du nicht, he, glaubst du oder glaubst du nicht?« Die alte Frau wandte verlegen den Kopf ab und murmelte ein paar Worte, die ich nicht verstand. Um uns herum rückten die Gaffer zusammen. »Sehen Sie«, sagte Frau Liao triumphierend, »sie glaubt nicht!« – »Sie haben Sie ja ausgefragt wie eine Rotgardistin beim Verhör«, sagte ich, nun schon etwas empört. Frau Liao packte die Alte erneut am Arm: »Er will wissen, ob du glaubst oder nicht!« – »Ich glaube«, brummte die Alte und machte sich davon.

Unterwegs von Kanton nach Peking schrieb vor 280 Jahren ein italienischer Jesuit: »Man reist hier wie nirgendwo sonst ... Nach der Ankunft im Gasthaus, nachdem man gegessen und sich ausgeruht hat, wäre es einer ungeheuren Taktlosigkeit gleichgekommen, wenn man noch ausgegangen wäre, um die Augen an den mannigfaltigen Merkwürdigkeiten zu erfreuen, die es in der betreffenden Stadt oder dem Dorf vielleicht gibt. Auf einer Reise von mehreren tausend Kilometern durch eines der schönsten Länder der Welt erlebt man nicht genug, um nur für eine Viertelstunde unterhalten zu werden.«

»Anhalten!« schrien die Journalisten. »Kann man nicht einmal kurz halten, um ein Dorf zu fotografieren oder ein Bauernhaus, ein Eselsgespann oder die Kinder beim Spielen?« Der Delegationsleiter zeigte Verständnis: »Wir werden das auf der Rückfahrt arrangieren. Sie sehen dann ein typisches Dorf, wie es sonst den Ausländern nicht gezeigt wird.« Damit hatten wir den Jesuiten schon etwas voraus – und natürlich hatten wir keine Vorhänge vor den Fenstern wie die Jesuiten in ihren Sänften, was auch damit zusammenhing, daß wir – als nicht ganz so feine Delegation – im Bus und nicht im Privatwagen fuhren. Allerdings haben auch immer weniger Pkws Gardinen, die vom Hinein- und Herausschauen abhalten; das sieht man nur noch im Landesinneren. Früher reisten feine Leute im verborgenen; die ausländischen Gäste waren feine Leute, also reisten sie wie die feinen Chinesen.

Es ist eine gängige Klage ausländischer China-Touristen, daß sie nie in ein Haus oder in eine Wohnung vordringen dürfen, »so ganz spontan, ohne daß das vorher langwierig arrangiert wird«. Als gehörte es bei einem Besuch in, sagen wir, Rom, Paris oder Westberlin zur touristischen Selbstverständlichkeit, daß eine chinesische Delegation bei wildfremden Leuten klingelt und neugierig durch das Wohnzimmer trippelt.

Die Verwaltung der Stadt Guilin hat sich lange Zeit nicht entscheiden können, ob den Bürgern besser mit Tourismus oder mit Leichtmetallindustrie gedient wäre. Mittlerweile scheinen sich die zuständigen Komitees darauf geeinigt zu haben, das eine zu tun und das andere nur ein wenig zu lassen. Der Tourismus hat Guilin bekannt gemacht, doch die Stadt lebt von Textilien, Papier, Elektronik, Pharmaprodukten, Kautschuk und Petrochemie; die Fremden bringen zwar Geld, doch wenig im Vergleich mit der Industrie. Andererseits verlangen die Touristik-Unternehmer, daß sich die Industrie bei der Verschmutzung der Umwelt zurückhalte, aber das verursacht Kosten, und die muß man vor der Bevölkerung rechtfertigen, die ohnehin schon darunter leidet, daß der Tourismus die Preise verdirbt. Gut, nicht alle leiden, schließlich haben die vielen Besucher den Handel belebt, andererseits ... Der freundliche Kader, der uns in seinem Büro Auskünfte erteilte, wollte sich nicht festlegen. Der Preis für Ameisenbären sei gestiegen, konzedierte er, doch die Einwohner von Guilin äßen ohnehin nicht so viele Ameisenbären. Vielleicht liege des Problems Lösung in einer Art Massen-Luxustourismus, einige zusätzliche Hotels, natürlich mit dem Stadtbild harmonisierend, also nicht mehr als zwölf Stockwerke, und dann für die langweiligeren Passagen auf dem Fluß Li ein paar Video-Vorführungen oder Demonstrationen des Teigfigurenknetens, für das die Gegend ja mit Recht so berühmt ist.

Um die Probleme des freundlichen Kaders richtig einstufen zu können, muß man wissen, daß Guilin über zwei Touristenattraktionen verfügt. Einmal die Tropfsteinhöhle. Sie ist in die Hände eines Ausstatters geraten, der seine künstlerische Sozialisation in Disneyland durchgemacht haben muß. Wer seine Tropfsteinhöhle gern in den Farben eines amerikanischen Milchmixgetränkes hat, sollte sich die Zeit für einen Besuch nehmen.

Die zweite Attraktion Guilins ist die Landschaft am Fluß Li, die sich dem Touristen in einer sechsstündigen Bootsfahrt erschließt. Berühmte und weniger berühmte Dichter Chinas haben der Nachwelt die Empfindungen festgehalten, die der Anblick dieses Zaubergartens der Natur in ihnen erweckte; Maler haben die kegeligen Karstgebirge hingetuscht, die ausladenden Bambusbüsche, die sich am Ufer vor dem Wasser verneigen, haben die Wasserbüffel gezeichnet und die Fischer mit ihren Kormoranen, die fröhlichen, nackt badenden Kinder und auch die Schiffer, die sich Taue um die Brust binden, um ihre Kähne vorwärtszuziehen. Daran hat sich in Jahrhunderten nichts geändert, eine Flußfahrt auf dem Li zeigt auch heute noch Motive der chinesischen Kunst- und Literaturgeschichte – und das Bild eines kaum gewandelten Umgangs mit der Natur.

»Adventurers' Club – Los Angeles« stand auf der Fahne,

die zwei ältere Amerikaner auf dem Aussichtsdeck unseres Bootes entfalteten. Sie gehörten zu einer Gruppe von etwa zwei Dutzend Touristen, wohl allesamt Amerikaner und mit zwei, drei Ausnahmen um die 70 Jahre alt. Solange es noch regnete, hatten wir einen Aufenthaltsraum unter Deck geteilt, allerdings ohne den gegenseitigen Kontakt zu suchen. Unsere Gruppe saß frierend und etwas ungnädig um einen langen Tisch, die meisten wärmten ihre Hände an den bereitgestellten Teebechern. Am Tisch der Amerikaner kreiste chinesischer Rotwein, eine grauhaarige Frau in blauem Anorak setzte einen Kassettenrecorder in Betrieb, es ertönten chinesische Opernarien mit amerikanischen Erläuterungen.

Die Amerikaner hatten sich gleich nach ihrer Ankunft in China neu eingekleidet. Über ihren Jeans trugen sie blaue chinesische Arbeitskittel und grüne Ballonmützen, einige mit dem roten Plastikstern der Volksbefreiungsarmee. Sobald die Sonne hinter den Wolken hervortrat, stürmten sie wieder auf das Aussichtsdeck; dort trafen sie auf eine japanische Delegation, die dem Wetter getrotzt hatte. Kameras klickten und surrten, elektronische Blitze zuckten durch die Landschaft. Die Japaner fotografierten in der Sequenz: Landschaft – japanischer Reisekamerad vor Landschaft – Landschaft; die Amerikaner fotografierten in der Sequenz: Landschaft – Amerikaner vor Landschaft – Japaner knipst Japaner vor Landschaft – Landschaft. Vor einer amerikanischen Polaroidkamera kam es zu internationalen Gruppenbildern. »Me Nagasaki«, strahlte eine ältere Japanerin den amerikanischen Knipser an und deutete mit dem Finger auf ihre Brust, »hello, you very much welcome.«

Die Flußfahrt auf dem Li endet in Yangshuo, einem altertümlichen Dorf, zu dessen fragwürdigen Besonderheiten ein »freier« Antiquitätenmarkt gehört, d. h., die Verkäufer können den Erlös ihrer Transaktionen in die eigenen Taschen streichen. Wer immer in dem Irrglauben aufwuchs, im sozialistischen China sei das Feilschen ein für allemal abgeschafft worden, wird hier schnell eines Besseren belehrt. Da unser Boot als letztes im Hafen einlief, hatten die meisten Läden schon dichtgemacht – die Szenerie erinnerte an Helgoland kurz nach dem Verlassen des letzten Festlanddampfers. Auf dem Weg durch die Hauptstraßen kam uns die chinesische Begleiterin der »Adventurers« entgegen. Sie war etwas aufgelöst, weil sie ein Ehepaar der Gruppe aus den Augen verloren hatte. »Dabei waren es die fettesten«, sagte sie, »man kann sie wirklich kaum übersehen.«

Shanghai. Die sechs Japaner in der Bar des Hotels Jingan sprachen laut, mit weit ausholenden Gesten, und lachten kleine Böllerschüsse. Wenn eine weitere Runde Whisky fällig wurde, klatschten sie in die Hände, schlugen auf die Tischplatte oder pfiffen auf dem Schlüssel nach Xü, dem alten Kellner.

»Die Japaner führen sich ja auf wie in der Kolonialzeit«, sagte ich, als Xü an meinen Tisch getreten war. Herr Xü spitzte seine Lippen und wackelte bedächtig mit dem Kopf. »Früher waren sie wohl noch etwas schlimmer«, sagte er nach kurzem Nachdenken. »In den guten Hotels natürlich nicht, da hätten sie ja ihr Gesicht verloren.« Auch während der Zeit der Okkupation? »Natürlich, sie durften sich doch nicht vor ihren vorgesetzten Offizieren blamieren. Und Vorgesetzte, kann man fast sagen, gibt es immer.«

Herr Xü ist jetzt 72; sein ganzes Leben hat er im Hotelgewerbe verbracht. Die verschiedenen Etappen der chinesischen Revolution betrachtet er vornehmlich unter dem Aspekt der Gastronomie. Mit 14 hat er als Page angefangen, im berühmten Hotel Metropol, direkt am Bund. Wie hat er den Posten gekriegt? »Beziehungen waren nicht unwichtig«, erinnerte er sich und schlug die Augen nieder wie ein gefallener Engel, »ein Onkel war Etagenkellner, ein Vetter arbeitete in der Wäscherei. Die Bedingungen waren damals so, na ja, nicht nur damals.« Als Page lernte er ein paar Brocken Englisch und Japanisch und wurde 1929 in die Telefonzentrale befördert. Zwei Jahre später bot sich die Möglichkeit einer Karriere in der Küche: Im Hotel International, nur hundert Meter weiter, war die Stelle einer Kaltmamsell frei geworden. So um die 30 Silberdollar hat er damals verdient, nicht schlecht für die Zeit; 20 Dollar konnte er an seine Familie schicken, mit dem Rest ließ sich gut leben. Doch dann kam die Inflation, und das Geld war nichts mehr wert.

»Soldat bin ich nie geworden«, erzählte Herr Xü, »aber ich war mit dem Herzen dabei, auch in der Küche. 1944 habe ich geheiratet«, fügte er hinzu. Seine Frau arbeitete in einer Tabakfabrik. »Ich war schon immer ein starker Raucher«, kommentierte er wie zur Entschuldigung, »es war eine bittere Zeit und der Sieg im revolutionären Volkskrieg nicht eindeutig abzusehen. Doch objektiv ging es ja immer weiter voran. Unsere beiden Töchter konnten zur Schule gehen, das war am Anfang zwar etwas teuer, doch seit 1958 übernahm ja die Regierung die Kosten.«

1958 war das Jahr des »Großen Sprungs vorwärts«, der ersten Massenkampagnen – hat sich das aufs Hotelgewerbe ausgewirkt?

»Man hat davon in den Zeitungen gelesen, doch an direkte Auswirkungen kann ich mich nicht erinnern. Die kamen später, in den Hungerjahren danach, als es kein Fleisch mehr gab, nicht einmal für Hotelküchen.«

Und in der Kulturrevolution?

»In der Kulturrevolution«, gab Herr Xü zu, »wurde auch das Hotelpersonal unruhig. Mit Politik hatten wir alle ja vorher nie so viel zu tun gehabt. Das wurde jetzt anders. Mich hat am meisten getroffen, daß ich keine Fremdsprachen mehr benutzen durfte. Ich war als Kellner eingesetzt, doch es kamen nur wenig Fremde, und mit denen sollte ich chinesisch reden, um nicht wie ein Sklave zu wirken. Die verstanden aber gar kein Chinesisch. Es war wirklich nicht leicht, ein Kellner des Volkes zu sein, also dem Volke zu dienen, aber nicht als Kellner, wenn man doch Kellner ist. Da habe ich langsam alles vergessen, was ich mir früher als Page und in der Telefonzentrale beigebracht hatte.«

In der Bar arbeitet Herr Xü heute nur, weil man ihn darum gebeten hat und weil er gerne mit Ausländern redet. Finanziell ist er nicht darauf angewiesen, wie seine Frau erhält er eine Pension, die 80 Prozent seines letzten Lohnes beträgt. Jeden Freitag hat er frei, da geht er morgens in den Park, um ein wenig schattenzuboxen, mittags hat er Zeit für ein kleines Schläfchen, am Nachmittag schaut er sich die Angebote in den Warenhäusern an. Manchmal interessiert ihn ein Film, doch am liebsten liest er alte Romane, die neue Literatur findet er langweilig. »Realismus kann ich selbst erleben«, erklärte er mir. Sein großer Stolz ist die älteste Tochter, sie hat es zur Elektroingenieurin gebracht »und wird immer noch weiter ausgebildet«.

Die Japaner waren schon längst abgezogen. In der halbdunklen Bar saß nur noch eine Gruppe von westfälischen Globetrottern, die den Mittleren mit dem Fernen Osten verglichen. Sie hatten sich um einen Ingenieur aus Wien geschart, der ihnen China erklärte.

»Da Mänsch is hier ollas, auch wann a nix is«, sagte der Wiener.

»Genau wie in Bachdatt«, pflichtete ihm eine jüngere Frau bei, die zuvor vom Irak erzählt hatte.

Es entstand eine kurze Pause. Schließlich hob einer der Westfalen sein Bierglas. »Na, dann Prost!« forderte er die Tischrunde auf.

»Prösterchen!« antworteten die Westfalen.

Als 1959, im Zuge des »Großen Sprungs vorwärts«, das offizielle Statistikwesen der Volksrepublik zum Verstummen gebracht wurde, muß das für viele Chinesen eine herbe Enttäuschung bedeutet haben, denn Statistiken sind eine nationale Leidenschaft. (Angeblich wurde die Maßnahme damals getroffen, nachdem ein hoher Beamter des Staatlichen Büros für Statistik die Order erteilt hatte, die Politik des »Großen Sprungs« nicht durch exaktere, sondern durch glänzendere Zahlen zu unterstützen, für eine Planwirtschaft ein besonders heikles Manöver.) Doch seit einiger Zeit wird wieder gezählt, und jeder Reisebegleiter ist ein Quell von Daten, Steigerungsraten und Verlaufskurven, die hemmungslos heraussprudeln, wenn der Tourist nur ganz sachte die Stirn kräuselt. In dem von *Lüxingshe* herausgegebenen Reiseführer kann man sie alle nachlesen, meine Lieblingsstatistik führt 44 chinesische Weltbestleistungen auf. Der erste Rekord: »China hat 970

Millionen Menschen, das ist ein Fünftel der Menschheit ...« Die Statistik endet mit Rekord Nr. 44, der ersten erfolgreichen künstlichen Befruchtung eines weiblichen Pandabären, es folgt eine Kurzbiographie des Bärenkindes.

Frau Liao, die uns in ihrem vorzüglichen Deutsch die Sehenswürdigkeiten von Shanghai erläuterte, hatte eine Statistik des Lasters vergangener Tage aufgetan. »7000 Stätten für Spiel um Geld«, zählte Frau Liao auf, als wir in die frühere Avenue Joffe einbogen, »500 000 Menschen haben am Geldspiel teilgenommen, für die Opiumerzeugung gab es 10 000 Stätten, man kann auch sagen Gifterzeugungseinheiten, dazu 800 Stätten der Prostitution und 30 000 Straßenmädchen.«

Unser Bus stoppte an einer Ampel. Frau Liao deutete durch die leicht beschlagenen Fenster auf einige Läden. »Ein früheres Paradies für den Einkauf von französischem Parfum oder Lippenstift«, sagte sie kühl. »90 Prozent der Straßenmädchen sahen sich gezwungen, der Prostitution nachzugehen; nach der Befreiung hat die Stadtregierung allein für die Behandlung der Prostitutionskrankheit 180 000 Yuan ausgegeben und dann 20 000 Prostituierte umerzogen.«

Frau Liao redete übrigens über Themen wie Prostitution oder Geschlechtskrankheiten ohne sichtbare Befangenheit. Die chinesische Prüderie, die zu den entwickeltsten der Welt gehört, hat bestimmte Lebensbereiche als nicht tabuwürdig ausgezeichnet. Sich im Ordinationszimmer vor den Augen aller anderen Patienten, männlich wie weiblich, auszuziehen wird offenbar nur von Ausländern als peinlich empfunden; auch die Geschichte der Prostitution ist so ein neutraler Bereich und alles, was mit dem Thema Geburtenverhütung zu tun hat. Frauen, denen es die Etikette streng verbietet, im heißen Sommer in männlicher Gesellschaft das warme Jackett abzulegen und damit eventuell einen Blick auf nackte Arme zuzulassen, erklären dem ausländischen Besucher in größter Seelenruhe und Gelassenheit, warum die Spirale »Rose von Kanton« so vorzüglich im Muttermund sitzt. Auf dem Schwarzmarkt erzielen Magazine wie *Penthouse, Playboy* etc. Höchstpreise, doch an den großen Plakatwänden, die zur Geburtenverhütung aufrufen und die Technik der Geburtenregelung in exaktem Detail wiedergeben, gehen die meisten Passanten achtlos vorbei.

Für den Nachmittag war eine Hafenrundfahrt auf das Programm gesetzt. »Sie betrachten den Hafen«, sagte Frau Liao, »und reden mit den Praktikern des chinesischen Tourismus, den Tourismusdozenten und den Fachkadern für den Fremdenverkehr.« Als wir an Bord des kleinen Ausflugsbootes gingen, regnete es. In der Kajüte waren vier Tische für uns reserviert worden, Teekannen standen bereit und einige Flaschen Bier. Unsere Gesprächspartner waren allesamt ältere Herren, sie trugen schwere dunkle Mäntel und dicke Wollschals. Mein Tischnachbar, Herr Yüan, hatte Fremdsprachen studiert, ursprünglich, um in einem Verlag zu arbeiten. »Tourismus war überraschend, aber nicht unerträglich«, antwortete er auf meine Frage nach seinem Berufsweg. Ich wollte wissen, wie den DDR-Touristen, die zuletzt Anfang 1966 nach Shanghai gekommen waren, die Stadt gefallen habe. »Die Deutschen sind Deutsche«, sagte er, »Schulen, Fabriken, Industrieausstellungen, das weckt ihr Interesse.« Wir fuhren den Huangpu stromabwärts, durch die leicht beschlagenen Fenster konnte man Tanker und Frachtschiffe sehen, für eine Weile auch Zerstörer und U-Boote der chinesischen Kriegsmarine. Der Kollege von der *Zeit* wollte sie fotografieren, wurde aber zurückgehalten. »Das ist Staatsgeheimnis«, lachte Herr Yüan, »ein bißchen auch wegen des Rosts.«

Während der Kulturrevolution war die Tourismus-Abteilung mehrfach umorganisiert worden. Lokale Rotgardisten hatten einen Abteilungsdirektor wegen »Export der Landschaft« verurteilt und zur Umerziehung aufs Land geschickt. »Es gab Kollegen«, erzählte der Nachbar von Herrn Yüan, »die wollten das Reisebüro zum Zentrum der Weltrevolution machen.«

»Die waren verrückt«, kicherte Herr Yüan in mein Ohr. Touristen mußten Mao-Sprüche aufsagen, die ihnen im Bus vorzitiert worden waren, und revolutionäre Lieder einüben.

Hat das den Touristen gefallen?

»So und so«, sagte Herr Yüan. »Es gab auch Ausländer, die für die revolutionäre und gegen die revisionistische Linie im Fremdenverkehr eintraten. Die lehnten Busse ab und wollten mit ihren Koffern zu Fuß vom Bahnhof in die Stadt und ins Hotel. Oder sie wollten nicht im Hotel schlafen, sondern in der Schule oder Hochschule, manche auch in der Fabrik.«

Die Chinesen am Tisch hatten aufmerksam zugehört und lachten, als würden sie sich an Streiche aus ihrer Kindheit erinnern.

»Aber da waren auch viele alte Frauen«, fuhr Herr Yüan fort, »die sollten in doppelstöckigen Betten schlafen, doch als alte Frau kann man keine doppelstöckigen Betten ertragen. Eine ist heimlich aus der Fabrik in die Stadt geflohen.«

»Erinnert ihr euch noch an den Afrikaner?« fiel ihm sein Tischnachbar in die Rede. »Den haben wir am Flughafen abgeholt, und irgendwer hat ihm ein Mao-Abzeichen überreicht. Da hat der seine Bluse aufgerissen und sich das Abzeichen direkt in die Haut gesteckt.« Die Heiterkeit in der Runde nahm zu.

»In Hangzhou hat 1967 ein Tourist eine Porzellanmanufaktur fotografiert«, erinnerte sich eine Frau, »den haben die Rotgardisten gestellt und wegen Spionage angeklagt. Sofort strömten Hunderte von roten Kämpfern zusammen. Der Tourist mußte auf ein Podium steigen und Selbstkritik üben.«

War das ein Tourist aus Westdeutschland?

»Den westdeutschen Freunden wäre so etwas nie passiert. Die haben immer gefragt, bevor sie irgend etwas machten. Aber die waren so anstrengend, weil sie immer über Theorie diskutieren wollten, mir hat der Kopf geschmerzt. Wir kannten doch nicht die Theorie, nur die Sprüche des Vorsitzenden, und die kannten sie selber.« Aber heute, fügte er hinzu, seien die westdeutschen Touristen ja ganz anders.

»Viele Touristen wollten in Volkskommunen übernachten«, nahm Herr Yüan die Erzählung wieder auf. »Aber die Kommunen hatten keine Nachttöpfe und keine Moskitonetze. Ständig mußten wir Nachttöpfe und Moskitonetze zwischen Shanghai und den Kommunen hin- und hertransportieren.«

Nach welchen Gesichtspunkten hat man die Kommunen für die Besucher ausgesucht?

»Übermittelständisch mußten sie schon sein«, erklärte Herr Yüan, das ist aber in unserer Gegend nicht sehr kompliziert, der Boden ist fruchtbar und ein großer Markt in der Nähe. Und in Shanghai, bei den Straßenkomitees, hat man fast fünfzehn zur Auswahl. Zu alt dürfen sie nicht sein, nicht zu neu und auch nicht zu klein, denn dann fehlen häufig die sozialen Einrichtungen.«

Insbesondere die Kindergärten?

»Ja natürlich«, lachte Herr Yüan, »die Kindergartenbesuche sind entscheidend, Kindergartenbesuche sind die Glanzperlen in einem Touristenprogramm.«

Der Kindergarten lag in der Arbeitersiedlung Caoyang. Nach einem kurzen Einführungsvortrag wurden wir zu den Kleinen geführt, die in ihren Klassenzimmern bereits auf uns warteten. Kindergartenbesuche sind für den Chinareisenden dasselbe wie ein Antidepressivum für den Gemütskranken. Selbst das verstockteste Delegationsmitglied wird weich, wenn sich in die Pranke des Fremden ein klebriges Patschhändchen schiebt, dem noch die Schokoladenspuren aus den Geschenkpackungen der gerade zuvor abgereisten Delegation anhaften. Man stelle sich vor: Auf den bloßen Eintritt des Besuchers geraten dreißig, vierzig pausbäckige, mandeläugige, vor Glück strahlende Chinesenkinder sozusagen aus dem Stand in Ekstase, klatschen in die Händchen, schreien voller Entzücken »Onkel, Tante, guten Tag!«, setzen sich artig wieder auf ihre Stühlchen und warten auf den Musikeinsatz, um ein Tanzspiel vorzuführen – den »Willkommensgruß der kleinen Pandabären«, »Heute ernten wir den Kürbis« oder »Wir lernen von der Volksbefreiungsarmee«. Und chinesische Kinder können tanzen, bewegen anmutig Ärmchen, Handgelenk und krumme Beine, neigen den Kopf und rollen mit den braunen Augen, lachen dabei, wenn eine Figur danebengeht, ziehen die hoch, die hingefallen sind, bringen den ausländischen Gast dazu, mit ihnen zu hopsen, in diese Orgie der reinen kindlichen Glückseligkeit einzutauchen – und das alles, ohne auch nur für eine Sekunde den Streß dressierter Tanzmäuschen zu zeigen. Ich weiß, wovon ich rede: Caoyang war der achte oder neunte Kindergartenbesuch meiner Karriere als Chinareisender.

Offenbar hat man mich neben einem Zimmer einquartiert, in dem mehrere Chinesen liegen, die an einer Blasenentzündung laborieren. Ihr machtvolles Strullen ist erträglicher als das Stöhnen der Wasserleitung, der immer neue Einsätze abverlangt werden. Dabei soll doch, wenn man den Historikern Glauben schenken darf, die gesamte chinesische Zivilisation auf der Perfektion der Bewässerungssysteme beruhen.

Ich knipse das Bettlicht an, notiere mir das Thema und gerate ins Stocken. Merkwürdig, wie flink der Besucher (und nicht minder der Korrespondent) in diesem Land vom Einzelnen aufs Ganze schließt. Da fährt ein Bus vor der Nase weg, und es setzt einen scharfen Artikel über den Zusammenbruch des sozialistischen Nahverkehrs; muß man – wie ich – zum Klosettspülen tief in den Wasserkasten greifen, um die verbogene Apparatur in Gang zu setzen, löst das unverzüglich eine Reflexion über die Schlampigkeit der chinesischen Hydraulik aus.

Am entschiedensten urteilen die auf Regierungskosten eingeflogenen Kurzwöchner (»Ich war in China nur ein paar kurze Wochen, aber ...«), egal, ob in der Variante *blanke Begeisterung* (klassisches Reaktionsrepertoire) oder *blanke Entrüstung* (neue französische Welle). Beliebter ist zur Zeit die letztere Variante; zur Ausländergemeinschaft in Peking findet der Neuankömmling nur Zugang, wenn er, gleichsam als

Mitbringsel und als Mitgliedsbeitrag, eine Kurzgeschichte über persönliche Verfolgungen durch die chinesische Bürokratie einbringt. Diese Geschichten sind selten erfunden oder massiv übertrieben, doch allein aus ihnen ein Sittengemälde Chinas zu komponieren käme der Wirklichkeit so nahe wie eine Wirtschaftsstatistik der Arbeitswelt. Oder ob es sich um enttäuschte Liebe handelt? In China kratzt die ehemalige revolutionär-touristische Internationale noch einmal alle Empfindlichkeitsreste zusammen, die sie sich daheim längst hat wegfüttern lassen. An China möchte sie gern auslassen, daß das mit dem Sozialismus blöde war, daß Sozialismus nicht klappen kann, daß selbst die blöden Chinesen das schon lange hätten merken müssen …

Im Bus fragte ich Herrn Yüan, warum Ausländer in China für dieselben Produkte oder Leistungen höhere Preise als die Chinesen zahlen müssen – für die Fahrten mit der Bahn etwa oder mit Schiff und Flugzeug, ganz zu schweigen vom Essen in Restaurants. Herr Yüan seufzte. »Das System der ›doppelten Preise‹ wird fast von allen Ausländern als diskriminierend empfunden. Dabei ist es nur gerecht. Ihre Löhne lassen sich mit den unseren nicht vergleichen. Und zweitens: Die chinesischen Preise sind keine Marktpreise, fast alle Güter werden vom Staat subventioniert, damit die Bevölkerung sie sich leisten kann. Aber warum soll unser Staat auch noch für Ausländer zahlen?«

Die Konstruktion ist wackelig und wird sicher dann ins Wanken geraten, wenn die Preise mit internationalen Preisen (und den entsprechenden Leistungen) verglichen werden. Denn dann können die chinesischen Reiseveranstalter schlecht mit der »Rückständigkeit des Landes« kokettieren, wenn sie begründen müssen, wie es zu den immer wieder beklagten Doppelbelegungen kommt, warum die sanitären Einrichtungen so vieler Hotelzimmer im Landesinneren nicht bloß amerikanische Puristen verstören oder warum Mahlzeiten nur dann serviert werden können, wenn es der Küche paßt. Gnade Gott dem chinesischen Tourismus, wenn die Disziplin der ausländischen Besucher zusammenbricht und sie sich aufführen wie in anderen Ländern, in denen ihnen Weltmarktpreise abverlangt werden.

Im Jade-Buddha-Tempel, der einzigen buddhistischen Institution, die in Shanghai die Kulturrevolution halbwegs glimpflich überstanden hat, ist noch kein »doppeltes Preissystem« eingeführt worden. Ausländer und Chinesen, erzählte mir der zuständige Mönch, können hier zum selben Preis Zeremonien durchführen lassen. Bei Begräbnissen staffeln sich die Kosten lediglich nach der Exklusivität der Veranstaltung. Eine Totenfeier für einen bis fünf Verstorbene macht 100 Yuan; wird für zehn bis zwanzig gebetet, bezahlen die Hinterbliebenen 50 Yuan, und wenn sich 50 bis 100 Seelen den herabgeflehten Segen teilen müssen, kostet es pro Seele 20 Yuan.

Peking, kurz nach Sonnenaufgang. Steifbeinig treten die Menschen aus ihren Häusern, um sich am Rinnstein die Zähne zu putzen. Alte Frauen hocken vor kleinen Kohleöfchen, fächern die Glut mit Palmwedeln an und kochen ein Frühstück. Die ersten Schattenboxer blinzeln in die Sonne, die Arme angewinkelt, ein Bein in der Luft kreisend. Wer es einrichten kann, verbringt diese ersten Stunden des Tages in einem Park, denn die öffentlichen Parks sind das Refugium der Privatheit und der unbeaufsichtigten Geselligkeit. Hier können Schulkinder laut ihre Schultexte aufsagen, Opernsängerinnen ihre Arien trällern, Trompeter ihre Instrumente blasen. Im Park kann jeder für sich sein, auf allerengstem Raum zwar, doch nur von Unbekannten umgeben. Die Parks sind der soziale Ort der Individualität in China.

Diese Individualität kann man natürlich auch in Gruppen genießen, doch es ist wichtig, daß diese Gruppen durch Einzelinteressen zustande gekommen sind, nicht durch das Straßenkomitee oder die alles organisierende Produktionsgruppe. Unter einer Akazie turnt eine Vereinigung von Großmüttern, die ungeniert die Arme in die Luft wirft oder mit durchgedrückten Knien imaginäre Blumen pflückt. Sie werden von einer Vorturn-Großmutter angetrieben. »Wir drehen den rechten Arm im Kreis, diese Übung heißt: den rechten Arm kreisen lassen ...« Wenige Meter weiter probt eine Schwerttanzgruppe, bunte Troddeln hängen an den Spießen, Lanzen oder Säbeln, die nach vorgeschriebenen Regeln durch die Luft sausen. In angemessenem Abstand halten sich die Vogelfreunde, die ihre Käfige, aus denen es pfeift, krächzt und tschilpt, an die Äste der Parkbäume gehängt haben. Wenn die Vögel zu unruhig werden, nimmt der Besitzer den Käfig und läßt ihn am ausgestreckten Arm ein paarmal durch die Luft sausen. Daraufhin wird das Tier ohnmächtig und beruhigt sich.

Aus einem kleinen Waldstück kommen mir in einem wiegenden Gleichschritt drei alte Männer entgegen. Sie tragen blau-weiß gestreifte Schlafanzüge, verblichene Kappen und die dunklen Brillen der Blinden, der Anführer ertastet mit einem kleinen Stöckchen den Weg. Ich notiere: »Drei blinde alte Männer im Ente-schöpft-Kraft-Gang.« Der letzte der drei löst sich plötzlich aus der Formation, bleibt vor der Bank stehen und beugt sich über mein Notizbuch.

Der Straßenverkehr unterliegt strengen Regeln. Vor dem Hotel schärft ein Schild ein: »Menschen nehmen den Menschenweg! Fahrräder nehmen den Fahrradweg! Autos nehmen den Autoweg!« Autos haben Vorfahrt vor Fuhrwerken, Fuhrwerke haben Vorfahrt vor Fahrrädern, Fahrräder haben Vorfahrt vor Fußgängern. Die Polizei mahnt: »Erstens: langsam; zweitens: hinschauen; drittens: los!«

Vor dem Eingang zur Verbotenen Stadt kam ich mit einem australischen Ehepaar ins Gespräch. Die beiden waren per Anhalter durch China gereist. Offenbar ist das der letzte Schrei im Abenteuertourismus. Man besorgt sich in Hongkong ein Visum für die Strecke Kanton–Peking und kommt dann vom Weg ab. Die Australier sprachen keinen Satz Chinesisch, meinten auch, daß darin das Geheimnis ihrer erfolgreichen Reise liege. »Wir konnten die Verbotstafeln ja nicht lesen, und die Polizisten waren immer froh, wenn sie uns wieder los waren.« Ein paar Nächte hatten sie in Arrestzellen verbracht, na ja, das gehörte zum Abenteuer. Nach Tibet hatte sie ein Lastwagen mitgenommen, der Fahrer brachte sie in Chinesen-Hotels unter und teilte seine Lebensmittelkarten mit ihnen. Jetzt allerdings, meinte die Frau, hätten sie wirklich keinen Cent mehr. Aber für solche Notfälle sei ja die Botschaft zuständig. Ob ich nicht mit einem kleinen Vorschuß die Busfahrt ... Vielen Dank!

Zu meiner Lieblingslektüre in China zählen die Beschwerde- oder, wie sie hier etwas höflicher heißen, Meinungsbücher.

Man kann in China ziemlich einfach die Grenze zwischen öffentlichem und nicht-öffentlichem Leben ziehen, indem man nachschaut, ob ein Meinungsbuch ausliegt. Wenn Chinesen ihre Meinung festhalten, dann krönen sie gern die Schilderung eines haarsträubenden Vorfalls mit einer revolutionären oder konfuzianischen Maxime. Ausländer sind meist weniger einfallsreich, um so mehr überraschte mich die Botschaft meiner Vorgänger im Peking-Hotel: »We are Japanese. We arrived this room at p. m. 1:10. This room is very clear and bright. We can hear the wind blowing because of quietness in the room. We like this room. But the dust box is net. So very small dusts is not in it.«

An der Rezeption des Peking-Hotels stand ein Amerikaner kurz vor dem Nervenzusammenbruch. Seit zehn Minuten versuchte er, die Zimmernummer eines Landsmannes herauszubekommen, mit dem er vor drei Tagen nach Peking geflogen war. »Wir finden seinen Namen nicht in unserem Register, deshalb wohnt er auch nicht hier«, sagte der Portier gelassen. Von der geröteten Nase des Amerikaners perlten die Schweißtropfen. »Ich habe erst heute morgen mit ihm gefrühstückt, hier, in diesem Hotel, wir haben uns beide darüber beschwert, daß auf allen Etagen nach Mitternacht das Licht ausgeschaltet wird. Ich habe nur«, hier kippte die Stimme um, »den Scheißzettel verloren, auf dem ich seine Scheißzimmernummer notiert habe.« – »Das tut mir leid«, sagte der Portier.

Die Namen der neuangekommenen Gäste werden hier – nach einem ungefähren Lauteindruck – auf chinesisch transkribiert, weitergeleitet und verschwinden in tiefen, nie erreichbaren Speichern.

Beim Abschiedsessen redeten wir über die Artikel, die wir über die Fahrt schreiben würden, über unsere Sichtweise und über die Chinesen. Ich erzählte von den Schwierigkeiten, die die Jesuitenmaler im China des 18. Jahrhunderts mit ihren chinesischen Auftraggebern gehabt hatten. »Nur weil das menschliche Auge unvollkommen ist, muß man noch lange nicht die Natur als unvollkommen darstellen«, hatte ein chinesischer Kaiser die ersten Arbeiten von Guiseppe Castiglione kritisiert, der durch perspektivische Darstellung seinen Gemälden eine eindeutige Zuordnung zum Blickpunkt des Betrachters verlieh. Die Jesuiten fanden den Verzicht auf Perspektive plump. »Mit dem Schönsten unserer Kunst können sie nichts anfangen«, meldete ein Missionar traurig nach Rom, »ihre Bilder haben nicht eine, sondern viele Perspektiven. Außerdem sind die Menschen verschwindend klein in der Natur.« Die Vermittlung von Sichtweisen kam nie recht zustande, obwohl die Italiener überzeugt waren, die bessere Theorie zu besitzen, obwohl sie Andrea Pozzos *Perspectiva Pictorum et Architectorum* ins Chinesische übersetzten. Schließlich mußten sie sich doch den chinesischen Auftraggebern beugen. »Wir können uns in China nur halten«, schrieb einer der Maler, »wenn wir uns den Chinesen soweit wie möglich anpassen.« Allerdings gefährdete diese Haltung den Missionsauftrag.

»Soviel wie auf dieser Reise habe ich mir noch nie notiert«, erzählte mir der Kollege von der *FAZ*. Mir fiel ein Brief ein, den Dortous de Mairan Ende des 18. Jahrhunderts an den Jesuitenmissionar Père Parrenin in Peking geschrieben hatte. Wie uns alle plagte de Mairan die Angst, zuviel übersehen zu haben. »... mais y a t'il à la Chine des pyramides telles qu'on voit à Rome, qui y ont été apportées de l'Egypte? Je n'en ai point vu, mais ce n'est pas une preuve qu'il n'y en ait point.« Man weiß es eben nie.

(1982)

Im Zug nach Osten

Früher fragte keiner in China: Wann geht der Zug? Früher fragte man höflich: Gibt es einen Zug? Und bat den Stationsvorsteher um rechtzeitige Benachrichtigung.

Früher, das waren die zwanziger und dreißiger Jahre, als grimmige Militärmachthaber regierten, die Züge überfielen und Kopfgeld verlangten. Früher war, als der Shanghai-Expreß noch eine Aussichtsterrasse anbot, auf der sich Glücksritter, Opiumschieber und Abenteuerinnen vielsagende Blicke zuwarfen. Als das Personal noch »boy« hieß, Pidgin sprach und vor dem Einschenken das Etikett der Ginflasche präsentierte. Früher soll es Lokomotiven gegeben haben, die bis zu 140 Stundenkilometer erreichten, pfeilschnelle, windschlüpfrige Geschöpfe aus Eisen und Stahl wie die berühmte »Asia«, die die japanischen Besatzer und ihren chinesischen Quisling, den schmächtigen Pu Yi, durch ihre imperialen Dependancen zogen.

Dampfloks natürlich, wie heute in aller Regel auch noch. Wie zum Beispiel jetzt, auf dem Bahnhof von Ulumuqi, wo wir im Sperrbezirk für die Privilegierten, die Reisenden der »weichen Liegen«, darauf warten, endlich jene Hymne aus Zischen, Pfeifen und Heulen zu vernehmen, die einer erwartungsvollen Menge den glückverheißenden Aufbruch eines »Feuerwagens« verkündet.

Die weniger privilegierten Mitreisenden haben auf dem Bahnsteig bereits diszipliniert ihren Platz in einer der Schlangen bezogen, deren Köpfe auf eine noch zu öffnende Waggontür weisen. Der Kalender verzeichnet in wenigen Tagen ein Fest. Und somit tragen die Schlangen nicht nur die Stofffarben der Passagiere: mausgrau, kobaltblau oder raupengrün, sie sind gesprenkelt mit den bunten Tupfern grell gestreifter Plastiktaschen, dem verwegenen Zinnober ballenumhüllender Schlafdecken, dem prallen Oliv von Netzen umfangener Melonen. Reisende in China stehen in einer gewaltigen Bringschuld.

Die dralle Zugwärterin ist ins Abteil getreten und füllt aus einer großen grauen Gießkanne heißes Wasser in die beiden Thermosflaschen, die unter dem Tischchen am Fenster klemmen. Dann reicht sie mir zwei Teebeutel, auf denen das Symbol ihrer Behörde prangt: eine Schiene in einem Kreis, auch lesbar als das Zeichen für Eisen. Die Thermoskannen sind mit Pfingstrosen in leuchtendem Blau und blassem Rosa geschmückt, auf dem Tischchen über ihnen steht ein Topf bunter Primeln.

»Ist ihm nicht gut?« fragt die Wärterin und deutet mit dem runden Kinn auf den leeren Sitz mir gegenüber. Sie meint den Reisegefährten. Der hat mir schon vor Beginn der Reise angekündigt, ihn halte es nicht in der Luxusklasse. Er wolle sich unter das Volk mischen. Es fielen sogar Ausdrücke wie »einfache Bauern« und »einfache Arbeiter«. Mit denen nimmt er jetzt wohl Kontakt auf.

»Er holt Erkundigungen über die Umgebung ein«, antworte ich, »Sozialforscher aus Bochum«, füge ich noch hinzu, doch das sage ich auf deutsch.

»Dann wird ihm ein Schluck Tee guttun«, lacht die Uniformierte, »die beiden anderen Gäste kommen auch später«, das Kinn beschreibt einen Halbmond über den zwei verbliebenen Plätzen. »Sie sehen selbst«, ihre Stimme bekommt einen Hauch von Schloßbesitzerin, »es gibt Decken, es gibt Kissen, und um 18 Uhr sind für Sie Plätze in der ersten Schicht des Speisewagens reserviert. Der Lautsprecher wird das rechtzeitig verbreiten.«

Der Lautsprecher heißt auf chinesisch »Trompete« und verbreitet unablässig. Kurz vor der Zugabfahrt hat die Trompete uns gewarnt, die Abfahrt stehe unmittelbar bevor, kurz danach informiert, die Reise sei jetzt losgegangen. Seither setzt es Ratschläge, wie wir mit unserem Gepäck umzugehen haben, und Ermahnungen, ruhig sitzen zu bleiben. »Reisende, die an der nächsten Station aussteigen, werden jetzt ihr Gepäck ordnen«, hat die Trompete unlängst verkündet, »Reisende, die nicht aussteigen, bewahren die Ruhe.«

Wir haben die Ruhe bewahrt und werden dafür mit verschiedenen Chorwerken von Schafhirten und Ziegenzüchtern belohnt, die freudig erregt von gigantischen Zuwachsraten in ihrem Gewerbe singen. Draußen zieht die Gobi vorbei, zarter Ocker, sanft geschwungene Hügel, bisweilen eine grasende Kamelherde, struppige Tamarisken.

Zwei Kamelherden, und viele, viele Strophen später erinnere ich mich plötzlich an meine Lieblingsdurchsage. Die Trompete verkündete sie bei einem Staatsbesuch in der Inneren Mongolei und sprach damals Englisch, jedenfalls für die mitgereisten Journalisten. Irgendwann, tief im Grasland, war unser Zug zu einem kreischenden Halt gekommen. Türen wurden geschlagen, Befehle ballerten, schließlich berichtete mir ein Wachsoldat den unglaublichen Vorfall: Auf den Schienen hatte sich ein alter Bauer mit seinem Büffel niedergelassen. »Ein ganz alter Mann«, sagte der Wachsoldat, »wahrscheinlich taub in den Ohren, und sein Büffel ist auch alt. Sie haben geschlafen und uns nicht gehört. Obwohl die große Sirene und die dicken Pfeifen getönt haben.« Wenige Minuten später räusperte sich die Trompete in den Journalistenabteilen. »Ladies and gentlemen«, hob die Trompete an, »Ladies and gentlemen, this train …«, die Trompete rang kurz nach Fassung, »this train has stopped for no reason.«

Stark verrußt um die Augen- und Ohrenpartien, betritt der Sozialforscher aus Bochum das Abteil. »Unglaublich, wie das einfache Volk hier reist«, berichtet er, »diese Überfüllung! Selbst auf den Spülbecken der Toiletten hocken sie und versuchen zu dösen. Anfangs gab es Geknuffe um die Sitzplätze. Man darf den Platz nicht verlassen, dann ist er sofort weg. Die meisten haben ihren Reiseproviant mitgebracht, harte Eier und Würste und Knoblauch. Überall wird geraucht und gespuckt. Eine Frau hat, glaube ich, ihre Wehen. Viele hocken über Glücksspielen, es geht um richtiges Geld. Ich habe tolle Gespräche geführt.«

Hinter ihm wird die Abteiltür aufgeschoben, unsere Mitreisenden treten ein. Den Mann weisen Tuch, Farbe und die Zahl der sichtbaren Rocktaschen auf seiner Uniform als höheren Offizier aus. Ihm folgt eine ältere schlanke Dame mit streng zurückgekämmtem silbernem Haar.

»Ausländer«, sagt der Uniformierte zu seiner Begleiterin in einem Ton, in dem sich Befriedigung und eine gewisse Distanz mischen.

Ich spreche die angemessene Grußadresse, und der Uniformierte antwortet mit der Höflichkeitsformel, die jedes chinesische Kind in der Wiege lernt, bevor es in der Schule erfährt, daß es überhaupt Ausländer gibt: »Sie sprechen wirklich ausgezeichnet Chinesisch«, sagt der Uniformierte. »Wenn ich fragen darf, welche Verantwortung führt Sie in diese Gegend?«

»Wir sind Eisenbahnexperten«, antworte ich bescheiden, »wir studieren Ihr System der Verwaltung von Schienenstrecken.«

Der Sozialwissenschaftler aus Bochum beugt den Rumpf in einer Form, die man in Bochum für einen chinesischen Abschiedsgruß hält, und entfernt sich in Richtung seiner Feldstudien.

»Die Geschichte der chinesischen Eisenbahn ist von hohem Interesse«, sagt der Uniformierte, gähnt und zieht seine Zeitung hervor.

»Meine Kinder haben lange Zeit gespart, damit sie mir diese Reise ermöglichen konnten«, erzählt seine Begleiterin. »Mein Name ist Wang.«

»Die Geschichte der chinesischen Eisenbahn ist eng mit unserer Geschichte, ist eng mit dem Kolonialismus verknüpft«, beginne ich, »die Engländer haben 1876 eine erste Bahn von Shanghai zur Hafeneinfahrt am Meer gelegt. Ein Jahr später kaufte die chinesische Regierung die Strecke auf, ließ sie abmontieren und nach Taiwan verschiffen.«

Der Uniformierte läßt die Zeitung sinken. »Taiwan wird bald wieder zum Mutterland gehören«, sagt er abwesend und schaut aus dem Fenster.

»Danach waren es die Russen, die Franzosen, die Belgier und die Deutschen. Später auch die Japaner. Alle wollten sie eine Kommission, um Eisenbahnen durch China zu bauen. Es war wie im Goldrausch. Ende des 19., Anfang des

20. Jahrhunderts versuchten die fremden Mächte, durch Eisenbahnen an die Schätze Chinas zu gelangen.«

»China«, sagt der Uniformierte, »China damals ...«, er läßt den Satz stehen, langt in seiner Reisetasche nach einem Apfel, breitet ein Handtuch über seine Oberschenkel, klappt ein Taschenmesser auf, beginnt zu schälen.

»Die Kinder haben drei Monate gespart für diese Reise«, spricht Frau Wang in die Gesprächspause, in das träge Schaukeln des Zuges und das scharfe Schaben des Messers unter der Schale, »aber zum Gräberfest sollte die Familie einmal wieder beisammen sein.«

Der Uniformierte hat das Kerngehäuse aus dem Apfel seziert. »China war damals halb kolonialistisch und halb feudal ...«, er beißt kräftig in den Apfel.

»Aber der kaiserliche Hof war gar nicht gegen Eisenbahnen«, wende ich ein, »wenn Sie nur den Chinesen gehörten. Und wenn sie dem richtigen Zwecke dienten. Zum Beispiel die Bahn zu den Grabhügeln nordwestlich von Peking. Das war im Jahre 1897. Der Hof hatte berechnen lassen, daß der herkömmliche Transport bei Begräbnissen, also die Beamten, die Eunuchen, die Konkubinen, alle mit Trägern und in Sänften, daß also diese Kosten bei weitem die für den Bau einer Eisenbahn überstiegen ...«

»Meine jüngere Schwester kommt aus Nanking zum Gräberfest«, wirft Frau Wang ein, entweder meine oder ihre Gedanken wiederaufnehmend, »wir haben uns seit der Kulturrevolution nicht mehr gesehen.«

Der Uniformierte reibt sein Messer am Handtuch sauber. »Das war eine Zeit der großen Unruhen«, sagt er säuerlich. »Alle Züge waren voll von Rotgardisten, die umsonst quer durchs Land fuhren, um revolutionäre Erfahrungen auszutauschen. So nannte man das damals: Austausch revolutionärer Erfahrungen. Dabei waren die meisten erst 16 oder 17 Jahre alt!« Er läßt das Messer zuschnappen. »Erfahrungen!« wiederholt er zum dritten Mal, noch empörter als zuvor, »alle Züge vollgestopft und verdreckt und keine Gelegenheit, dringende Dienstgeschäfte zu erledigen.«

Aber ist es heute so viel leichter, einen Platz zu bekommen? Nie kann man eine Rückfahrkarte buchen, und wer eine Reise unterbricht, muß dort wieder für ein neues Billett anstehen.

»Fliegen ist auch nicht einfacher, dafür ereignet sich nie etwas, wenn man mit der Bahn fährt«, antwortet der Uniformierte und greift wieder zu seiner Zeitung.

Die Trompete kündigt das Abendessen an und trägt uns auf, vorsichtig zum Speisewagen zu gehen. »Kommen Sie auch?« frage ich die Mitreisenden.

»Das Essen ist schlecht und teuer«, der Uniformierte läßt die Zeitung erst gar nicht sinken, »zwei Fleischgänge, ein Gemüse, eine Suppe für 5 Yuan und 80 Fen, lächerlich!«

Im Speisewagen sind alle Plätze besetzt. Am offenen Feuer im hinteren Teil des Waggons hantieren zwei Köche. Sie häckseln, dünsten, wenden und wedeln den Gästen mit ihren Schürzen den aufsteigenden Dunst entgegen.

Der Uniformierte hat recht: Man kann in China besser essen. Die Mahlzeit ist eher ein Triumph der einfachen Technik als der Kochkunst. Soßen schwappen träge über den Rand, wenn der Zug sich in eine Kurve legt.

In rotes Plastik gebunden, schwingt von einem massiven Garderobenhaken vor mir das sogenannte Meinungsbuch.

Über die Küche ist kein Eintrag zu finden. Dafür haben sich die Reisenden Urteile über das Begleitpersonal gebildet: »Freche Antworten an Niederstehende und süßes Lächeln gegenüber Offiziellen sind stinkende Überreste aus der Feudalzeit«, lese ich, »das gilt besonders für eine gewisse Person, die am 25. Februar Waggon 12 im Zug 162 zu betreuen hatte.« Der Kritiker unterzeichnete mit Namen und Adresse. Ein anderer, diesmal anonym, monierte: »Schaffnerinnen sollten dem Volke dienen und nicht nur mit dem Zugkoch süße Worte wechseln! Das gilt auch für Zug 495. Ich hoffe, eine gewisse Person nimmt sich diese Worte zu Herzen.« Doch es setzte nicht nur Tadel: »Tief empfundenen Dank an die Genossin Schaffnerin, die meine Tante betreute, obwohl sie dauernd kotzte«, finde ich mit dem Vermerk 2. März. Darunter die entschuldigende Erklärung: »Die Tante wurde im letzten Winter 76, ist sehr schwach und fuhr zum ersten Mal mit der Eisenbahn.«

Im Abteil brennt nur noch das Lämpchen auf dem Tisch. Die Betten sind heruntergeklappt, oben schläft still die ältere Dame, der Uniformierte zieht einen exakten Schnaufer.

Der Sozialforscher sitzt über Aufzeichnungen gebeugt. »Wußten Sie«, fragt er erregt, »daß eine Zugbegleiterin um die 100 Yuan im Monat verdient, das liegt fast um 30 Prozent über dem Durchschnittslohn eines chinesischen Arbeiters. Ein Zugführer dagegen verdient fast zweieinhalbmal soviel, mancher Vizeminister der Zentralregierung wäre stolz darauf – sagen die einfachen Leute.« Seine Wangen sind leicht gerötet, der Ruß hängt immer noch über den Augenbrauen. »Manche haben ihre Stellung geerbt oder vermacht bekommen, wie in einem Gildesystem, denn die Stellungen sind natürlich begehrt; ich habe noch mehr Zahlen herausbekommen …« Seine Stimme verliert sich in den vielen Zetteln.

Viele Stunden später, früh am milchgrauen Morgen, hält der Zug an einem kleinen Bahnhof in der Wüste. Sieben buddhistische Mönche betrachten die schnaubende Lok aus angemessener Entfernung. Ich trete auf den Bahnsteig. Es ist bitterkalt. Ich friere unter meiner wattierten Jacke, die Mönche tragen nur eine dunkelrote Schärpe über dem nackten Oberkörper. Plötzlich löst sich einer aus ihren Reihen, schaut lange auf die Eisenbahn und tritt dann auf mich zu. Umkreist mich ganz ruhig und zieht neugierig meinen Duft ein.

(1989)

Unruhe an der Seidenstraße

Der Briefschreiber vor dem Telegrafenamt in Kashgar übt seinen Beruf schon seit fünfzig Jahren aus. Er hat Briefe nach Peking verfaßt und Briefe in die ehemalige UdSSR. (»Nach Tadshikistan geht es relativ schnell, höchstens zwei Monate, nach Kasachstan dauert es länger.«) Auf seinem kleinen Tisch liegt neben diversen Briefformularen, Stempeln und Stiften auch eine dicke Kladde, in der er die mehr als tausend Adressen seiner Kunden bewahrt. »Ihre Geheimnisse«, lacht er und läßt dabei drei goldene Zähne blitzen, »die hebe ich hier auf.« Er schlägt auf sein Herz, eine Handbreit über dem Knauf eines mit Türkisen eingelegten Dolches.

»Da im Westen reden sie viel von ihren Geheimnissen«, hat mir der Freund in Peking gesagt, »die Gegend ist etwas verwahrlost. Chinesen dürfen nach Einbruch der Dunkelheit nicht mehr auf die Straße. Das ist zu gefährlich. Merkwürdige Leute leben dort. Sie essen ihr Hammelfleisch, trinken Hirseschnaps und träumen von einem unabhängigen Staat der Uiguren. Aber wie sie dieses Ziel erreichen wollen, das ist wirklich ein Geheimnis.«

Was die Chinesen ihren »Westen« nennen, ist ein Gebiet von Steppen, Wüsten und Oasen, knapp fünfmal so groß wie die Bundesrepublik, dessen Geschichte an nichts so reich ist wie an Auseinandersetzungen mit der Herrschaft der Chinesen. Ursprünglich siedelten in diesem Grenzland, durch das die Seidenstraße führt, meist ehemalige Nomadenvölker, allen voran die Uiguren und andere türkische Stämme, doch auch Kasachen und Kirgisen, Tadshiken, Dunganen und Usbeken, ein brisantes Gemisch, vielfältig und bunt wie die Fellmützen und Lederkappen, Filzhüte und Strickmützen, an denen man sie unterscheiden kann.

Für die chinesische Regierung handelt es sich bei diesen Völkern um »nationale Minderheiten«, und damit sie auch Minderheiten bleiben, wurden in den vergangenen Jahrzehnten mehrere Wellen chinesischer Aussiedler in das »Uigurische Autonome Gebiet Sinkiang« – wie die Region seit 1955 heißt – geschickt.

Der Standverkäufer auf dem Basar dreht an den Spießen mit Hammelfleisch. »Kennen Sie die riesige Staatsfarm hier in der Nähe von Urumtschi? Dort bauen sie Zuckerrüben an. Tausende von Arbeitern und ihre Familien. Kommen alle aus Shanghai. Sprechen natürlich kein Wort von unserer Sprache. Halten sich für etwas Besseres.« Er zieht ein Tuch aus der Hosentasche und wedelt damit über das Fleisch. »Sprechen nicht einmal unsere Sprache und halten sich für etwas Besseres.«

Mein Banknachbar schüttelt den Kopf. »Arbeiter«, sagt er, nachdem er meine nationale Herkunft erfragt hat, »Arbeiter, das geht ja noch. Wenn sie wenigstens ihre Strafgefangenen bei sich behalten würden. Jedesmal wenn denen die Gefängnisse zu klein werden, schicken sie uns ihre Verbrecher.«

Politische Verbrecher?

»Alle Arten von Verbrechern. Nirgendwo im Land ist Platz für sie. Also werden sie zu uns geschickt. Weil sie dann so weit weg sind. Aber bei uns ist nicht ›so weit weg‹. Wir leben hier.« Der Nachbar spuckt auf den Boden. »Und Hühnchen gab es früher auch keine. Jedenfalls nicht auf der Straße.«

Mit »Hühnchen« meint er die beiden Huren, die gerade am Stand gegenüber Platz genommen haben. Ihr Beschützer trägt einen verspeckten schwarzen Anzug, rote spitz zulaufende Schuhe, die obligate Sonnenbrille und einen weißen Strohhut. Er ruft laut nach Coca-Cola, seinem Dialekt nach kommt er aus Sichuan oder der Provinz Hubei. Dort wird seit Jahrzehnten an einem gigantischen Dammprojekt gearbeitet, zehn Millionen Menschen verlieren dabei ihr Heim, und da in China der Boden knapp ist, wird ihnen Ersatz in Sinkiang angeboten. Manche bleiben, manche ziehen bald wieder davon, auch das trägt dazu bei, daß die Verhältnisse »ein wenig verwahrlost« wirken.

»Dazu noch die Saisonarbeiter«, sagt der Banknachbar und greift nach einem neuen Hammelspieß.

»Und die Messerstechereien«, sekundiert der Standverkäufer, »zu schweigen von jenen ganz besonderen Dingen.« Er deutet auf die graue Hauswand über seiner Gemüseablage, um mir zu erklären, worum es sich bei »jenen ganz besonderen Dingen« handelt. Früher muß da eine politische Parole gestanden haben, jetzt kleben auf den verwitterten roten Zeichen fünf Plakate der Gesundheitsbehörde, eine nachdrückliche Warnung vor »wilden und gefährlichen« Geschlechtskrankheiten.

Daß die Kriminalität sprunghaft gestiegen ist, bestätigt auch der junge Funktionär, der in Urumtschi für Sicherheitsbelange zuständig ist. Das sei wohl der schmerzhafte Preis der schnellen Wirtschaftsentwicklung, fügt er schnell hinzu, man müsse die Entwicklung gesellschaftlich analysieren, der Unterbau habe sich verändert, das könne nicht ohne Folgen für den Überbau bleiben. Der Funktionär, von dem seine

Bekannten erzählen, er trage ein Tages- und ein Nachtgesicht, zeigt schon an seiner marxistischen Spekulatiussprache, daß er sich heute für das Tagesgesicht entschieden hat. Die Uiguren, zu denen er ja auch zähle, fährt er fort, kämen eben aus einer halbfeudalen, durch den Islam geprägten Gesellschaft, die sich der umfassenden Modernisierung der Volksrepublik, insbesondere dem »sozialistischen Marktsystem« nur schwer anpassen könne. Daher die hohen Scheidungsraten, die beachtlichen Drogenprobleme unter den Jugendlichen, die Reibereien zwischen den einzelnen Volksgruppen. Doch bei einer weiteren Entfesselung der Produktivkräfte …

Ist auch die Zahl der politischen Verbrechen gestiegen?

Der Funktionär seufzt. »In unserem Land gibt es keine politischen Verbrechen«, antwortet er gedehnt, »allerdings gibt es konterrevolutionäres Verhalten, das bestraft wird.«

Ich bitte um Beispiele.

»Die unerlaubte Gründung von konterrevolutionären Parteien oder Vereinigungen, das unerlaubte Drucken und Verteilen von konterrevolutionären Schriften, das unerlaubte Halten von konterrevolutionären Reden, der Besitz oder Verkauf von Waffen zum Zwecke der Ausübung konterrevolutionärer Tätigkeiten«, der Funktionär zählt so routiniert auf, als betreibe er Inventur in einer reich gefüllten Asservatenkammer. »Natürlich sind das nur einige Beispiele«, bricht er ab, als es plötzlich in seiner Hose piepst. Wie alle fortschrittlichen Männer trägt er an einer Schnur, die ich anfänglich für einen Gebetsriemen gehalten habe, sein mobiles Fernsprechgerät.

»Sie fragten nach dem Strafmaß«, sagt er, nachdem der Apparat wieder in die Schrittfalte seiner braunen Hose geglitten ist. »Das richtet sich natürlich nach der Schwere des Falls. Aber einmal ganz allgemein gesprochen, waltet heutzutage Milde. Der konterrevolutionäre Verbrecher muß nur in einem Dokument bekunden, daß er Reue zeigt und von künftigen konterrevolutionären Tätigkeiten absehen wird. Dann ist er bei gutem Verhalten schon nach sieben oder acht Jahren wieder frei.«

Schlechte Chancen also für die Verfechter eines von China unabhängigen Staates der Uiguren?

Der Funktionär blickt mich an, als hätte ich ihm gerade eine Kröte ins Gesicht geworfen. »Die Sicherheitsvorkehrungen sind ausgezeichnet. Im Kern unserer Städte befinden sich die Siedlungen der nationalen Minderheiten. Diese umschließt ein Kreis chinesischer Einrichtungen. Dahinter liegt ein weiterer Kreis von Armeeanlagen. Von einer Bedrohung kann keine Rede sein.«

Selbst bemühte Reiseführer tun sich schwer, in Urumtschi so etwas wie architektonische Reize hervorzuheben. Die Stadt habe weder »Schönheit, Stil noch Würde«, hebt ein früher Bericht englischer Reisender hervor, zudem sei das Klima »gewalttätig, übertrieben und zu keiner Jahreszeit angenehm«. Vielleicht erkläre das die Neigung zu Mißgunst, Brutalität und Spionage in dieser Region.

Näher liegt die geopolitische Erklärung: Sinkiang ist reich an Erdöl, reich an Uranvorkommen und Atomtestgeländen, reich aber auch an Grenzen mit Staaten, die traditionell nur selten zu den Freunden Chinas gezählt werden konnten (und der Region tatsächlich einen Rattenschwanz internationaler Spione bescherten). Gemeinsam ist diesen Ländern zudem der Glaube an den Islam. Im Namen Allahs formierten sich hier, über alle Grenzen hinweg, immer wieder politische Bündnisse, die Peking mit äußerstem Mißtrauen auf seine westliche Provinz blicken ließ. Das war bereits so zu der Kaiser Zeiten, das änderte sich nicht unter den Kommunisten. Und da die Zentrale weit entfernt liegt, konnten sich ihre lokalen Statthalter einen Führungsstil zulegen, der mit dem Wort »autoritär« nur milde beschrieben ist. »Nationale Minderheiten« wie die Uiguren oder Kasachen sollten schon aus Sicherheitsgründen vornehmlich singen, tanzen – und kuschen. Religion ist zähneknirschend erlaubt, muß aber Privatsache bleiben. Denn was Mullahs alles anstellen können, hat sich sehr schnell auch im ZK der Kommunistischen Partei Chinas herumgesprochen.

»Jetzt bin ich pensioniert, jetzt darf ich auch wieder in die Moschee«, erzählt mir freudig ein Graubart vor dem Gotteshaus in Kashgar. Als er noch im Staatsdienst stand, mißbilligten die Vorgesetzten seine Teilnahme am Freitagsgebet, und der Imman verachtete ihn, weil er mit den Gottlosen zusammenarbeitete. Der Ruhestand hebt die früheren Sünden auf. »Allerdings«, fügt er hinzu, »an so richtig lästerlichen Sachen war ich auch nie beteiligt.« Er zeigt mit dem Stock auf einen Stand gegenüber der Moschee. Dort wirbt ein staatliches Propagandakomitee für den Einsatz von Wissenschaft bei der Bekämpfung des »mystischen Aberglaubens«. Außer uns beiden nimmt niemand Notiz von den Aufklärern.

Am Abend vor meiner Abreise zeigt der junge Funktionär sein Nachtgesicht. Ich habe ihm von meinen Gesprächen auf den Basaren erzählt, von den Männern, die nach dem vierten oder fünften Schnaps erzählen, wie sie ihr Land »befreien« wollen, von ihrer Sehnsucht nach einem Führer, der ihre Sache so glänzend vertritt wie der Dalai-Lama die Sache der Tibeter.

»Es gärt schon«, gibt der Funktionär zu und holt eine Flasche Rotwein aus dem Kühlschrank, »doch die Lage ist kompliziert. Schauen Sie, wir Uiguren sind den Chinesen sehr ähnlich, beide Bauernvölker und beide in der Geschichte der Intelligenz ohne sonderliche Verdienste. Die Chinesen haben seit zweihundert Jahren nur alles nachgemacht. Oder gibt es eine Erfindung«, seine Hand deutet auf den Kühlschrank, den elektrischen Fächer und sein Feuerzeug, »irgend etwas, das ihnen selbst eingefallen wäre?«

Die Chinesen hätten also vorgeführt, wie man sich auch ohne große Eigenleistungen politische Macht erwerben kann. Ihr Erfolg liege in der Ausbeutung – etwa des Erdöls der Uiguren. Davon würden sie nur ablassen, wenn Druck von außen erfolge, durch gebildete Landsleute in den Zentren des Westens.

»Friedlich natürlich«, ruft der Funktionär und schenkt uns Wein nach. »Leider darf man hier nicht deutlich reden. Das wäre ja«, er sucht nach dem passenden Wort, »das wäre ja konterrevolutionär!«

(1996)

Auf dem gelben Drachen

Direkt neben dem britischen Konsulat am »Bund«, der berühmten Flußpromenade von Shanghai, stand »The Masonic Hall«, der Treffpunkt der Freimaurer. Aus den hohen Fenstern zur Straße konnte man das Treiben von großen Dampfschiffen und unzähligen Dschunken verfolgen, die ihre Frachten vom Hafen stromaufwärts ins Landesinnere – oder stromabwärts beförderten, dorthin, wo sich der Huangpu mit jenem anderen Strom verbindet, den die Kolonialherren »The Yang-tze« nannten.

Vor gut hundert Jahren war in den Clubräumen der Freimaurer von Shanghai – hier verkehrten die wichtigsten Männer der Stadt – häufig von »The Yang-tze« die Rede. Dafür sorgten die Aktivitäten von Archibald Little, dem Geographen, Publizisten und unermüdlichen Kämpfer für die Sache des Empire. Little war 1883 wieder einmal aufgebrochen, um den Fluß bis Chongqing hochzusegeln, diesmal, um nachzuweisen, daß das Gewässer auch für den Verkehr von Dampfschiffen tauge – trotz Stromschnellen und Untiefen, trotz wild schwankendem Wasserstand und verborgenen Felsen.

Denn Archibald Little hatte eine Vision, und die teilte er unermüdlich in Briefen seinen Freunden in »The Masonic Hall« mit: »Der Fluß«, schrieb er, »ist *die* große (und einzige) Verkehrsader zwischen dem Osten und dem Westen des Riesenreiches. Straßen, die ihren Namen verdienen, gibt es nicht in China. Nur enge Wege verbinden die Städte und Dörfer miteinander – gäbe es nicht die Wasserwege, dann könnten nur solche Güter transportiert werden, die ein Mann auf den Schultern tragen kann.«

Da aber die Engländer ein nachhaltiges Interesse daran hatten, mehr als nur Schulterlasten in Umlauf zu bringen, da der Fluß zudem durch Sichuan, eine der reichsten Provinzen des Landes fließt, war es für Mr. Little klar, daß er dem modernen Transportwesen zugänglich gemacht und dem Schutz der britischen Krone unterstellt gehörte. Und da der Engländer kein Freund von Halbheiten war, empfahl er, in die britische Interessensphäre auch gleich alle Zuflüsse des Yangzi mit einzubeziehen, denn auch in diesen Gegenden gab es noch viel zu verbessern. »Schließlich ist«, schrieb Little, »seit dem Einfall der Mongolen (1279) in China jeder Anreiz zum Fortschritt von außen gekommen – und jeder Ausländer, der dem Reich wohl will, muß sein Äußerstes geben, um diesen Fortschritt zu befördern.«

Das war natürlich nur in einem sehr wohlverstandenen Interesse altruistisch gedacht, doch die Herren in Shanghai, erfahren im Umgang mit Interessen, verstanden die Botschaft: Wer China unter seine Herrschaft bringen will, der muß den Strom und das Geschehen auf ihm kontrollieren können. Und damit dachten die Vertreter ihrer Majestät nicht sehr viel anders als Generationen chinesischer Kaiser vor ihnen. Schon die legendären Herrscher des Reiches gründeten ihre Macht auf die Fähigkeit, mit Wasser umgehen zu können, Wasser, das zur rechten Zeit in der rechten Menge die Felder erreicht, Wasser, dessen Kraft Mühlen treibt, Wasser, auf dem die Güter des Landes befördert werden.

Und eine der mächtigsten und symbolträchtigsten Erscheinungsformen des Wassers war jener Strom, der über Jahrhunderte den Süden des Reiches vom Norden trennte, der Fruchtbarkeit spendete, indem er Schlick herantrug, und der Leben nahm: Als er – nur eines von vielen schrecklichen Beispielen – 1931 über die Ufer trat, zählten die Behörden mehr als drei Millionen Tote, 40 Millionen hatte er Haus und Habe davongespült, in sieben Provinzen brachen Hungersnöte aus. Ihn zu regulieren bedurfte es der ganzen Kunst und der geballten Zentralmacht Chinas, denn auf jeden menschlichen Eingriff, jeden Damm etwa, der unter unsäglichen Mühen aufgeschichtet wurde, reagierte der Fluß mit unberechenbarer Kraft an anderer Stelle, und so konnte die kurzfristige Sicherheit der einen Region die Vernichtung der Nachbarn etwas weiter flußabwärts bedeuten. Kein Wunder, daß in den Märchen und Legenden, in den Gedichten und Gedenksprüchen, die den Yangzi beschworen und besangen, so häufig das Bild von dem Wasserdrachen auftaucht, dessen Majestät jeden Versuch, ihn zu besänftigen, zur Lächerlichkeit verurteilt.

Dennoch hat es an Versuchen nie gefehlt: gerade in den gefährlichen Schluchten, heute wieder wie vor fünfzig Jahren die beliebtesten Ziele der Touristen zwischen Chongqing und Yichang, sind die Steilhänge übersät mit kleinen Tempeln und Pagoden, in denen dem Flußgott geopfert wurde – und wird –, heilige Stätten zum magischen Verbrennen von Zaubersprüchen und zum Weihen von Amuletten.

»Sie waren die besten Seeleute überhaupt«, erzählt der betrunkene alte Mann an der spießigen Bar im Shanghaier Friedenshotel, dem trüben Nachglanz eines der illustresten Treffpunkte im Fernen Osten der zwanziger und dreißiger

Jahre, »vom Schiffslotsen bis zum Seilschlepper, was man da als Mensch erleben konnte, damals in den Dreißigern, solche Menschen hast du in ganz China nicht wieder getroffen.« Er streicht über das Hexenhaar, das ihm aus der Warze unter dem rechten Nasenflügel gewachsen ist. »Abrasieren bedeutet Unglück, sagen die Chinesen, und die verstehen etwas von Schicksal. Muß man ja auf dem Yangzi. Ich werd nie vergessen …«, er klopft mit dem muskulösen Zeigefinger auf die Theke, »bei großen Schiffen haben sie getrommelt, stellen Sie sich das vor, das waren bis zu vierhundert Mann, die den Kahn über die Schnellen gezogen haben, die meisten in den Tauen, drei Dutzend auf den Klippen, um die Tampen freizukriegen, wenn sie sich verheddert hatten, ein anderes Dutzend immer splitternackt, weil die ja dauernd tauchen mußten. Und an Bord die Trommler, die den Takt für die Kommandos gaben.« Er hämmert wieder auf die Theke. »Dumm, dadamm, dumm, dumm, dadamm, dumm, man konnte ja sonst nichts verstehen, bei diesem infernalischen Rauschen. Der Lotse hat sich mit seinen Leuten durch Handzeichen verständigt – wie bei den Geheimgesellschaften –, und keiner von denen hat einen Kompaß lesen können, geschweige denn eine Karte, die starrten immer nur auf die Oberfläche des Wassers, lachen Sie mich nicht aus, die konnten Wasser lesen, Strudel, Schnellen, alles, ausgemergelte Kerle, sechs Jahre mußten sie lernen, bevor sie einen Kupferkäsch sahen, und trotzdem, nie ein häßliches Wort, so lange jedenfalls, bis sich einer aus der Nachbarprovinz zeigte, einer von denen, die immer die Löhne drückten, es waren herrliche Kerle.«

Der betrunkene alte Mann zieht einen abgegriffenen Prospekt der »Yang-tzse Rapid Steamship Company« aus der

Rocktasche. »Die Yang-tzse-Schluchten – ein Land der Legende, ein Weltwunder«, steht auf dem Prospekt. Auf der Titelseite sieht man einen modernen Dampfer, der sich ruhig zwischen steil abstürzenden Felswänden der stilisierten Form einer chinesischen Dschunke nähert. Darunter die Legende: »Wenn Sie die Ferien planen, vergessen Sie nicht den Ruf der Schluchten – eine schroffe Scholle sprachloser Schönheit.« Noch einmal darunter sind zwei gebückte Treidler abgebildet, die, wie barfüßige Sklaven vor Seile gespannt, einen nackten Fels hochsteigen.

»Die Strudel in den Schluchten«, sagt der alte Mann, dem kaum jemand noch zuhört – die Band hat wieder eingesetzt, und Shanghai ist überflutet von Memoiren –, »die Strudel in den Schluchten brachten an den Tag, wer Mensch ist und wer« – er rülpst auf eine Weise, die er nicht in China gelernt haben muß – »wer Mensch ist und wer Tourist.«

Sehr früh beschlossen die chinesischen Kommunisten, auch auf dem Wasser für Ordnung zu sorgen, seither ging es nicht mehr ganz so romantisch zu, wenn die Touristen in Chongqing die Boote besteigen, um sich durch die sagenhaften »drei Schluchten« des Flusses befördern zu lassen. In den frühen fünfziger Jahren haben die zuständigen Behörden mit viel Sprengstoff und Baggern in den natürlichen Verlauf des Stroms eingegriffen; in der Qutang-Schlucht verschwand ein ganzes Steinmassiv, über Jahrhunderte war es berüchtigt für die zahllosen Boote, die an ihm zerschellten, und in der Xiling-Schlucht, der letzten riskanten Passage, bevor der Fluß wieder träger wird, sind die meisten Untiefen beseitigt worden. Doch eine Spazierfahrt ist die Reise nach wie vor nur für die Passagiere an Bord.

Früher sorgten die Ausländer für den Ruin vieler Bewohner hier –, denn die Dampfboote mit ihren hohen Bugwellen ließen immer wieder die vollbeladenen Dschunken der Einheimischen kentern, außerdem nahmen sie ihnen natürlich auch einen Großteil des Transportgeschäftes weg. Heute sind die Ausländer als Touristen sehr viel populärer, da bleibt viel hängen, wenn sie in großen Zahlen durch die engen Gassen der kleinen Dörfer drängen, die wie Vogelnester an den steilen Felswänden zu kleben scheinen. Es hat sich herumgesprochen, daß in diesen Dörfern besonders pikant gekocht wird, und auch das Kunsthandwerk, das dem Besucher allerorten gezeigt, angeboten oder aufgedrängt wird, stammt meist noch aus der Gegend selbst.

Es gibt nicht mehr wie früher Opiumschächtelchen aus Kuhorn, seidene Betteppiche oder Flohfallen, die in den Falten des Gewandes zu tragen sind, doch schon die individuell gefertigten Devotionalien zum Kult des verstorbenen Parteivorsitzenden sind alle Aufmerksamkeit wert.

Mao Zedong schrieb über eine der hier verehrten Feen:

»Die Bergkönigin, wenn sie denn noch anzutreffen ist,
wird überrascht sein, ihre Welt so verändert zu
finden.«

Sehr kühn war diese Vision nicht. Das Idyll ist bedroht – und wie immer vom Fortschritt. Ob sich auch in künftigen Jahren die Phantasie der Reisenden an der Blasebalgschlucht, der Plattform zum Enthaupten des Drachens, dem Gestein der Ochsenleber und der Pferdelunge wird entzünden können, hängt von den Auswirkungen ab, die ein gigantisches Staudammprojekt haben wird, das Stauwerk von Sandouping – vierzig Kilometer vor dem Ende der Schluchten.

Ein Projekt zum Nutzen der chinesischen Elektrizitätswirtschaft und diverser internationaler Bauträger, ein wenig auch der Binnenschiffahrt. Eine hoffnungsvolle Aussicht zudem auf Absicherung der traditionell von Überflutung bedrohten Gebiete am mittleren und unteren Lauf des Flusses – der Traum aller chinesischen Herrscher.

Doch der Preis ist gewaltig, gleichgültig, ob der Damm 195 Meter hoch gebaut wird (wodurch der Wasserstand auf 180 Meter über dem Meer angehoben würde) oder »nur« 165 Meter hoch (bei entsprechendem Wasserstand von 150 Metern). Über eine Million Bewohner müßten umgesiedelt werden, da dann riesige Flächen des Landes unter Wasser stünden, viele historische Städte würden unter den Fluten verschwinden, der szenische Reiz der »Drei Schluchten« – sollte es ihn dann überhaupt noch geben – wäre trostlos geschrumpft, zu schweigen von allen anderen ökologischen Veränderungen, die ein Projekt dieser Größenordnung unweigerlich nach sich zieht, Veränderungen, von denen man genau nur sagen kann, daß sie solche zum Schlechteren sind.

Einen kleinen Vorgeschmack auf die ökologischen Nebenfolgen des Projekts bekommt der Besucher eines anderen, bereits fertiggestellten Staudamms, des Gezhouba, fünf Kilometer westlich der alten Hafenstadt Yichang. Hier, wo zwei Inseln den Fluß in drei Ströme teilen, feierten die chinesischen Ingenieure vor sechs Jahren den Abschluß eines zweieinhalbtausend Meter langen Deiches, wichtiger Bestandteil des größten Wasserbauprojekts der Volksrepublik. Auch der Gezhouba ist eher die Erfüllung ökonomischer Visionen als die Antwort auf die Beschwörungen der Umweltschützer. Man denke nur an das Schicksal des Großen Chinesischen

Störs, der in den Legenden der Bootsleute und Fischer wegen seiner Größe und Form häufig mythisch zu einem Drachen oder einer Schlange verklärt wurde. Im Ozean wächst der Stör, bis er das Gewicht von fast einer halben Tonne hat, und mit diesem eindrucksvollen Körperumfang macht er sich zum Laichen auf den Weg zum mittleren Yangzi, gut 3000 Kilometer vom Meer stromaufwärts. Machte sich auf den Weg, muß man heute sagen, denn am Gezhouba kommt er nicht vorbei. Man hat wohl – auf das hartnäckige Drängen von Ökologen – ein paar Pläne entwickelt, wie dem Fisch zu helfen sei: durch Fischleitern etwa, doch die sind nie gebaut worden. Oder indem man die Störe im Herbst fängt und durch Menschenkraft über den Damm befördert – bei diesem Plan fehlt allerdings noch ein Einfall, wie die Fische wieder zurück ins Meer kommen. Vermutlich wird sich daher der Stör mit einer Zukunft anfreunden müssen, in der sein Nachwuchs durch künstliche Befruchtung entsteht. Ein trauriger Dank für ein Tier, das in der Schüssel so viele chinesische Kaiser erfreute.

Nicht viel hoffnungsvoller scheint es um die Zukunft des China-Alligators bestellt zu sein, jenes goldbraunen Reptils, das am mittleren und unteren Lauf des Flusses zu leben pflegte, als man dort als Alligator noch leben konnte. Das Verschwinden dieser Panzerechse, fünfhundert ihrer Art soll es heute nur noch geben, hätte fast symbolischen Charakter, schließlich soll das Tier die Chinesen zum Sinnbild für den Drachen und damit für den Kaiser inspiriert haben. Die kommunistischen Behörden haben sich jetzt des Drachenvorbilds angenommen und es unter besonderen Schutz gestellt. Doch ob das Volk genauso konservativ eingestellt ist wie seine Führung, bleibt abzuwarten.

»Für uns ist der Yangzi ein Traum«, sagt die Kunstlehrerin in Taipeh, »wir kennen ihn aus Geographiebüchern und aus der schönen Literatur, aus der Geschichtskunde und der Malerei. Ich bin aus Yangzhou. Bevor wir fliehen mußten, wohnten wir in einem Haus direkt am Großen Kanal, aber ich war damals noch ein kleines Kind. Als wir nach Taiwan kamen, hat mein Vater vom Fluß erzählt und von dem Kanal mit seinen 12000 Brücken, und wie früher der Reis aus Südchina über den Kanal zum Kaiser transportiert wurde. Trotzdem, die schönsten Geschichten handelten vom Fluß.«

Im Palastmuseum in Taipeh ist das Bild von Chang Daqian ausgestellt, das des Künstlers Eindruck vom Yangzi wiedergibt: Meere von Wolken, Wellen und Bergen in dunstigen Schwaden von Blau und Grün – von der Quelle im einsamen Qinghai bis zur Mündung östlich von Shanghai gut zwanzig Meter gemalte Erinnerung.

»Chang Daqian hat den Fluß nie als Zerstörer gemalt«, fährt die Kunstlehrerin fort, »das hat kein chinesischer Künstler je gemacht, und dabei haben sich doch so viele von ihm anregen lassen, und alle wußten, wie grausam er in seiner Macht sein konnte. Er ist der wahre Herrscher des Landes und so schwer zu bezwingen wie das Land.«

(1987)

Dammbruch

Ich habe damals eine kleine Kopie des Gemäldes erworben, bei meinem nächsten Besuch rolle ich einen teil davon auf dem Hotelbett aus. Das Quellgebiet klemme ich unter das Kopfkissen, am Fußende habe ich Chongqing noch nicht erreicht. An diesem Morgen, als mich der Ingenieur abholen soll, klatscht der Regen noch immer gegen das Fenster. Auf der Straße vor meinem Hotel kann ich ölzeuggewandete Gestalten beobachten, die ihre Fahrräder durch bräunliche Wellen schieben, auf denen sich schmutzigweiße Schaumkrönchen gebildet haben. »In Yichang fällt schwerer Regen«, hat, kurz vor unserer Landung, der Lautsprecher des Flugzeuges gemeldet. »Gefahr von weiterem großem Regen« warnen stündlich die Nachrichten des örtlichen Radios. In Peking konnte man in den Zeitungen lesen, daß am mittleren und unteren Yangzi weite Gebiete unter Wasser stehen. Die Niederschläge, die hier »Pflaumenregen« genannt werden, heißt es, sind in diesem Jahr besonders heftig.

»Mit dem Damm wird sich das alles ändern«, hatte der Ingenieur mit belegter Stimme am Telefon gesagt. Er meinte damit natürlich nicht den Regen, sondern die Überschwemmungen. Und bei »dem Damm«, von dem er sprach, handelt es sich um ebenjenes kühne Bauwerk, fast zwei Kilometer lang, mehrere hundert Meter hoch, das dem Yangzi in den nächsten fünfzehn bis zwanzig Jahren einen 600 Kilometer langen Stausee bescheren soll. Das ist, grob gesprochen, der

Flußverlauf von Chongqing nach Yichang, durch die berühmten »Drei Schluchten«. Sollte der gesamte Plan tatsächlich in seinem ganzen Umfang verwirklicht werden, könnten die Chinesen sich rühmen, die weltgrößte Anlage dieser Art zu betreiben.

Vorstellen können sich das nur Bauhelden wie mein Ingenieur, der vermutlich gerade versucht, den Geländewagen durch die Wassermassen und den Schlamm zu steuern, die zwischen seinem Büro und meinem Hotel liegen. Er glaubt fest an die Erklärungen seiner Regierung, die ihr ganzes Prestige mit der Realisierung des Projektes verbunden und in den letzten zwei Jahren fast eine Milliarde Dollar dafür ausgegeben hat. Sollte er noch zusätzliche Glaubenskräfte benötigen, kann er sie jederzeit an der Bar meines Hotels abrufen.

Dort versammeln sich die internationalen Glücksritter des Baugewerbes, Vertreter für Betonmaschinen und Spezialisten für Flußbagger, Experten für Dieselaggregate und Fachmänner für Lüftungstechniken. Sie tragen tropische Kleidung, reden Englisch mit deutschem, holländischem oder italienischem Akzent und errechnen flink auf kleinen Computern, wieviel das Getränk, das sie gerade bestellt haben, in ihrer Landeswährung kosten würde.

Heute mittag ist die sonst so ausgelassene Stimmung allerdings etwas gedämpft. »Schon wieder die Gasableser«, seufzt der drahtige Elektroingenieur aus Groningen. Auf meinen fragenden Blick erklärt er mir, daß mit »Gasableser« die Beamten der Behörde für Warenkontrolle gemeint sind, die im Auftrag der Stadtregierung von Yichang überprüfen, ob der Wert der importierten Gerätschaften tatsächlich dem Preis entspricht, der dafür verlangt wurde. Der Kampf gegen die

Korruption ist der einzige ideologische Kreuzzug, den sich die Kommunistische Partei noch leisten kann, mit großem Getöse werden die einschlägigen Kampagnen in den Medien verbreitet. »Natürlich finden sie immer dasselbe«, sagt der Holländer, »die bekannte Kluft von zwanzig Prozent, wir nennen es auch den ›goldenen Schnitt‹.« Die Exporteure nehmen die Abgabe so gleichmütig hin wie die Kontrollen oder den Regen.

»Geht vorbei«, lacht der Elektroingenieur, »außerdem ging es diesmal nur um sechs Millionen Dollar, aber auch das erhöht die Spesen, und die müssen ja wieder hereinkommen. Eigentlich eine Verschwendung von Geld und Zeit.«

Versucht man über diese beiden Faktoren Geld und Zeit Genaueres zu erfahren, eröffnet sich gleich eine Reihe von Perspektiven: »Die Arbeiten werden in exakt fünfzehn bis zwanzig Jahren abgeschlossen sein«, erklärt mir in der Lobby ein älterer Chinese, der vor einem Stapel hochglanzillustrierter Prospekte sitzt, »so lautet die offizielle Linie!«

Sagt diese Linie auch etwas über die Kosten?

Für die Antwort brauchen wir Papier und Bleistift. Die Chinesen rechnen in einem Dezimalsystem, das in höheren Bereichen mal mit Hunderter-, mal mit Zehntausenderstellen operiert. Deshalb wird mir auch erst nach einigen Minuten klar, daß von 13 Milliarden Dollar die Rede ist. »Wenn der Dollar billig bleibt«, betont mein Gesprächspartner, »und alles andere auch. Sonst können wir auch auf das Doppelte, vielleicht sogar«, er bläst mir eine triumphierende Rauchwolke ins Gesicht, »vielleicht sogar auf die sechsfachen Kosten kommen.«

Ob sich diese Kosten schließlich rechnen, ist, gelinde gesagt, umstritten. Denn eine Gesamtbilanz, die auf mehr als nur die potentielle Stromerzeugung blickt (jene magische Zahl von 18 000 Megawatt, dem Äquivalent von mehr als einem Dutzend herkömmlichen Atomkraftwerken), hat noch keine Behörde vorlegen können. Unklar bleibt, was es kosten wird, mehr als eine Million Menschen umzusiedeln, unberechenbar auch das Verhalten des Flusses. Wird er, wie die einen warnen, noch gefährlicher, weil die mitgeführten Massen an Schlamm neue Gefahren auslösen? Allein in diesem Jahrhundert verloren mehr als 300 000 Menschen ihr Leben, als der Yangzi über seine Ufer trat. Oder wird er, wie die anderen hoffen, den vielen hundert Industrieanlagen am unteren Flußverlauf zu einem gewaltigen Aufschwung verhelfen und dabei noch Millionen von Bauern vor Überschwemmungen schützen?

Das Mädchen am Empfang hat keine Nachricht von meinem Ingenieur. Sie trägt über ihrer Hoteluniform eine durchsichtige Plastikpelerine, als fürchte sie, der Regen könne bald auch von der Decke herabtropfen. »Ruhen Sie sich einfach aus«, empfiehlt sie, »oder gehen Sie in ein Restaurant. Zum Essen.« Sie führt imaginäre Stäbchen an den Mund.

»Bei diesem Regen? Ich bin nicht der Große Chinesische Stör, kein chinesisches Krokodil und auch nicht der sibirische Kranich«, antworte ich. In Peking hat mir ein Umweltschützer aufgetragen, diese seltenen Tiere immer wieder ins Gespräch zu bringen, weil deren Art durch den Staudamm vernichtet zu werden droht.

Das Mädchen lacht. »Dort gibt es hervorragende Fleischbällchen«, sagt sie, als hätte ich von meinen Eßgewohnheiten geredet. »Das Lokal liegt ganz in der Nähe, ich rufe meinen Onkel an, er ist der Besitzer und holt Sie ab. Okay?«

Eine halbe Stunde später dampft es auf meinem Tisch aus Bambuskörbchen, ich habe die Hosen runtergekrempelt, damit sie am Bein trocknen. In der Küche spült ein Gehilfe den Schlamm von meinen Schuhen, der Onkel legt mir auf und gießt uns Schnaps in kleine Gläser, auf deren Boden beim Leeren nackte Frauen erscheinen.

»Umsiedlung«, erklärt mir der Onkel nach der dritten Runde, »das ist für viele schwer zu ertragen, wegen der Felder und der Ahnengräber, die verschwinden werden. Mehr als zehntausend Familien sind in unserem Distrikt für den Damm umgesiedelt worden. Insgesamt sollen es über eine Million Bewohner werden. Ich selbst bin zweimal umgesiedelt worden, nur so konnte ich mir meinen Anteil an diesem Lokal leisten.«

Zweimal?

»Der kluge Floh beißt zweimal«, sagt der Onkel, »und er ist schwer zu fangen. Wenn viele Menschen umziehen, entsteht ein großes Durcheinander. Viele in dieser Gegend tragen hier denselben Namen. Man siedelt um, man siedelt zurück, man siedelt um. Ganz allgemein gesagt: man muß mehrfach umsiedeln, um keinen geschäftlichen Verlust zu erleiden. Der Boden, der uns von der Regierung als Ersatz angeboten wurde, ist zu karg, die Häuser sind zu klein. Jetzt will man uns kein Geld mehr zahlen, nur noch die sogenannte ›Hilfe zur Selbsthilfe‹. Was heißt das konkret für uns Bauern? Nun, konkret gesprochen heißt das, wir sollen Mandarinenbäume anpflanzen, dort, wo es für Reis zu kalt ist. Aber wer zahlt für die Bäumchen bis sie tragen? Wer schützt uns vor dem nächsten Erdbeben?« Der Onkel wird vor Schnaps und Empörung rosig im runden Gesicht. »Mandarinenbäumchen, als

Rezept für unser wirtschaftliches Überleben, so schnell verordnet wie eine Arznei zwischen zwölf Uhr und Mittag, verstehen Sie, da muß man doch nach einer Abhilfe suchen!«

Den Zusammenhang zwischen Erdbeben und Mandarinenbäumchen habe ich nicht begriffen, also frage ich meinen Ingenieur, als der am nächsten Mittag endlich im Hotel angekommen ist.

Ich müsse den Mann mißverstanden haben, meint er, möglich allerdings auch, daß der nicht ganz klar im Kopf sei. Bäume würden gepflanzt, um die Bodenerosion zu verhindern, wodurch dann weniger Sedimente in den Fluß gelangten. Man habe bei anderen Staudämmen die Erfahrung gemacht, daß sich schon nach wenigen Jahren genug Schlamm angelagert hatte, um die Stromkapazität praktisch zu halbieren.

Und dagegen helfen Mandarinenbäumchen?

Der Ingenieur seufzt. »Es herrschen viele unklare Vorstellungen in der Bevölkerung. Denen, die umsiedeln müssen, haben wir geraten, ihre Produkte zu diversifizieren. Etwa durch Obstbaumkultur. Die Böden sind ja nicht überall gleich gut, ja manchmal sogar sehr karg. Mit der Erdbebengefahr hat das natürlich überhaupt nichts zu tun. Die Dämme sind sicher, sehr sicher. Sonst könnte es ja tatsächlich zu einer riesigen Katastrophe kommen.«

Wie 1975 in Hunan, als eine Staumauer nicht hielt und mehr als zehntausend Menschen ertranken?

Das Lächeln des Ingenieurs wirkt ein wenig aufgedampft. »Es handelte sich um eine vergleichsweise kleine Anlage«, sagt er, »unser hiesiges Projekt ist etwa achtzigmal größer.« Er zündet sich eine Zigarette an, wartet, bis die erste Rauchwolke seinen Kopf umhüllt, und fährt dann fort: »Es gab damals auch viele Widersprüche unter den Verantwortlichen, Linienkämpfe, man sprach sogar von Sabotage. Heute wäre das unvorstellbar.«

Aber es hat doch Diskussionen gegeben! Eine beachtliche Zahl an Stimmenthaltungen auf dem letzten Volkskongreß, ein negatives Votum der Ökologen in der Akademie der Wissenschaften!

»Der gute Ingenieur führt aus«, sagt der Ingenieur feierlich, »der gute Ingenieur folgt den Richtlinien. Gewiß, die Vertreter der Stromindustrie befürworten einen hohen Wasserstand, die Verantwortlichen für den Katastrophenschutz verlangen einen tieferen Stand. Ursprünglich hatte man sich auf eine Wasserhöhe von 160 Metern geeinigt. Das war ein Kompromiß, der bis vor drei Jahren galt, als unser Ministerpräsident die Höhe auf 175 Meter festlegte. Daran halten wir uns jetzt. Unser Ministerpräsident war früher selbst Wasserbauingenieur.«

Für unser Abendessen wünscht sich der Ingenieur ein Lokal mit westlicher Küche. Über den Rostbratwürstchen erzählt er mir von seinem Vater, der noch als Treidler am Fluß gearbeitet hat, von den gefährlichen Stromschnellen und dem entsagungsreichen Leben. »Das war noch vor dem Fortschritt«, betont er immer wieder, »aber viele haben schon von dem Fortschritt geträumt, darunter fast alle Herrscher Chinas. Man darf nicht vergessen: Wasser ist Natur, Natur ist wild und muß gezähmt werden.«

Als er mich ins Hotel bringt, wird der Regen wieder heftiger. Ich rolle das Bild von Chang Daqian wieder zusammen.

(1996)

Arm & Reich

Am Straßenrand, im Schatten der Akazien, kauern seit dem frühen Morgen die Männer verdrossen auf ihren staubigen grauen Kleiderbündeln. Im Stundenabstand patrouilliert nachlässig eine Polizeistreife, seltener hält der eine oder andere kleine Lastwagen, dann erheben sich ein paar der Gestalten, reden mit dem Fahrer, trotten wieder auf ihren Platz zurück. Auf dem Arbeitsstrich um den Pekinger Hauptbahnhof herrscht seit einigen Wochen Flaute.

Hoch über den Köpfen der Männer, an der Wand des gegenüberliegenden Geschäftshauses, verkündet ein riesiges Plakat mit leuchtendroten Schriftzeichen: »Investoren, willkommen in China! Eine Milliarde warme Herzen erwarten Sie!« Zur internationalen Verständlichkeit steht der Text darunter noch einmal auf englisch. Aber niemand wirft einen Blick auf die Botschaft.

Ein junger Mann hockt sich in die Reihe und zieht eine Zeitung aus der Tasche seines Rocks. »Lies vor, was es zu lesen gibt«, fordert ihn nach einer Weile des stummen Starrens sein Nachbar auf. Der junge Mann blättert unschlüssig, dann trägt er seinen Zuhörern die letzten Ergebnisse von der Pferderennbahn mit: »Glückssträhne« kam im ersten Rennen als Sieger durchs Ziel, »Goldener Schwanz« im zweiten, »Unbegrenzter Wohlstand« im dritten.

»Was bringt denn so ein Tag Arbeit ein?« frage ich den Mann mit der Zeitung.

»Ich suche nur für meinen Freund, sehe ich vielleicht wie ein Arbeiter aus?«

»Immerhin ist Ihre Haut ziemlich dunkel.«

»Ich sitze hier auch schon lange, was dagegen?«

Natürlich hat er recht mit seiner Gereiztheit. Was geht einen Fremden die Not der Einheimischen an. Außerdem: sollte er (oder sein Freund) sich heute für den Tag verdingen können, erwartet ihn ein Lohn von bestenfalls sieben Mark, »schwarz« natürlich, was weniger aus Steuergründen bedenklich ist als wegen des völlig fehlenden Arbeitsschutzes. Kontrollieren deswegen die Polizisten? »Diese Menschen sind gefährlich, weil sie arm sind«, antwortet der eine Uniformierte. »Und weil sie in Gruppen auftreten«, ergänzt der andere.

Das Heer der Arbeitsmigranten hat die Hundert-Millionen-Grenze längst überschritten. Sie sind das vagabundierende Kapital des wirtschaftlichen Aufschwungs, wechselnde Konjunkturen treiben die »Nichtseßhaften« in den Süden, in den Norden oder in den Westen des Landes, wo ihre schiere Zahl dafür sorgt, daß die Löhne »wettbewerbsfähig« bleiben. Eifrige Bürokraten in der Hauptstadt haben anhand von Stichproben bis hinters Komma genau ausgerechnet, aus welcher Provinz mehr Hilfskräfte für den Bau, für die Beförderung von Lasten, für die Textilfabriken oder für den Haushalt stammen. So spendet die Statistik wenigstens den Trost, daß die Regierung von dem Problem weiß, das sie nicht lösen kann.

»Unsere erste Aufgabe besteht darin, diese Wirklichkeit auch als wirklich zu begreifen«, sagt Herr Liu, der im Auftrag des Wirtschaftsministeriums mit einer Studie über die künftige Entwicklung der Arbeitslosigkeit befaßt war. »Soziale

Härten können zu sozialem Unfrieden führen. Auf dem Lande genauso wie in den Städten. Wenn wir nur an das Programm der Strukturverbesserung unserer Staatsbetriebe denken ...«

Dort hat man schon 1992 erkannt, daß ein Drittel der insgesamt 34 Millionen Beschäftigten entlassen werden muß, will man diese Betriebe auch nur einigermaßen rentabel führen. »Strukturverbesserung« lautet das Programm. Doch wohin mit den Überflüssigen? Und wie sind all die anderen zu befriedigen, denen der Staat im neuen Arbeitsgesetz vom Juli 1994 immerhin den Anspruch auf Mindestlöhne eingeräumt hat?

»Man muß auch bedenken, daß die Psychologie des Reichtums gewisse Widersprüche ins Volk trägt«, sagt Herr Liu, »wir nennen das einen Wertewandel des gefährlichen Übergangs, im Westen spricht man, soviel ich weiß, von ›Sozialneid‹.«

Dieser Wertewandel ist genauso augenfällig wie der stetig sich mehrende Reichtum der Glücksritter der Konjunktur. Seitdem ein findiger chinesischer Importeur im New Yorker Weihnachtsgeschäft den Reiz von Lämpchenketten entdeckt hat, glüht und glitzert es auch im Reich der Mitte – und das zu jeder Jahreszeit. Ladenschaufenster wetteifern miteinander, als müßten die Warenhäuser tätige Reue leisten für die Kargheit der Jahrzehnte vor den Wirtschaftsreformen von 1978. Der Konsum versöhnt vielleicht nicht mit allen politischen Blessuren der Vergangenheit, doch er hat eine neue Bühne geschaffen. Hingerissen meldet die Pekinger Presse, daß in der Hauptstadt bereits 860000 Fahrzeuge verkehren, die meisten in Privatbesitz, immerhin seien das gut hunderttausend mehr als noch vor zwei Jahren. Darunter befänden sich so erlesene Marken wie Cadillac, Lamborghini, Porsche, jetzt müsse ernsthaft die Frage nach Parkplätzen gestellt werden.

Auch das Aufsuchen einer Karaoke-Bar scheint mittlerweile von einem Statussymbol zu einem Grundrecht der Bevölkerung geworden zu sein. Kein Restaurant, das auf sich zählt, kommt ohne die entsprechenden Anlagen aus, kein abendliches Treffen unter Geschäftspartnern, an dem nicht zur späteren Stunde in die Mattscheibe gesungen wird. Selbst die Chinesische Akademie der Wissenschaften hat zur Entspannung ihrer Mitarbeiter die dafür notwendigen Räume zur Verfügung gestellt, »das Niveau«, erzählt ein Forscher, »liegt über dem Durchschnitt, kein Luxus, doch verstecken müssen wir uns auch nicht«.

Das Wort »Luxus« hat noch nicht völlig den schwefeligen Beigeschmack verloren, der ihm in früheren Zeiten zu eigen war. So kündete der Staatsrat im Sommer '95 an, vorläufig keine Projekte für Luxuswohnungen, Luxusbüros oder Luxushotels mehr zu genehmigen, unter diese Auflage fielen auch Golfplätze, Erlebnisparks »sowie der Nachbau von Schlössern«.

Ob das ausreicht, um den normalen Mieter von Peking von seinem Sozialneid zu befreien? Der zahlte früher für seine Wohnung weniger als ein Prozent seines Lohns, mittlerweile liegt die Rate zwischen vier und acht Prozent, in fünf Jahren, verkündet das Bauministerium, hoffe man auf marktgerechte 15 Prozent, das Konzept der billigen Sozialwohnung sei nicht mehr zeitgemäß.

»Dabei geht es den Bewohnern der Städte im reichen

Osten noch wie dem Fisch in der Fettbrühe«, erzählt die Studentin aus Shanghai, die in einer sehr untergeordneten Stellung der Weltbank hilft, mit einem Aufbauprojekt in der Größenordnung von einer Viertelmilliarde Dollar der Armut im Südwesten Chinas Herr zu werden. »Immerhin konnten wir schon fast 50 000 Haushalte umsiedeln. Das waren leider nur jene, die zuvor weniger als vier Quadratmeter zur Verfügung hatten.«

Der Südwesten ist eine der Adressen für Armutshäuser der Volksrepublik, die anderen verteilen sich um die Wüstenregionen. Diese wachsen im jährlichen Schnitt um zweitausend Quadratkilometer, betroffen ist von der zunehmenden Verwüstung nach offiziellen Angaben fast ein Drittel der Gesamtbevölkerung.

Dennoch meldet uns eine weitere Statistik, daß es der Regierung gelungen sei, den Anteil der Bevölkerung, die unter der Armutsgrenze lebt, in den letzten drei Jahren von achtzig auf siebzig Millionen zu senken. (Die offizielle Armutsgrenze liegt bei etwa sechzig Mark Jahreseinkommen.) »Erzählen Sie das einmal meinen Landsleuten, die südlich von Kashgar leben«, schimpft der empörte Holzhändler auf dem Basar der Vorstadt, »da leben zwei Millionen, die haben wenig zum Essen und kaum etwas zum Trinken, die furzen auf Ihre Zahlen. Meinen Sie vielleicht, die könnten Statistiken als gewürzte Nudeln verzehren?«

Wohlfahrt ist mittlerweile zu einem neuen und (wenn auch erst schwächlich) tragenden Faktor der sozialistischen Gesellschaft geworden. In Shanghai spenden lokale und internationale Firmen für Behinderte, für Obdachlose, für ausgesetzte Kinder und mittellose Studenten. »Wenn diese goldenen Stiere wirklich gescheit wären«, spottet die junge Frau, die für die Weltbank arbeitet, »dann würden sie auch für das öffentliche Schulwesen einen Wohltätigkeitsball veranstalten, allein im letzten Jahr haben hier mehr als zweitausend Lehrer ihren Beruf aufgegeben, weil sie ihre Familien nicht mehr ernähren oder anständig unterbringen konnten.«

Sie ist eben nicht ganz so kinderleicht, diese Volte in einem Kapitalismus ohne Schattenseiten, den die Akrobaten der Wirtschaftsführung einem breiten Publikum versprachen. Wo das Bereichern zur nationalen Tugend erklärt wird, muß – in den Zeiten des Übergangs – mit dem einen oder anderen Opfer gerechnet werden. Etwa im Gesundheitswesen: Vor den Reformen der späten siebziger Jahre sorgte »das Kollektiv« für die medizinische Versorgung der Bevölkerung – auf dem Lande wie in den Städten. Mehr oder weniger gebildete »Barfußärzte« mögen für die schlimmsten Exzesse medizinischer Inkompetenz verantwortlich gewesen sein, immerhin waren sie Teil eines Systems, dessen Vorgaben darin bestanden, präventiv, kostensparend und flächendeckend zu operieren. Heute ist die medizinische Versorgung in China wieder zu jenem Alltagsgeschäft geworden, über das dereinst Lao She, der berühmteste Satiriker des Landes, eine seiner bittersten Kurzgeschichten schrieb. »Womit wollen Sie ein Furunkel heilen, wenn nicht mit Geld?« fragt folgerichtig der Importeur aus Kanton, dem die »chinesische« Medizin ohnehin suspekt ist, weil an der – mangels fehlenden apparativen Aufwands – nun wirklich kein müder Yuan zu verdienen ist.

Zurück in Peking, fällt mir der junge Mann auf, weil er wie ein scheuer Schatten hinter uns in das Fast-food-Restaurant eingedrungen ist. Nachdem wir uns für einen Platz entschieden haben, bleibt er kurz stehen und macht sich dann sehr hastig auf zu einem Tisch neben der Toilette, der gerade frei, aber noch nicht abgeräumt worden ist. Er setzt sich auf das Buch, das er bis dahin in der Hand gehalten hat. Mit einem starren Blick auf den grell uniformierten Chef der Bediener, der weit von ihm entfernt gelangweilt in seinen Zähnen bohrt, fällt der junge Mann über die Essensreste her. Kaum eine Minute später stapelt er die Behälter ineinander. Während er das leere Plastikgeschirr zum Mülleimer trägt, sucht sein hungriger Blick nach neuen Aufbrechenden.

Er sei Student der Rechtswissenschaften, erzählt er mir, zur Zeit allerdings vom Studium ausgeschlossen. Im letzten Jahr sei es zu »Widersprüchen« zwischen ihm und der zuständigen Behörde gekommen. Auf Einzelheiten wolle er nicht eingehen, jedenfalls gehe es ihm wirtschaftlich ausgesprochen miserabel, sonst würde er ja auch nicht wie eine gierige Ratte in diese Lokale einfallen. Er wedelt eifrig mit dem Buch, auf dem er zuvor gesessen hat. Es trägt den Titel *Grundrisse der Börsenspekulation*. »Eine kurzfristige individuelle Übergangssituation hat mir Nachteile bereitet«, ruft er, »ich will den Boden vom Kuchen, nicht die Krümel. Schließlich sind wir die Wegbereiter der ökonomischen Reformen.« Er verschwindet so unauffällig, wie er gekommen ist.

»Ein Verrückter«, sagt der grell Uniformierte. »Ich beobachte ihn schon seit einigen Wochen. Schaden richtet er nicht an. Aber vielleicht gibt er ein falsches Beispiel. Ich muß mich darum kümmern. Eine Weltstadt muß schließlich Maßstäbe setzen.«

(1997)

Familienroman

Daß die Familie Liao auseinanderbrechen würde, kam für die Nachbarn genauso überraschend wie für das zuständige Straßenkomitee. Denn bis zu dem Tag, als die alte Frau Liao verkündete, sie habe beschlossen zu sterben, schienen die Familienverhältnisse glücklich geordnet. Frau Liaos Schwiegertochter ging einem gutbezahlten Beruf in dem 14. Elektrogerätewerk der Stadt nach, sie klagte wohl manchmal über die anderthalb Stunden Busfahrt zu ihrem Arbeitsplatz, doch andererseits befand sich das Fließband, an dem sie kleine Stecker montierte, in einer gut beleuchteten und belüfteten Halle, und die Hitze, die vom angrenzenden Maschinenraum herüberzog, kam im Winter sehr gelegen. Herrn Liaos Stellung war weniger gut bezahlt – er arbeitete in einem Ministerium –, dafür hatte er zahlreiche Kontakte mit ausländischen Besuchern, die immer wieder kleine Geschenke mitbrachten, Kugelschreiber oder sich auf Knopfdruck öffnende Regenschirme, manchmal auch elektronische Geräte; damit ließ sich nicht nur – im Tauschverkehr – der Haushalt der Liaos aufbessern, die ausländischen Güter erlaubten sogar gewisse Extravaganzen, die einige der Nachbarn, hätten sie davon erfahren, sicherlich neidisch gemacht hätten.

Herrn Liao kannte ich schon seit zwei Jahren. Seine Behörde hatte ihn im Herbst 1978 nach Westdeutschland geschickt, er betreute als Übersetzer eine Wissenschaftlerdelegation, die sich über die Fortschritte der psychologischen

Forschung informieren sollte. Seit jener Zeit hatten wir einen lockeren Kontakt aufrechterhalten, eng genug, daß er mich in zwei- bis dreimonatigen Abständen um die Übersendung von Ersatzteilen bitten konnte, die er für seine geschenkten Apparate benötigte, doch nicht so eng, daß wir uns eingehender über Persönliches ausgetauscht hätten. So wußte ich zwar von der Existenz der Mutter, der Ehefrau und einer kleinen Tochter, ich hatte aber bei meinen drei Besuchen in Peking noch keines der weiblichen Mitglieder der Familie kennengelernt. Meine Rolle als Warenbeschaffer behielt ich in Peking bei – immer wieder gab es »einen Freund« oder »eine Bekannte«, für die aus dem für Ausländer reservierten Freundschaftsladen etwas zu besorgen war, Herr Liao holte das Bestellte dann wenige Tage später im Hotel ab.

An einem Samstagnachmittag im Spätsommer 1980 traf ich das junge Ehepaar Liao in der Nähe des Pekinger Busbahnhofs, dort, wo früher die Wandzeitungen klebten und jetzt Reklameschilder angebracht waren. Die Liaos waren auf dem Heimweg vom Einkaufen, Frau Liao trug eine prall gefüllte Plastiktüte der Firma Karstadt, ihr Ehemann hielt unter dem rechten Arm eine Zeitung. Als ich Frau Liao die Hand schüttelte und ihr mitteilte, daß ich mich freute, sie kennenzulernen, errötete sie und sagte zu ihrem Mann: »Spricht der Chinesisch?« Ich lud die beiden zum Essen ein. Im Restaurant auf der Straßenseite gegenüber waren zwar alle Tische besetzt, und es hatten sich bereits dichte Trauben von Wartenden gebildet, die den heftig schwitzenden Essern erwartungsvoll über die Schultern blickten, doch ein Kellner winkte uns beiseite und führte uns einen Stock höher in die für Ausländer und höhere Kader reservierte Abteilung.

Das Essen stand unter keinem glücklichen Stern. Die Liaos legten sich zwar üppig auf, aber Frau Liao las bei jedem neuen Gang die entsprechende Eintragung aus der Preisspalte der Speisekarte vor und beteuerte, daß sich der Aufwand nicht lohne. »Zu Hause wäre es billiger«, sagte sie zu ihrem Mann, »sag ihm«, sie deutete mit der Kinnspitze in meine Richtung, »daß es hier viel zu teuer ist, das Geld könnte man sparen.« Erst beim Tee – den gab es umsonst – entspannte sich die Lage. »Sie müssen meine Frau verstehen«, bat Herr Liao, »ihr kulturelles Niveau ist nicht besonders hoch, aber sie meint es gut mit Ihnen. Wir sind ein kleiner Haushalt von drei Generationen in anderthalb Zimmern. Das schafft große ökonomische Probleme, und dabei rede ich noch gar nicht von der Psychologie. Zu Hause haben wir oft Streit, das ist historisch, und ich kann es Ihnen erklären.«

Vor acht Jahren war die alte Frau Liao von ihrem Dorf in die Hauptstadt gezogen. Sie war damals gerade 62 Jahre alt geworden, die Tochter hatte einen Metallarbeiter in der Kreisstadt geheiratet, der andere Sohn diente bei der Volksbefreiungsarmee, und mit ihrem Mann hatte sie sich ohnehin nie recht verstanden. Außerdem lebten in dem Dorf noch genug Verwandte, die sich um ihren Mann kümmern konnten. Für sie war der Sohn, der in Peking Karriere gemacht hatte, wichtiger. »Sie sagt immer«, nahm Frau Liao die Erzählung auf, »er ist mein Kind, er kommt aus unserem Dorf, und jetzt hat er eine einflußreiche Stellung in der Hauptstadt. Mein kleiner Dahu ist wirklich der Phönix aus dem Hühnerhaus.« Herr Liao lachte betreten. »Sie verstehen doch, was ich sage?« fragte Frau Liao und, zu ihrem Mann gewendet: »Er versteht doch, was ich ihm sage?«

Als Liao Dahu seine Mutter zu sich bat, war er seit anderthalb Jahren verheiratet. Seine Frau, die jetzige Liao Xüehua, kam wie er vom Lande, ein gemeinsamer Freund hatte die beiden zusammengebracht. Die Brautwerbung erfolgte in der Zeit der Kulturrevolution, und schon aus Gründen der sozialen Balance mußte man dem jungen Liao zu seiner Wahl gratulieren. Das Ministerium, das ihn beschäftigte, verwaltete wissenschaftliche und kulturelle Dinge, außerdem hatte er studiert und zählte somit – trotz seiner bäuerlichen Herkunft – eigentlich zu einer Schicht der Intelligenz, der in jenen Tagen leicht das Adjektiv »bürgerlich« drohte. Da demonstrierte die Verbindung mit einer unbestreitbaren Proletarierin, daß der Kontakt zu den Massen keineswegs abgerissen war.

»Wir haben eine andere Psychologie, wenn wir über diese Dinge reden«, sagte Herr Liao plötzlich auf deutsch zu mir. Er hatte mein Befremden bemerkt, ein romantisches Thema in den Begriffen politischen Klassenkalküls abgehandelt zu hören. »Unsere Psychologie ist mehr realistisch, in Deutschland ist das anders, aber hier ist das noch nicht so gut gelöst.«

Auch Frau Liao war über die Partie, die sie gemacht hatte, nicht unglücklich. Als ihr künftiger Ehemann nach mehreren gemeinsamen Kinobesuchen und einer Radtour in die Westberge mit jenem Gespräch begann, das man auf chinesisch »Liebesgeplauder« nennt, als er also über die offenkundig wechselseitige Sympathie zu sprechen begann und seine beruflichen Möglichkeiten vorstellte, war die Umworbene bereits in einem Alter, in dem das Ausschlagen einschlägiger Angebote nicht länger ratsam schien. Die Kolleginnen in der Fabrik hatten schon erste spitze Bemerkungen gemacht; es war ihnen nicht verborgen geblieben, daß die spätere Frau

Liao bereits zwei Vermittlungsversuche, die von der Personalstelle der Fabrik in die Wege geleitet worden waren, abgebrochen hatte, weil ihr die Bewerber nicht zusagten. Wählerisch zu sein war ein Luxus, den man sich ein- bis zweimal leisten konnte, doch dann drohte dem Mädchen leicht der Vorwurf der Kapriziosität.

Gegen ihren Gatten hatte Frau Liao nur zwei Einwände. Einmal, das gab er selber zu, entsprach er auch bei großzügiger Betrachtung nicht dem chinesischen Schönheitsideal. »Das stimmt«, fiel Frau Liao hier ihrem Mann ins Wort, »natürlich dreht sich auch nach mir niemand um, wenn ich auf der Straße gehe, aber mein Mann sieht im Gesicht aus wie ein Pferd. Sie verstehen, was ich sage? Merkwürdig ist nur, daß unsere Tochter Yiqing so schön ist.« Zum zweiten war Herr Liao auch nicht wohlhabend, sein Lohn im Ministerium war schon damals – aus der Perspektive des Proletariats – kümmerlich, und was er hätte sparen können, mußte er zur Unterstützung seiner Eltern ins Dorf schicken. Am Hochzeitstag zählten die beiden zu ihren Habseligkeiten ein Bett und eine Truhe, die der Mann in die Ehe eingebracht hatte, die Braut steuerte etwas Geschirr und Wäsche bei, hinzu kamen – als Leihgabe des Ministeriums – ein Tisch und zwei Stühle.

Ob Frau Liao wirklich schon damals über den geringen Lohn ihres Mannes geklagt hat, wie ihr Mann im nachhinein behauptete, ist nicht sehr wahrscheinlich. Denn in jenen Jahren der wirtschaftlichen Kargheit und der revolutionären Leidenschaften bewegten sie sich nicht nur mit der Ausstattung ihres Hausstandes in einem Rahmen, den ökonomische Gebote genauso gesetzt hatten wie die Regeln des politisch

Schicklichen. Größere Abweichungen von der Norm revolutionärer Schlichtheit hätten unweigerlich Aufsehen und Kritik auf sich gezogen. Auch die Liaos hatten an Massenprotestsitzungen teilgenommen, auf denen schon der Besitz eines Plattenspielers als Beweis für die Dekadenz des Angeklagten gedient hatte.

»Heute haben es Mädchen, die heiraten, besser«, lachte Frau Liao und zerdrückte einen Sonnenblumenkern zwischen den Zähnen, »in Shanghai müssen die jungen Herren schon fast 3000 Yuan zahlen, bevor sie eine Frau kriegen, da gehen vier bis fünf Jahresgehälter auf Möbel, Nähmaschinen, Radio, Fernseher, Armbanduhren und was sich die Braut sonst noch wünscht. Und in unserem Heimatdorf läuft kaum etwas, bevor der Bräutigam nicht ein eigenes Haus vorweisen kann. Das schränkt den Kindersegen mehr ein als die schärfste Politik der Geburtenkontrolle.«

»Meine Frau war politisch nicht so radikal wie ich«, erinnerte sich Herr Liao, »als Arbeiterin brauchte sie ja auch nicht viel mehr als ihre Klassenzugehörigkeit, deswegen war sie auch viel früher als ich für die Wiedereinführung von materiellen Anreizen in der Produktion. Und es war ihre Idee, meine Mutter in die Stadt zu holen, als unser erstes Kind geboren wurde.« Frau Liao spuckte die Hülle eines Sonnenblumenkerns auf den Boden. »Das war auch sehr vernünftig«, sagte sie, »ich verdiene 52 Yuan, mein Mann hat 9 Yuan weniger, wir müssen beide arbeiten, also brauchten wir für die kleine Yiqing einen Platz in der Kinderkrippe. So ein Platz kostet um die 15 Yuan im Monat, genausoviel wie mein Mann an seine Mutter ins Dorf schickte. Wenn wir die Mutter zu uns holten, sparten wir die Krippe und die monatliche Überweisung ins Dorf und mußten zusätzlich nur noch für das Essen der Mutter bezahlen. Wohnen konnte sie umsonst bei uns, und sie hatte schon vor der Geburt von Yiqing geschrieben, daß sie sich darauf freut, mit dem Kind zu spielen.«

Gegen den Umzug der Mutter sprach nur der Umstand, daß die Wohnung der Liaos mit nur einem Raum und einer kleinen Küche schon durch das Ehepaar mit dem kleinen Kind einigermaßen erschöpfend ausgenutzt war. Doch das Problem stellte sich ja, genau betrachtet, nur am Abend und in der Nacht. Tagsüber gingen die beiden Liaos ihrer Arbeit nach.

Von einer weiteren Linderung der familiären Wohnungsnot erzählte mir Herr Liao auf dem Heimweg. Wir waren aufgebrochen, nachdem die Kellner begonnen hatten, die kleinen Hocker auf die Tische zu stellen und mit großen Besen den Boden zu kehren. »Schon acht Uhr«, sagte Frau Liao, als wir auf der Straße standen, und zeigte auf die erleuchtete Uhr am Turm des Telegrafenamtes, »wir könnten zusammen nach Hause laufen, es sind ja nur zwanzig Minuten.« Durch lebhaften Fußgängerverkehr zogen wir über die Changanstraße nach Westen. Ich führte das Fahrrad, auf der anderen Seite des Lenkers lief Herr Liao, den Schluß bildete seine Frau, die mit beiden Händen ihre Karstadttüte auf dem Gepäckträger festhielt.

Unterwegs berichtete Herr Liao vom Ende seiner Zeit als Rotgardist. In seinem Ministerium hatte er sich einer Fraktion angeschlossen, die die meisten rivalisierenden Gruppen an Radikalität überbot, dabei aber die realen Machtverhältnisse aus den Augen verlor. Er mußte erleben, wie seine Kampfgenossen die Waffen streckten. Feinde im Ministerium bezichtigten ihn eines mehr als nur komplizenhaften Engagements, schließlich wurde er im Oktober 1973 auf eine Staatsfarm geschickt, deren Aufbau allerdings erst geplant und von der lediglich bekannt war, daß sie zur Unterstützung der Obstversorgung im westlichen Teil der Wüste Gobi dienen sollte. Herr Liao beteiligte sich an den Aufbauarbeiten; zusammen mit seiner politischen Umerziehung nahmen sie so viel Zeit in Anspruch, daß er seine Familie erst im Herbst 1977 wiedersah.

Wir hatten die Kreuzung erreicht, an der eine ungepflasterte Straße zu einer Reihe dreistöckiger Häuser führte, wo auch die Wohnung der Liaos lag. »Hier müssen wir uns trennen«, sagte Herr Liao, »Ausländer dürfen uns nur besuchen, wenn ein Erlaubnisschein vorliegt, dafür gibt es aber bei mir keinen Präzedenzfall. Eigentlich hätten wir schon für das Abendessen mit Ihnen eine Bewilligung gebraucht, doch ich habe niemanden gesehen, der uns kennt, und dann ist es nicht so gefährlich. Aber wenn Sie ein paar Minuten warten, hole ich mein Fahrrad und bringe Sie ins Hotel. Das ist dienstlich, außerdem kann ich dabei den Transistor für meine Bekannte abholen.«

»Ich leiste ihm so lange Gesellschaft«, wandte sich Frau Liao an ihren Mann, »aber mach schnell!«

Ich fragte sie, wie es ihr in der Zeit ergangen sei, als Herr Liao auf der Staatsfarm arbeitete und politisch umgeschult wurde. »Das ging so«, antwortete sie, »ich kriegte ja einen Teil seines Lohns vom Ministerium ausbezahlt, offiziell gehörte er noch zu seiner Einheit. Widersprüche gab es nur zwischen seiner Mutter und mir. Dabei hatten wir mehr Platz in der Wohnung als vorher. Aber wir konnten uns nie über die Erziehung von Yiqing einigen.« Frau Liao hob die Einkaufstüte vom Gepäckträger. »Sie hat die Kleine verwöhnt, wo es nur ging, dabei ist sie ganz konservativ, dauernd hat sie mir in den Ohren gelegen, wir brauchten noch einen Sohn, wenn mein Mann zurückkomme. Als hätten wir nicht so schon genug Probleme.«

Herr Liao kam mit seinem Fahrrad. »Gehen wir«, sagte er zu mir, und zu seiner Frau: »Hast du dich für das Abendessen bedankt?«

»Das nächste Mal koche ich Maultaschen für Sie«, versprach Frau Liao zum Abschied, »die kann ich ganz gut, und es ist viel billiger als im Restaurant.«

Wir radelten an einem der Maschinenbauministerien vorbei, passierten das Gästehaus der Regierung und die Wohnblocks für die feineren Kader. Die Nacht war warm, Zikaden strichen ihre Reibflächen, und Herr Liao sang die Refrains einiger romantischer Lieder. Ich erzählte ihm, was mir seine Frau über ihre Schwierigkeiten berichtet hatte, die während und zum Teil wohl auch wegen seines Aufenthalts zur Beförderung des Obstanbaus im westlichen Teil der Wüste Gobi entstanden waren. Wie hatte er sich gefühlt, als er nach vier Jahren zur Familie zurückkehrte?

»Es war kompliziert«, sagte Herr Liao nach längerem Zögern. »Den Standpunkt meiner Frau kennen Sie, oder Sie können ihn sich vorstellen. Sie hielt mich ein wenig für einen Trottel, weil ich mich bei meinem geringen Gehalt politisch so eindeutig festgelegt hatte, daß ich gleich so lange ins Lager zur Umerziehung mußte. Daß meine Mutter meinen Standpunkt verteidigte, hat die Widersprüche wahrscheinlich verschärft. Meine Mutter ist nämlich ganz konservativ, und das wird meine Frau gereizt haben. Andererseits hat meine Mutter wahrscheinlich häufig gefragt, warum meine Frau für ein paar Yuan Schichtzulage so häufig von zu Hause fernblieb und was sie mit diesen paar Yuan überhaupt mache.«

Herr Liao hatte sich nicht die Mühe gemacht, Einzelheiten der Auseinandersetzung aufzuklären. Ihm schien klar, daß hier ein Grundkonflikt ausgetragen wurde, in dem es nicht zu verstehen, sondern nur zu vermitteln galt. Vermitteln hatte er auf der Staatsfarm gelernt. Er gab nicht beiden Parteien recht, sondern erfüllte nach beiden Seiten Sonderwünsche: mit der Frau ging er ins Kino und besorgte ihr ein kleines Transistorradio, wie es zwei ihrer Kolleginnen schon besaßen, und der Mutter, die an Peking seit jeher fasziniert hatte, daß es das ganze Jahr hindurch Eiscreme gab, organisierte er eine tägliche Portion. Die Tante eines Kollegen besserte sich mit dem Verkauf von Speiseeis die Pension auf, dieser älteren Dame zahlte Herr Liao monatlich einen Yuan, damit sie jeden Morgen, an dem die alte Frau Liao die kleine Yiqing auf den Spielplatz führte, eine Eiswaffel aus dem Wägelchen holte und diese mit einer kleinen Verbeugung der alten Frau Liao überreichte. »Meine Mutter denkt, sie kriegt das Eis umsonst, weil ich wieder meine Stelle im Ministerium habe«, lachte Herr Liao, »wie es wirklich ist, hab ich ihr nicht gesagt. Der Arzt sagt, daß Eis gut für ihre Herzanfälle ist. Die bekommt sie immer, wenn sie mit meiner Frau streitet.«

Wir bogen in die Allee ein, die zu meinem Hotel führte. Die Straßenbeleuchtung war ausgefallen, mit kurzen, fast rhythmischen Hupsignalen bewegten sich die Autofahrer, mit langgezogenem Klingeln die Radfahrer vorwärts, Taxis blendeten für Sekunden ihre Scheinwerfer auf, um ein Rad oder ein Maultiergespann von der Fahrbahn zu drängen. »Mit der Beleuchtung ist das auch so ein Wechselfall«, sagte Herr Liao. »Als Rotgardisten haben wir noch durchgesetzt, daß alle Fahrräder eine Lampe angebracht bekommen mußten. Ich erinnere mich noch, wie ich das nachts kontrolliert habe. Meine Bekannte hat da auch mitgemacht. Dann war die Kulturrevolution vorbei, alle Verordnungen wurden umgestoßen und die Lampen wieder abmontiert.« Er schwenkte plötzlich heftig nach links aus, um einem großen, halb zerplatzten Kürbis auszuweichen, den wohl ein vorbeifahrender Lastwagen verloren hatte. »Angeblich stören die Fahrradlampen die Autofahrer«, erklärte er, »was kann man da machen?«

Ich fragte ihn nach seiner Bekannten. Sie war Lehrerin, hatte er mir erzählt, und benötigte das Transistorradio, um bei der heimischen Schulbehörde eine Versetzung in die Provinzhauptstadt zu arrangieren. »Ein Gerät für die Kader in der alten Behörde«, lachte er, »dann brauchen wir noch eins für die neue Stelle, aber da wissen wir noch nicht, wer zuständig ist, am Ende hat man den Apparat hergegeben und den Falschen bestochen. Das können wir uns nicht leisten, die Kerle verlangen jetzt schon Geräte mit vier Lautsprechern, und mit Ware aus Hongkong braucht man denen erst gar nicht zu kommen.«

Wußte Frau Liao, mit welchem Eifer sich ihr Mann für die Sache seiner Bekannten einsetzte? Herr Liao ging auf diese Frage nicht direkt ein: »Wenn meine Bekannte in Peking ist, besuche ich sie immer mit meiner kleinen Tochter. Bei uns zu Hause war sie noch nie.« Er machte eine Pause. »Ich kenne sie schon über zehn Jahre, wir waren in derselben Jahrgangsstufe an der Universität. Neulich hat sie mir geschrieben, wie sehr sie mich damals bewundert habe. Aber sie hat mir damals nie etwas gesagt, verstehen Sie, man hat sich so etwas nie auszusprechen getraut. Sonst wäre vielleicht eine Verbindung zustande gekommen. Kulturell passen wir gut zusammen.« Herr Liao fiel unvermittelt vom Chinesischen ins Deutsche. »Wenn ich heute noch einmal heiratete, wären die Bedingungen günstiger. Heute hätte ich bei den schönen Damen größere Chancen, schon wegen meiner vielen Auslandskontakte.«

Vor dem Wachtposten am Eingangstor meines Hotels waren wir von den Rädern gestiegen. Herr Liao zeigte seinen Passierschein, wir stellten die Fahrräder in den Schuppen und schlenderten zum Hauptgebäude. »Mit meiner Familie wird es immer schwieriger«, sagte er, als wir in mein Zimmer kamen. »Es hat damit angefangen, daß wir ein zweites Kind beantragten. Meine Mutter wollte einen Enkel, ich wollte einen Sohn, und meine Frau hatte wohl die Streiterei satt, jedenfalls war sie auch einverstanden. Ich habe bei meiner Personalstelle im Ministerium die notwendigen Formulare ausgefüllt, ein Jahr später bekamen wir die Genehmigung. Wir hatten Glück, vor uns waren einige Ehepaare ausgefallen, außerdem kriegt man die Bewilligung leichter, wenn man schon älter ist. Ich bin dann mit dem ersten Erlaubnisschein zum zuständigen Straßenkomitee gegangen, um den zweiten Erlaubnisschein zu bekommen. Aber die haben endlos lange gezögert, weil gerade die neue Regelung über Geburtenkontrolle diskutiert wurde. Inzwischen war meine Frau schon im fünften Monat und wurde furchtbar nervös, weil sie jetzt nicht mehr abtreiben wollte. Sie hat nämlich eine Kollegin in der Fabrik, die mußte noch im achten Monat abtreiben, weil die erste Genehmigung widerrufen worden war, dauernd hat meine Frau von dieser Kollegin geredet. Die allgemeine Stimmung war immer stärker gegen uns, denn ab 1979 galt in Peking ein Einzelkind als ›die Erfüllung des natürlichen Elternwunsches‹, ein zweites Kind aber als ›Problem der Überbevölkerung‹. Ich wurde auf allen möglichen Sitzungen heftig kritisiert, aber schließlich habe ich doch die zweite Genehmigung bekommen. Nur wurde ich sofort meine Kandidatur auf eine Mitgliedschaft in der Partei los, meiner Frau wurden Leistungsprämien gekürzt, und eine größere Wohnung gibt es jetzt erst recht nicht. Dann hat meine Frau meiner Mutter vorgeworfen, sie habe die ganze Geschichte angestiftet und sei an allem schuld, die Widersprüche zwischen den beiden verschärften sich immer mehr. Und als das Kind geboren wurde, war es auch noch ein Mädchen.«

Herr Liao rutschte von der Schreibtischkante und untersuchte sorgfältig das Radiogerät, das ich für ihn gekauft hatte. »Ich habe nichts gegen Mädchen«, sagte er, »aber wir haben doch schon Yiqing. Mutter war schrecklich niedergeschlagen, unsere Probleme sind jetzt größer als jemals zuvor. Gestern hat meine Mutter gesagt, sie wolle sterben, sogar den Nachbarn hat sie es gesagt, und heute hat sie schon keinen Reis mehr gegessen.«

Er packte den Apparat in den Pappkarton und nahm ihn unter den Arm. »Wegen unserer Gegeneinladung rufe ich Sie noch an«, sagte er zum Abschied, »entschuldigen Sie, daß ich Ihnen so viel Mühe gemacht habe.«

Die Gegeneinladung kam etwa drei Wochen später. Herr Liao rief am Samstagmorgen an, erkundigte sich beiläufig nach dem Fortgang meiner Arbeit und bat mich, gegen 6 Uhr in ein Lokal zu kommen, das nicht weit von seiner Wohnung lag. »Meine Frau ist krank geschrieben, wegen ihres Rückenleidens«, sagte er, »deswegen hat sie einige Gerichte vorkochen können. Die bringen wir mit. Maultaschen sind auch dabei. Das Lokal liegt günstig, da wird das Essen nicht kalt.«

Ich traf einige Minuten nach der verabredeten Zeit ein, stellte mein Rad auf einem durch Stricke abgegrenzten Parkplatz auf dem Bürgersteig ab und kaufte schnell noch eine Büchse Bonbons für Yiqing. Aus dem Laden folgte mir eine Schar neugieriger Kinder und Halbwüchsiger auf die Straße. Sie riefen sich fröhlich zu, was ihnen an meiner Körpergröße, meinen Haaren und meiner Kleidung besonders auffiel. Von den Liaos war nichts zu sehen. Vielleicht waren sie schon vor mir gekommen, um einen Tisch zu besetzen. Ich trat durch die Schwingtür, um nach ihnen zu suchen. Das Restaurant lag im Obergeschoß eines zweistöckigen Gebäudes. Auf der Treppe kam mir ein Strom von Menschen entgegen, die Frauen in luftigen Kleidern, die Männer zumeist im Unterhemd. Mit ihnen zog eine Wolke von Gerüchen, in der sich Schweiß, süßliche Soßendüfte und Knoblauch mischten. Im Lokal standen etwa 20 runde Tische, die mit weißen Plastikdecken überzogen waren. Plätze gab es, soweit ich sehen konnte, keine mehr, die Kellnerinnen, an deren Schürzen sich ablesen ließ, welche Speisen sie heute schon befördert hatten, konnten sich nur mit großer Mühe ihren Weg bahnen. Vor einem Schalter, durch den Plastikkrüge mit einer gelblichen Flüssigkeit gereicht wurden, hatte sich eine lange Schlange gebildet. Als ich über die Wartenden hinwegblickte, entdeckte ich die Familie Liao an einem freien Tisch in einer entfernten Ecke. Herr und Frau Liao winkten heftig, um meine Aufmerksamkeit zu erregen, und ich steuerte auf sie zu. Dabei knackte es trocken unter meinen Füßen, wenn ich auf einen Fischkopf oder Knochenreste trat. Als ich zwei Kindern ausweichen wollte, die am Boden mit Erdnußschalen spielten, rutschte ich mit dem rechten Fuß in eine klebrige Masse und drohte einen Augenblick das Gleichgewicht zu verlieren, was die Liaos und andere Gäste sehr belustigte.

Frau Liao hatte eine Reihe von Emailleschälchen auf dem Tisch verteilt. »Wir beide essen später«, sagte sie, »das hier ist alles für Sie, hoffentlich schmeckt es Ihnen.« Sie schob mir eine Schale zu, wickelte ein Paar Eßstäbchen aus einer Papierhülle und rieb mit dem Papier an den Stäbchen. »Ich habe Orangensaft besorgt«, sagte Herr Liao und zeigte auf vier rosa Fläschchen, aus denen kurze Strohhalme hervorragten, »der Saft ist zwar warm, aber das Bier hier schmeckt scheußlich.«

Unter den aufmunternden Blicken der Liaos begann ich zu essen. »Wie schmeckt's?« fragte Herr Liao. »Ausgezeichnet«, antwortete ich, »so gut haben mir Maultaschen noch nie geschmeckt.« – »Dann müssen Sie unbedingt noch mehr essen«, sagte Frau Liao und öffnete eine zweite Schüssel, »Sie können auch gut mit Stäbchen umgehen.« Herr Liao sog an seinem Strohhalm und schob mir eine Flasche Orangensaft zu. »Der ist auch teurer geworden«, bemerkte er, »vor einem Jahr hat die Flasche noch ein Drittel weniger gekostet. Außerdem ist jetzt weniger drin.«

Ich nahm mir ein kleines Stück Weißkohl. »Wie geht es Ihrer Mutter?« fragte ich. Herr und Frau Liao wechselten einen kurzen Blick. »Es ist etwas belastender geworden, seit sie beschlossen hat zu sterben«, meinte Herr Liao, »und es kommt uns ziemlich teuer. Meine Mutter ist nämlich konservativ, sie will nicht verbrannt werden. Vor zwei Wochen mußte ich mit ihr zum Krematorium am Hügel der Acht Kostbarkeiten fahren, sie hat sich alles genau angeschaut, auch die Tempelanlage, in der die Urnen aufbewahrt werden. Von da oben hat man einen schönen Blick auf die umliegenden Gemüsefelder. Aber neben dem Tempel wurde gerade ein Fabrikgebäude errichtet, das war ziemlich laut und hat meine Mutter erschreckt. Jetzt will sie zurück in unser Heimatdorf und dort begraben werden.«

»Wenn Ihnen die Maultaschen so gut schmecken, müssen Sie unbedingt mehr essen«, unterbrach Frau Liao ihren Mann und hob den Deckel von einer dritten Schüssel. »Sie schwitzen so stark, trinken Sie noch etwas Orangensaft.«

Am Nachbartisch hatte sich eine Gruppe von Soldaten niedergelassen. Vor ihnen standen große Kunststoffbecher mit einer leicht schäumenden Flüssigkeit. Die Soldaten hatten ihre Uniformjacken aufgeknöpft, der jüngste von ihnen spielte an einem großen Kofferradio.

Wie sollte es mit der Mutter Liao weitergehen? »Wir haben zwei Schwierigkeiten«, berichtete Herr Liao, »den Sarg und die Kleidung. Mit der Grabstelle ist es nicht so schwer, da muß ich nur in unser Dorf fahren und den Brigadeleiter und noch ein paar Leute zum Essen einladen. Ich bringe ihnen Schnaps und Zigaretten mit und mache eine kleine Stiftung, nicht viel, auf dem Land sind sie ja noch nicht so anspruchsvoll. Schwierig ist es nur, Holz für den Sarg zu bekommen. 1976, nach dem großen Erdbeben, hatten wir in Peking genug Holz. Damals hat die Stadtverwaltung umsonst Bretter für Notunterkünfte ausgegeben. Aber seit zwei Jahren kommen die Bauern aus den umliegenden Kommunen und holen sich die Bretter ab, um Möbel daraus zu bauen, die sie dann wieder in der Stadt verkaufen. Seither ist das Holz teurer geworden und kaum noch zu beschaffen. Und meine Mutter möchte ihren Sarg gerne schon hier ausstatten.«

Dem Soldaten am Nachbartisch war es gelungen, das Radio anzustellen; ein chinesisches Unterhaltungsorchester spielte »An der schönen blauen Donau«. Frau Liao bewegte ihre Schultern im Takt. »Sie haben den Fisch ja noch gar nicht probiert«, sagte sie, »schmeckt er Ihnen nicht?« – »Vielen Dank«, antwortete ich, »aber ich bin wirklich satt.« – »Mag er keinen Fisch?« fragte sie ihren Mann. »Doch, doch«, versicherte ich, »er schmeckt sicher ausgezeichnet ...« – »Wenn Sie Fisch mögen, müssen Sie davon essen«, unterbrach Frau Liao, »trinken Sie noch etwas Orangensaft.«

Die zweite große Schwierigkeit bei der Ausstattung der Mutter, erzählte Herr Liao, lag in der Stoffrationierung. Die alte Frau Liao bestand auf einer vorschriftsmäßigen Garderobe »für drüben«, wie sie es nannte, einem seidenen Unterkleid, Rock, entsprechender Bluse und Jacke, alles in den vorgeschriebenen Farben; dazu eine Kappe, einen Mantel aus Tuch und eine warme, wattierte Decke gegen die Kälte. »So viele Stoffmarken haben wir gar nicht«, klagte Herr Liao, »und sie will auch alles auf einmal haben. Das ist unmöglich und auf jeden Fall sehr teuer.« Er hatte die Ellbogen auf die Tischkante gesetzt und bohrte die Zeigefinger in zwei leere Flaschenhälse. »Vielleicht geht es doch auf Raten«, sagte er, »nur, falls es meiner Mutter plötzlich bessergeht, dann muß ich ja auch wieder die Unterstützung zahlen.« Er ließ die beiden Flaschen aneinanderklingen. »Hoffentlich hat es Ihnen geschmeckt.«

Auf der Straße war es angenehm kühl. »Ich kann Sie heute leider nicht begleiten«, sagte Herr Liao zum Abschied, seine Frau war schon ein paar Schritte vorausgegangen, »wir müssen ja noch essen. Übrigens ist gestern abend meine Bekannte nach Peking gekommen. Fahren Sie bitte vorsichtig.« Er winkte mir noch einmal zu und lief zu seiner Frau. Ich ließ das Schloß meines Fahrrads aufschnappen und schaute mich nach den beiden um. Sie waren kurz vor einer Straßenmündung stehengeblieben. Frau Liao redete heftig auf ihren Mann ein.

(1981)

Die All-Chinesische Frau

Der Fahrer glaubt, Bescheid zu wissen. »Sie wollen in den Puff«, ruft er glücklich, »ja, den Weg kenne ich gut. Ich weiß aber noch einen besseren Laden. Direkt an der Chinesischen Mauer. Kostet Sie dasselbe, nur für mich ist's umsonst, wenn ich Sie dahin bringe.« Ich schüttele den Kopf und sage noch einmal deutlich: »Huairou.« So lautet der Name jenes Ortes, an dem im September, parallel zur Weltfrauenkonferenz in Peking, das »Forum 95« der regierungsunabhängigen Organisationen tagen soll.

Hört man auf den Regierungssprecher, dann liegt Huairou »in den nördlichen Vorstädten« der Hauptstadt. Das mag seine administrative Richtigkeit haben, verschweigt jedoch die wahre Entfernung und die Beschwerlichkeit des Weges in den gut sechzig Kilometer vom Zentrum gelegenen Ort. Wer Chinesisch spricht und sich aufs Feilschen versteht, kann die Strecke mit dem Taxi in anderthalb Stunden und für umgerechnet 150 Mark bewältigen. Ein Problem entsteht nur für diejenigen, die auf öffentliche Verkehrsmittel angewiesen sind. »Aber Sie müssen bedenken«, mahnt der Sprecher, »die Stadt ist weit, doch die Gegend von unübertrefflichem Landschaftsreiz.«

Mein Fahrer findet es richtig, daß die Frauen vom »Forum 95« so weit ausgelagert werden. »Ich hab gehört, die wollen sowieso nur Stunk machen. Nutten und Mannstolle, die haben doch auf einer Frauenkonferenz nichts verloren.« Während wir durch die Straßen des Ortes fahren, trägt er mir noch einen der im Pekinger Dialekt so beliebten Kurzverse vor, diesmal reimt sich »Wespe« auf »Lesbe«, und dort, wo ich sprachlich nicht weiterkomme, hilft er mir mit Gesten.

Solches sei eben Volkes Stimme, ein wenig eingeseift von der Regierung Meinung, höre ich später von chinesischen Freunden, relativ neu sei das unverhohlene männliche Gezote, relativ alt dagegen die klammheimliche Furcht vor dem Feminismus. Diese teilt übrigens auch der All-Chinesische Frauenverband, mit seinen vielen Millionen Mitgliedern eine feste Stütze der Partei – und schon deshalb keine Milchschwester der unabhängigen Meinung. Um die in Huairou Versammelten nicht ganz ihrem eigenen Gestaltungswillen zu überlassen, entließen die Regierungs*abhängigen* gut ein halbes Dutzend ihrer Untergruppen in die Freiheit und kommandierten sie zur Observanz in die Vorstadt.

Sollten sich die zwanzig- oder dreißigtausend Frauen der regierungs*unabhängigen* Organisationen tatsächlich hier einfinden, erwartet sie der Charme einer Baustelle in hügeliger Umgebung. Von der Zukunft des Geländes als Ferienparadies künden bunt bemalte Plakatwände, doch fragt der Besucher nach Naheliegenderem, erhält er eher unwirsche Antworten: »Falls Sie hier eine Wohnung wollen, kommen Sie am besten in fünf Jahren noch einmal vorbei.« Vielleicht ist es ein kleiner Trost für die Delegierten, wenn man am Abend der Erkundung von Ismat Kittani, dem zuständigen Inspekteur der UN, erfährt, schlimmer als in anderen Ländern seien die Verhältnisse in Huairou keineswegs, eine Botschaft, welche die heimische Presse anderntags frohgemut weiterträgt.

Ob schlimmer oder besser, die chinesische Führung tut

sich schwer mit den nach Peking eingeladenen Frauen, egal ob diese von ihren Regierungen oder den diversen Verbänden entsandt werden. Großveranstaltungen locken die internationale Presse, die internationale Presse lockt chinesische Dissidenten – man kann schließlich nicht alle schon vorher verhaften – kurz, es zeichnet sich ein »Problem der Öffentlichen Sicherheit« ab. »Immerhin haben wir erreicht«, freut sich der UN-Vertreter, »daß allen Teilnehmern der Konferenz ein Visum erteilt werden muß.«

Das Sicherheitsproblem stülpt sich über ein tiefer liegendes Dilemma: Seit dem Beginn der chinesischen Revolution wurde den chinesischen Frauen das Ende der Männerherrschaft versprochen, zumindest deren Aufhebung, was sich in so schönen Metaphern niederschlug wie jener von der »Hälfte des Himmels«, welche dem weiblichen Geschlecht im Sozialismus zustehe. Das Programm wurde mal ernster, mal weniger ernst befolgt, rein formal aber gehörte es stets zum eifrig geputzten Tafelsilber der Ideologie. In China, erfuhren wir immer wieder, sind die Geschlechter gleichberechtigt, zählt bei Frauen nicht der physische Reiz, entscheiden dagegen »die Schönheit des Herzens«, »die revolutionäre Hingabe«, »die selbstbewußte Entsagung für die Belange der Produktion«.

Leider erteilt die Wirklichkeit dem verkündenden Vollmund der Propaganda schmerzhafte Backpfeifen. So kann man selbst aus der chinesischen Presse erfahren, daß mittlerweile unter den 200 Millionen Analphabeten des Landes mehr als 70 Prozent zum weiblichen Geschlecht gehören, daß im Zuge der wirtschaftlichen Reformen drei Viertel der von der Erwerbsarbeit Freigestellten Frauen sind, daß weniger als die

Hälfte aller schulpflichtigen Mädchen tatsächlich in den Genuß einer entsprechenden Ausbildung kommt, daß weibliche Säuglinge weiterhin oft als »Maden im Getreide« behandelt werden – mit allem, was das für die Virtuosen der Abtreibung (die ihrer Tätigkeit bis in den achten Monat der Schwangerschaft nachgehen) bedeutet. Zu schweigen von Zwangssterilisierungen, von der landesweit wild aufgeblühten Prostitution, von dem seit mehr als einem Jahrzehnt florierenden Menschenhandel mit »Dienstmädchen« oder der spektakulären Wiedergeburt jener klassischen Institution der Kinderehe. Anders gesagt: Es wäre wirklich an der Zeit für eine Frauenkonferenz in diesem Lande.

»Und die kriegt ihre Brisanz, gerade weil die Kluft zwischen Propaganda und Wirklichkeit so weit ist«, jubelt Frau Wu, die früher an der Universität einen Frauensalon ins Leben gerufen hat. Jetzt arbeitet sie in einer privaten Firma, die Bücher und Schallplatten vertreibt. »Verstehen Sie, ob die Partei hier den Sozialismus vermurkst hat, das interessiert doch niemanden, außer vielleicht ein paar alte Kader. Doch mit der Ungerechtigkeit, die den chinesischen Frauen gerade seit den Wirtschaftsreformen widerfährt, können wir die greisen Schleimbeutel unter Druck setzen.«

Die Ungerechtigkeiten liegen auf der Hand, wende ich ein, aber warum sollen die Frauen darauf heftiger, solidarischer reagieren als andere Protestbewegungen? Zumindest in Peking und den Großstädten der Küstenzone hat sich politische Aufmüpfigkeit längst in die schrille und glitzernde Unterwelt der Konsumkultur zurückgezogen.

Frau Wu will das nicht gelten lassen. Mode oder Musik, behauptet sie, darin könne sich natürlich auch eine Form des

Widerstandes zeigen, so sei es doch sehr subversiv, wenn die Rockstars die Kampflieder aus der klassischen Revolutionsoper »Das rote Frauenbataillon« grölten und sie damit einerseits lächerlich machten, andererseits auf das fortbestehende Problem der Frauen und ihrer Ausbeutung hinwiesen.

»Es ist alles sehr widersprüchlich«, sagt sie, »meine Arbeit eingeschlossen. Früher haben wir unter dem Ladentisch mit verbotenen Schriften gehandelt, die Kunden wollten sowohl Erotik wie politisch Scharfes.«

Für einen Moment erscheinen zwei rote Tupfer auf ihren Wangen. »Es waren dieselben Kunden, was mich damals sehr verwunderte. Heute verlangen sie weder das eine noch das andere.«

Wie aber soll dann der Leidenskatalog vorgetragen werden, der von der sexuellen Belästigung am Arbeitsplatz über die Lohndiskriminierung zu den »gehimmelten« weiblichen Säuglingen führt?

Frau Wu legt den Hörer wieder auf, den sie zu Beginn unseres Gesprächs neben ihren Postkorb plaziert hat. »Die Zeit arbeitet uns entgegen, und sie läuft uns davon«, antwortet sie, »ich weiß, daß klingt geheimnisvoll, aber ich könnte es erklären. Es kommt eben auf die richtige Schnittstelle an. Ich hoffe auf den September.« Zum Abschied schenkt sie mir ein Feuerzeug, das beim Aufklappen eine Arie aus dem »Roten Frauenbataillon« singt.

»Diese jungen Dinger mit ihren Theorien«, lacht die Lehrerin, die mir versprochen hat, einige der Mädchen auszufragen, die Tag für Tag am Pekinger Bahnhof eintreffen, um ihr Glück in der Hauptstadt zu machen. »Insgeheim sind sie alle noch kleine rote Aktivistinnen, die auf den Funken hoffen, der den Steppenbrand entzünden soll. Glauben Sie mir, ich habe nichts dagegen, nur kommt es mir manchmal so *altmodisch* romantisch vor. Dabei bin ich es doch, die alt ist.«

Meine floskelnde Antwort winkt sie nicht einmal ab. »Lassen Sie uns bei mir einen Tee trinken. Ich erzähle Ihnen eine Geschichte. Nichts Außergewöhnliches, aber vielleicht verstehen Sie mich dann besser. Heute ist am Bahnhof ohnehin wenig los. Um den Jahrestag des Vierten Juni kommen auf jeden Reisenden zwei Geheimdienstler. Für die allgemeine Sicherheit und die der Mädchen ist das gewiß zu begrüßen.«

Die Wohnung der Lehrerin liegt in einem von hastig hochgezogenen Neubauten eng umstandenen Gebäudewürfel. Sie führt mich in ihr Zimmer, das vor allem durch seine angenehme Schlichtheit erfreut: chinesische Wohnungen sind heute oft ausstaffiert, als wären mehrere bunte Versandhauskatalogseiten gleichzeitig geordert worden. »Mein Mann ist ausgezogen«, erklärt die Lehrerin, die meine Überraschung gespürt hat. »Er lebt jetzt bei der, Sie wissen schon, jener dritten Person.«

Die »dritte Person« ist das landesweite Kürzel für die Geliebte. 1980 wurde in China ein neues Ehegesetz verkündet, seither hat sich die Scheidungsrate verdoppelt, doch die Rechtslage für Unterhaltsansprüche, Wohnungsaufteilungen, Entschädigungen und all das, was die materielle Seite einer Trennung betrifft, gestaltet sich noch immer als äußerst vertrackt.

»Mein persönlicher Luxus besteht im Verzicht auf das Materielle«, sagt die Lehrerin, »wobei mir dieser Verzicht sehr leicht fiel.« Und sie erzählt eine Lebensgeschichte, die mit einem Liebesbrief während der Kulturrevolution beginnt, der Denunziation ihrer besten Freundin, die aus Eifersucht der Direktorin von dem Brief berichtet, der Zwangsverschickung zur »moralischen Säuberung« in eine der Westprovinzen, wo sie von dem Polizisten, der über sie wachen soll, zu einem Ausflug in die Wüste geführt und dort vergewaltigt wird. Acht Jahre später darf sie zurück in ihre Heimat, die ehemalige Schulfreundin hat längst den Empfänger des Liebesbriefes geheiratet. Auch sie wurde Lehrerin, jetzt arbeiten beide an derselben Schule.

»Aber wie ich vorher schon betonte, es ist keine besonders außergewöhnliche Geschichte«, sagt meine Gastgeberin und gießt frischen Tee in unsere hauchdünnen Schalen. »Man war sehr jung, unerfahren und voller Ideale. Vielleicht bin ich deshalb so mißtrauisch geworden, wenn ich heute wieder höre, daß der schwere Gong der Solidarität angeschlagen wird.«

Zwei Wochen später straft sie sich Lügen. Oder man sollte es nicht Solidarität nennen, wenn sich eine Frau um naiv-halsstarrige Mädchen vom Lande bemüht, die glauben, das große Glück gezogen zu haben, nur weil sie es mit ihrer spärlichen, gebündelten Habe bis zum Bahnhof der Hauptstadt geschafft haben.

»Hast du wenigstens entfernte Verwandte hier, irgendeinen Namen, an den du dich erinnerst?« Das rotbraune Boskopgesicht schüttelt verlegen den Kopf.

»Und wo willst du die Nacht verbringen?«

»Diese Stadt ist reich, da wird schon wer kommen, der mich dringend braucht.«

Die Lehrerin schaut nicht einmal resigniert ob dieser Antworten. Helfen kann hier zwar niemand, doch es gibt immerhin ein paar Telefonnummern, die halbwegs verläßlich vermitteln, drei oder vier Adressen für die ärgsten Notfälle. Die Lehrerin verteilt kleine Zettel, dann verlassen wir den Platz.

»Glauben Sie vielleicht, andere Länder hätten nicht dieselben Probleme?« fragt am Abend die junge Dozentin für Brückenstatik, mit der ich an dem einzigen noch halb freien Tisch einer Karaoke-Veranstaltung in meinem Hotel zusammentreffe, »ich habe ein viel privateres Problem: alle heiratsfähigen Männer rücken von mir ab, sobald sie erfahren, welchen Posten ich bekleide. Einmal verdiene ich zuwenig, zum anderen verschreckt die mir unterstellte Intelligenz. Das gesellschaftliche Bewußtsein war früher wie ein rumpelnder Traktor, heute gleicht es einer geplünderten Truhe.« Sagt es und greift nach dem Mikrophon, um mit rauher Stimme zum Videoclip eines schnäbelnden Entenpaares ein Lied über den zarten Lenz zu hauchen, der immer noch vom garstigen Winter bedroht wird. Bis zur Frauenkonferenz sind es noch drei Wochen.

(1995)

Mutter Liaos Weg zum Hügel der Acht Kostbarkeiten

»Man muß die Sache als Unglücksfall betrachten«, sagte Herr Liao, »sozusagen als Unglücksfall ohne Vorfahren und, wenn man eine Hoffnung äußern darf, auch ohne Nachkommen. Dennoch bleibt der Vorfall zutiefst bedauerlich, selbst für einen gläubigen Materialisten wie mich. Gerade hier in Peking, im Zentrum der Zivilisation.«

Wir nickten und schwiegen. Liaos Frau, die sich, seit sie bei den Neuseeländern arbeitet, »Dolly« rufen läßt, schenkte uns Tee nach. Abend für Abend sammelte sie die gebrauchten Lipton-Beutelchen aus dem grünen Metallkübel in der Küche ihrer Dienststelle, reinigte sie mit einem groben Tuch von den Spuren, die anderer Abfall auf ihnen hinterlassen haben mochte, und brühte aus diesen Restbeständen eine braungelbe Mischung, deren Geschmack sie mit dem Ausruf »Ich bin nicht in einer Generation von Verschwendern groß geworden!« gegen die Kritik ihres Ehemanns verteidigte.

»Natürlich bin ich der Sohn«, fuhr Herr Liao fort, »deswegen bin ich auch der Hauptverantwortliche in dieser unglücklichen Geschichte, denn an mir hätte es gelegen, das Mögliche zu ermöglichen und das Unmögliche von vornherein auszuschließen.«

»Mein Mann liebt Helden ganz allgemein und im Fernsehen besonders die Figuren, die die Ming-Dynastie verteidigen«, sagte Frau Liao. Wie immer sprach sie über den neben ihr sitzenden Gatten, als habe der gerade den Raum verlassen. »Er bewundert aber auch einen Mann aus Amerika, einen Fernsehstar, dem der ganze Strom oder das ganze Öl gehört. Ich habe ihn noch nie gesehen, aber ich bin ja auch nie im Ausland gewesen. Er soll eine Reihe von Kindern haben, sagt mein Mann, Söhne und Töchter. Im Westen denkt man anders über diese Dinge nach, wir haben nur zwei Töchter, was schlimm genug ist. ›Ein Kind genügt‹, sagt die Leitung. Das stimmt, selbst wenn es sich dabei um eine Tochter handelt. Doch mein Mann wollte noch einen Sohn. Er hätte deswegen fast seine Stellung verloren.« Der Gewinn einer zweiten Tochter trifft härter als der Verlust einer Schwiegermutter. »Er weiß, daß wir zwei Töchter haben«, sagte Herr Liao, »er hat uns geholfen, als die zweite kam, und schon damals wollte die Mutter sterben. Nur durch seine Hilfe ist die Familie damals nicht auseinandergebrochen.«

»Geburtenkontrolle ist Lebenskontrolle, das verstehe ich sehr gut«, fuhr Frau Liao fort, »aber es muß doch immer das einfache Volk sein, das das Leben kontrolliert. Nehmen Sie noch etwas Tee, in unseren Läden ist diese Sorte kaum mehr zu bezahlen.«

Fast synchron griffen wir nach unseren Bechern. Durch das halb geöffnete Fenster drängte sich das Kreischen einer Polizeisirene.

»Den Duschvorhang kann man immer noch verwenden«, sagte Herr Liao in den abebbenden Lärm. »Beste Qualität von Karstadt, umweltfreundlich und sehr hygienisch. Bei meinem letzten Besuch in Köln war Winterschlußverkauf.« Er blickte kurz zur Decke. »Wir lassen die Preise im Keller tanzen«, zitierte er auf deutsch und lachte triumphierend.

»Die Schwiegermutter hat sich vielleicht darüber gefreut«, wandte Frau Liao ein, »aber für eine Wohnung ohne Dusche ist dieses Ding ganz einfach Luxus.«

Gemeinsam starrten wir auf die müde gefältelte Plastikwand, die aus dem Wohn- und Schlafzimmer eine zitronenförmige Exklave schnitt. Wenn ich mich recht entsinne, war die Zitrone mit gelbschwarzen Streifen gemustert.

»Mutter lag gerne hinter dem Vorhang«, erinnerte sich Herr Liao, »sie hatte altmodische Ansichten, das ist bekannt, doch sie freute sich immer, wenn ich ihr etwas Modernes mitbrachte, besonders wenn es aus dem Ausland kam, wie damals, als ich …«

»Für uns alle wäre es leichter gewesen, wenn sie in einem Krankenhaus gestorben wäre«, unterbrach ihn seine Frau. »Im Krankenhaus zu sterben ist praktisch, und es führt nicht zu diesen Verwechslungen, die meinen Mann seit drei Nächten dazu bringen, mit den Zähnen zu knirschen.«

»Wie eine kalte Melone«, sagte Herr Liao und spuckte ein schwarzes spitzes Teeblatt auf den Boden, das sich noch aus einem früheren Aufguß in dem Becher befunden haben mußte.

Der Vorhang hing so träge wie zuvor. Frau Liao war aufgestanden, zum Abwasch getreten und schnitt jetzt einen Weißkohl zu gekräuselten Streifen.

»Man muß die Sache realistisch sehen«, antwortete sie auf einen Vorwurf, den niemand erhoben hatte, »es kostet allein schon sehr viel Geld, um auf die herkömmliche Weise bestattet zu werden, die Schwiegermutter war konservativ und bestand darauf, hier in unserer Wohnung zu sterben, wo es doch überhaupt keinen Platz für eine derartige Veranstaltung gibt.« Frau Liao legte das Messer beiseite und senkte die Salatschüssel ins Wasser. »35 Quadratmeter für eine Familie von drei Generationen ist keineswegs Überfluß, doch es mag angehen, wenn alle die Möglichkeit nutzen …«, sie unterbrach ihre Rede, während sie den Weißkohl heftig in einem Geschirrtuch schwenkte, »du mußt mir nicht widersprechen«, wandte sie sich an ihren Mann, der stumm vor sich hin brütete, »deine Arbeit beginnt am Morgen, meine Schicht am Abend, die Töchter sind tagsüber in der Schule, trotzdem hatten wir Schwierigkeiten, als deine Mutter zu uns zog, um ausgerechnet hier zu sterben.« Sie stemmte einen empörten Ellbogen in die Hüfte. »Im Krankenhaus hätten wir deine Probleme nicht gehabt, nicht einmal in der Mäuseform.«

»›Mäuseform‹ ist ein Ausdruck aus ihrem Heimatdorf«, sagte Herr Liao, ebenfalls daran gewöhnt, von seiner Frau zu sprechen, als habe die sich gerade auf eine Dienstreise verabschiedet, »dennoch geht mir das Bild von der kalten Melone nicht aus dem Kopf.«

Die kalte Melone?

»Eine Beschreibung, ein Bild, ein gespenstischer Traum«, antwortete Herr Liao. »Unser Abteilungsleiter wurde zu spät benachrichtigt, daß sein Onkel gestorben war. Man hatte die Leiche ins Kühlhaus der Klinik gebracht und dort vergessen. Als der Abteilungsleiter endlich von dem Tod erfuhr, gab es aus Gründen der Planübererfüllung nur noch sehr große Särge in der Hauptstadt. Viel zu groß für den kleinen Onkel. Der war inzwischen auch noch sehr hart geworden. Und auf der Fahrt zum Krematorium rumpelte er im Sarg wie eine kalte Melone.« Herr Liao schneuzt sich. »Sie verstehen, welche Gefühle diese beiden Wörter in mir auslösen. Schon wenn von Kompott die Rede ist, kann ich nicht mehr zuhören.

Deshalb habe ich auch darauf bestanden, daß meine Mutter hier, hinter diesem Duschvorhang ihre letzten Tage verbringen sollte. Sterben wollte sie schon seit vielen Jahren, doch erst als wir diese so günstig unterteilbare Wohnung zugeteilt bekamen, war sie so recht mit dem Herzen dabei. Ich brauche Ihnen die Einzelheiten nicht zu erzählen, Sie waren ja Zeuge der Ereignisse.«

In der Tat war ich nicht nur Zeuge, sondern gleichzeitig so etwas wie ein Beihelfer dieser langen Inszenierung eines Heimgangs geworden. Bereits bei meinem ersten Besuch bei den Liaos, er muß um den Herbst des Jahres 1981 stattgefunden haben, hatte Herr Liao mir eröffnet, daß seine Mutter sich zu sterben anschicke, daß dies jedoch, da die Mutter vom Lande stamme und entsprechend konservativ eingestellt sei, nicht ohne westliche Devisen ermöglicht werden könnte.

Damals ging es um die Beschaffung einer Grabstelle auf einem Boden, der dem agrarökonomischen Fortschritt geweiht war, um das Organisieren eines Transportfahrzeugs, um den Kauf der vom Ritual vorgeschriebenen Totenkleider, der Schwarzmarktpreis überstieg zu jener Zeit das Jahreseinkommen und den Einfallsreichtum selbst eines gutverdienenden Proletariers. Dabei war Liao nur ein einfacher Angestellter.

»Als Kind vom Lande bin ich konservativ, daher taugte ich so gut für die Revolution«, erinnerte sich Herr Liao. »Meine Mutter war dagegen ausschließlich konservativ. Deshalb hatte sie ja auch solche Angst vor dem Verbranntwerden.«

»Zwei Transistorradios hat damals allein das Holz für den Sarg gekostet«, hielt ihm seine Frau vor, »dabei brauchten wir dringend eine größere Wohnung, und gestorben ist sie auch nicht.« Über den Grübchen auf ihren Wangen hatten sich zwei dunkle Flecken gebildet. »Aber du hast dich in dieser Angelegenheit ins Zeug gelegt wie ein Suppenhuhn, das zum Adler werden will. An uns andere hast du überhaupt nicht gedacht.«

»Holz war damals relativ billig«, gab Liao nachdenklich zurück, so als erinnere er sich an die Lösung eines kniffligen Schachproblems. »Das gab es noch ausreichend in der Stadt, weil man nach dem Erdbeben so dringend Hütten bauen mußte, die dann wieder abgerissen wurden. Das Transportfahrzeug haben wir auch noch zehn Jahre später benutzen können.« Er hüstelte und zündete sich dann ganz gegen seine Gewohnheit eine Zigarette an. »Ein Tod braucht Würde«, sprach er in den Qualm, »das war schon damals so und erst recht jetzt, wo wir wieder mehr Kultur haben.«

»Dann erzähle deinem Freund, was mit dem Transportfahrzeug passierte«, rief Frau Liao, deren Wangenflecken deutlich dunkler geworden waren. »Erzähl es ihm in allen Einzelheiten und laß dabei keinen Kotflügel aus!«

»Ich habe schon ganz am Anfang gesagt, man müsse die Sache als Unglücksfall betrachten«, sagte Liao, der inzwischen seine Zigarette in dem kleinen Aschenbecher mit dem Loreleymotiv ausgedrückt hatte, »ein Unglücksfall hat eben viele Zuträger, kein einzelner von ihnen ist weniger unheilstiftend als der nächste. Andererseits ist eben auch der Fahrer um die entsprechende Zeitspanne älter geworden. Er muß wohl ein wenig nervös geworden sein, als die Frauen in ihren Klagen um meine verstorbene Mutter gegen die Wagentüren und die Verladeklappe schlugen. Aber wenn eine Tote hinwegtransportiert wird, verlangt der Brauch den Ausdruck des tiefen

Schmerzes. Meine Tanten waren im Recht, als sie die Fäuste ballten, und der Fahrer war im Recht, als er so schnell davonfuhr, daß er mit dem Kotflügel gegen die Hofeinfahrt drückte.«

»Er hat den Wagen ruiniert. Kotflügel und Scheinwerfer. Alle haben es gesehen. Und du mußtest dafür zahlen! Wenn das wenigstens alles gewesen wäre, aber die Musiker, die angereisten Mönche, haben die nicht auch ihr Geld gekostet? Schauen Sie sich diesen Mann an, er hat an einer Universität studiert, er nennt sich einen Materialisten, jetzt äfft er die Intellektuellen nach, die den Aberglauben wieder für sich entdeckt haben.« Sie zupfte an der schwarzen Armbinde, die ihr in die Beuge des rechten Ellbogens gerutscht war. »Musiker«, wiederholte sie, »Musiker und Mönche, Räucherstäbchen, eine kostbare Urne, wenn möglich aus Gold oder Silber, und Totengeld, es sind wieder ganz die alten Sitten, die Einzug gehalten haben. Würde! Von wegen Würde! Am liebsten würde ich ausspucken, und dann mußte alles auch noch so heimlich zugehen, damit die Kollegen nicht merkten, daß ein Mann, der sich immer noch darum bemüht, Parteimitglied zu werden – man stelle sich das vor: Parteimitglied! –, daß ein solcher Mann seine Mutter bestatten lassen will wie ein Feudalfürst. Luxus-Schnickschnack für eine alte Frau, die nicht einmal ihren eigenen Namen schreiben konnte und die sich in den letzten fünf Jahren ihres Lebens weigerte, ihre Schwiegertochter zu erkennen.«

Das Wort »Parteimitglied« kommt im Chinesischen auf ganze zwei Silben, Frau Liao ließ sie miteinander verschmelzen und dehnte sie in der besten Tradition der Klagearie einer Pekingoper.

»Parteimitglied«, sagte sie noch einmal höhnisch.

Herr Liao setzte seine Brille ab und fuhr mechanisch mit dem Ende seines Schlipses über die Gläser. »Wenn es um Würde und Anstand geht, darf man kein kleinlicher Mensch sein, das gilt auch für die Bezahlung. Zwischen meiner Frau und mir besteht da möglicherweise ein gewisser Widerspruch ...«

»Ein heftiger Widerspruch«, fiel ihm Frau Liao ins Wort.

»Andererseits existiert auch ein schwer lösbarer Widerspruch zwischen meiner ganz persönlichen Auffassung und der Sichtweise meiner Kollegen. Sie alle halten, jedenfalls wenn sie sich in unseren politischen Versammlungen dazu äußern, Totenfeiern für ein Überbleibsel aus vorrevolutionären Zeiten. Vielleicht kam es deswegen zu diesen gräßlichen Verwechslungen. ›Eins teilt sich in zwei‹, das haben wir alle einmal auf den Kaderschulen oder in den Umerziehungslagern gelernt. Doch es hätte nicht sein dürfen, daß die Teilung so schnell und so verwirrend vor sich geht.«

Ich bat um einen der jetzt schon mehrfach benutzten Teebeutel. Das Wasser in der Thermoskanne war nicht mehr sehr heiß.

»Er versteht nicht«, sagte Frau Liao zu ihrem Ehemann, »warum du, nachdem die Leute vom Straßenkomitee wegen der Hygienefrage hier gewesen waren und den Totenschein ausgestellt hatten, die Leiche deiner Mutter unter großen Kosten in einen weit von hier und diesem Duschvorhang entfernten Raum bringen ließest, der früher einmal als Tempel diente und in dem dann sieben Mönche, die unverschämt viel Geld dafür verlangten, ihre unverständlichen Lieder anstimmten. Er versteht das nicht, weil er uns versteht und dich nicht versteht!«

»Man mußte die Mutter sehr schnell entfernen«, entgegnete Herr Liao. »Du weißt selbst, daß es damals sehr kalt war. Wir mußten ihr die Totensachen überstreifen, bevor sie wirklich zu starr dafür wurde.«

»Vorher konnte es dir nicht langsam genug gehen.«

»Nur weil die Verwandten aus Wuhan noch nicht eingetroffen waren. Es kostet eben Zeit, bis ein Telegramm ankommt, es kostet noch viel mehr Zeit, bis ein Eisenbahnbillett gekauft werden kann. Die Verwandten haben ein Recht darauf, die geliebte Sterbende noch einmal zu sehen. Schon deswegen mußte ich mir wünschen, daß sie nicht sofort stirbt!«

»Er hat sie angebrüllt, damit sie bei Bewußtsein blieb.« Frau Liao stand auf und formte mit weit ausholenden Armen die Hände um ihren Mund wie zu einem Trompetensignal. Ihre dunkelbraunen Augen schienen aus den gelblichen Fettpolstern herausdringen zu wollen. Sie ließ die Hände wieder sinken und fragte: »Soll ich das einmal nachmachen?«

»Du redest so gefühllos wie die Leichenträger.«

»Ständig werde ich kritisiert, weil ich angeblich so gefühllos bin wie ein Leichenträger, dabei versuche ich nur, die Angelegenheiten, die dieses Haus betreffen, in der, wie du immer sagst, ›angemessenen Relativität‹ zu halten. Angemessene Relativität, pah! Natürlich bin ich nur eine einfache Arbeiterin in der Glühbirnenfabrik Nummer Fünf, deshalb weiß ich auch nichts über ›angemessene Relativität‹, doch ich habe eine genaue Kenntnis davon, was Geld kostet und was nicht.«

»Auch die Verwandten haben viel Geld für die Zugfahrkarten bezahlen müssen. Das mußte in der Gesamtrechnung mitbedacht werden. Wenn sie erst angekommen wären, als

Mutter schon nicht mehr lebte, hätten sie sich sehr geärgert und mir die Schuld gegeben.«

»Und so wie du die ganze Angelegenheit organisiert hast, war das nicht die viel größere Verschwendung? So wertlos wie das Totengeld, das verbrannt wurde?«

Herr Liao richtete seinen Oberkörper auf, rückte seinen Stuhl zurecht und wandte seiner Frau den Rücken zu. »Sie ist einfach nicht gebildet«, sagte er sehr eindringlich zu mir, »das ist ein Versäumnis und bedauerlich gerade jetzt, wo wir langsam und unter Mühen eine neue Kultur aufbauen, die unserer alten gleicht, ohne deren Fehler zu übernehmen. Ein deutsches Sprichwort, das Sie kennen, lautet: ›Des Menschen Wille ist sein Himmelreich.‹ Der Wille meiner Mutter war das Himmelreich. Das mußte ich ihr versprechen. Aber wie konnte ich ahnen, daß ihre Leiche verwechselt würde?«

»Wäre alles so gelaufen wie normal, hätte es auch keine Verwechslung gegeben«, rief seine Frau ärgerlich.

»Die Leiche wurde verwechselt, weil es in unserer Stadt eben zwei Krematorien gibt, eines für den Osten und eines für den Westen, wir leben an der Grenze, und viele Menschen heißen Liao.«

Und wann wurde die Verwechselung bemerkt?

»Zu spät, viel zu spät. Ich hatte diskret einen kleinen Raum gemietet für die Totenfeier, fünf Tage nach dem Tod der Mutter, dorthin hatte ich auch die Mönche bestellt und die Musiker und die Verwandten. Dieser Raum sollte so etwas wie eine Zwischenstation werden auf dem Weg von der Leichenhalle ins Himmelreich …«

»Er meint das Krematorium, merken Sie, er kennt sich schon gar nicht mehr aus.«

»Vielleicht war es die Schuld des Lastwagenfahrers, vielleicht war er noch verwirrt oder böse, weil sein Auto beschädigt war, jedenfalls ist er zu der falschen Leichenhalle gefahren. Mir hat er nichts gesagt, und als ich im Westen nach der Mutter fragte, war sie da nie angekommen, und als ich im Osten auf dem Hügel der Acht Kostbarkeiten nach ihr fragte, war sie schon lange verbrannt, und niemand wußte, was mit der Urne geschehen war. Wie gesagt, man muß die Sache als Unglücksfall betrachten.«

»Ein Unglücksfall, der uns fast ruiniert hätte. Aber so ist mein Mann. Die Verherrlichung des Neuen macht ihn blind.«

Herr Liao setzte seine Brille ab und starrte auf den Fernseher.

(1993)

Maos Wiederkehr

Aus den Insignien sind Souvenirs geworden: Während der zehn wilden Jahre der chinesischen Kulturrevolution unterschieden sich die Kampfgruppen rivalisierender Maoisten nach Armbinden und Abzeichen, nach jenen hostiengroßen runden, rot- und goldglitzernden Blechmarken, die alle gemeinsam den dicken runden Kopf des Bauernsohns aus Hunan zeigten, den Großen Steuermann, die röteste aller roten Sonnen – Mao Zedong.

Gegen Ende der Kulturrevolution verschwanden die meisten Abzeichen. Die chinesische Leichtmetallindustrie benötigte dringend Rohstoffe, »Gebt mir meine Langstreckenbomber zurück!« soll der Steuermann seine roten kleinen Kämpfer aufgefordert haben, und die trugen ihre Schätze zu den Sammeldeponien der Schmelzwerke. Nicht alle natürlich, manche Kämpfer konnten und wollten sich so leicht nicht trennen von den Symbolen eines erbitterten Kampfes, für die Politik jenes Mannes, dessen Abzeichen sie so lange so nah an ihrem Herzen getragen hatten.

Die noch verbliebenen Blechknöpfe tauchten in den letzten Jahren auf den Schwarzmärkten von Peking, Shanghai und anderen großen Städten wieder auf – und sie erzielten überraschend gute Preise. Man kann gut mit ihnen handeln, wie die meisten der von den Chinesen begehrten Objekte sind sie klein, ein wenig pikant und von einer gewissen Aura umgeben, der Aura eines wieder erwachenden Kults um jenen Mann, der im vergangenen Dezember neunzig Jahre alt geworden wäre.

Seit 1976 ist Mao tot, aufgebahrt in einem protzigen Mausoleum auf dem Platz des Himmlischen Friedens. Kurz nach seinem Tod war es auch offiziell mit der Kulturrevolution zu Ende. Es begann die Zeit der Abrechnung mit den Fehlern der Vergangenheit und mit jenen, die dafür verantwortlich zu machen waren. Der »Viererbande« und allem, was dazu gerechnet werden konnte. Das wirkte in der Presse spektakulär, doch es hatte bei weitem nicht die sozialen Auswirkungen, die sich die neuen Herren der Kommunistischen Partei Chinas zum Ziel gesetzt hatten: die Entlassung aller zumindest stark belasteten Parteikader, die für die Mißstände der Jahre zwischen 1966 und 1976 verantwortlich zu machen sind. Das sind in erster Linie wohl jene Genossen, die nach 1966 zur Partei gestoßen sind und in Windeseile in hohe Positionen aufsteigen konnten – um wie viele es sich dabei genau handelt, läßt sich schwer abschätzen, »wenig unter 10 Prozent der Gesamtpartei«, lautete eine Auskunft am Rande des Zweiten Plenums des Zwölften Zentralkomitees, Anfang Oktober 1983. Das wären bei 40 Millionen Parteigenossen immerhin schon über drei Millionen Betroffene.

Viele derjenigen, die zur Rechenschaft gezogen werden müßten, weil sie mißliebige Gegner denunziert oder verfolgt haben, weil sie sich Privilegien verschafft haben, die ihnen nicht zustanden, oder weil sie schlichtweg zu faul oder zu inkompetent waren, um ihre Posten auszufüllen, haben sich in den Provinzen oder im Militär jedoch schon so fest eingeschworene Seilschaften aufgebaut, daß an eine »Säuberung« im großen Stil gar nicht zu denken ist. Entscheidender aber ist, daß sich viele der Angegriffenen auf eine Verteidigungsformel zurückgezogen haben, die den Parteilenkern heutzutage genauso zu schaffen macht wie vor vier Jahren, als Jiang Qing, die Witwe Maos, vor Gericht gestellt wurde: auf die Formel nämlich, sie hätten die Lehren des großen Vorsitzenden gewissenhaft erfüllt.

Damit ist die Leiche wieder aus dem Sarkophag – in dem sie die meisten sicherlich gerne belassen hätten. Loyalität (Zhong) ist eine alte chinesische Tugend, da kann doch Loyalität gegenüber dem Übervater der chinesischen Revolution kein Verbrechen sein! Mao hat – im Laufe eines auch an Schriften reichen Lebens – Äußerungen getan, die Legitimationshilfe für so ziemlich jede, politisch noch so absurde Entscheidung anbieten. Zum Exzeß getrieben wurde dieser pragmatische Orthodoxismus mit dem Erscheinen des berühmten »Roten Büchleins«, dessen Kompilatoren ganz bewußt auf Textzusammenhänge verzichteten, damit die kargen Sentenzen in jeden Brei gerührt werden konnten, der gerade zur politischen Verfütterung anstand. In ihrer klarsten Formulierung heißt diese Politik, der auch heute noch mehr Genossen anhängen, als dem Zentralkomitee lieb sein kann, die »Politik der zwei Was-auch-immer«. (Was auch immer Mao gesagt hat und was auch immer Mao getan hat, beides ist heilig.)

Diese Fraktion figuriert als »die Linke«, und um die Linke auch ideologisch auszuhebeln, hätten die Reformer um Deng Xiaoping und Hu Yaobang zwei Wege einschlagen können: die allmähliche Verweltlichung der chinesischen Politik, d. h. den Abbau religiöser Kulte um den großen Steuermann respektive den Verzicht auf einen Cäsaro-Papismus; oder sie hätten den toten Mao wieder zum Leben erwecken und als einen der Ihren reklamieren müssen. (Historisch ist dieses Problem nicht neu, nach Maos Ableben entstand ein sofortiger Kampf um den Besitz seiner Leiche, wer sie hatte, der hatte auch die Legitimation für die politische Herrschaft über China. Das Nachsehen hatten in diesem Kampf nur die Einbalsamierer.)

Deng Xiaoping hat sich für die zweite Möglichkeit entschieden, wenn auch mit einigen Modifikationen: Mao wird wieder zu einer Person der Verehrung, doch er wird auch zu einem Objekt der Historiographie und der Philologie. Fast hundert Bücher beschäftigen sich anläßlich des 90. Geburtstages mit seinem Leben und Werk. Dabei liegt das Schwergewicht auf dem frühen Mao, auf einer Person mithin, die noch unschuldig ist an dem Chaos, das in der Volksrepublik seit der ersten Kampagne gegen Rechtsabweichler, also etwa seit 1957, unter dem Vorzeichen von Massenkampagnen so viel Unheil geschaffen hat. Zum zweiten nutzt Deng die Rollenvorgabe seines Vorgängers, um selbst, etwa mit der Veröffentlichung der eigenen »Ausgewählten Schriften«, den Anspruch auf eine eigene Form des aufgeklärten Cäsaro-Papismus zu erheben. Wer in China die Macht hat, hat auch das Sagen, wer das Sagen hat, spricht gesicherte Wahrheiten aus.

Den meisten Chinesen dürfte das gefallen, und zwar aus einem naheliegenden Grund: Ein modifizierter Personenkult verspricht Stabilität, verspricht die Möglichkeit, sich mit bestehenden Verhältnissen vertraut zu machen – und das heißt praktisch: sie zum privaten Vorteil ausnutzen zu können. Die Chinesen haben eine lange Tradition autoritär-etatistischer Beherrschung, und sie haben eine zumindest ebenso lange

Tradition des geschmeidigen Umgangs damit. Solange die Verhältnisse stabil sind, kann man ein Netz von Beziehungen zwischen diesen Verhältnissen weben. Ständig wechselnde Verhältnisse zerstören diese Netze, zerstören die Ökologie der sozioökonomischen Kultur, erwecken Angst vor dem Ungesicherten und dem Unsicherbaren.

Diese Panik vor dem Unüberschaubaren, sich ständig Verändernden war in den letzten Jahren auch der stärkste Garant gegen überbordende Forderungen nach mehr Demokratie, nach Entfaltungsmöglichkeiten für einen weniger reglementierten Individualismus.

Zugegeben, es ist schwer, etwas Verifizierbares über die chinesische Volksmeinung zu sagen. Doch daß – um nur ein erstes Beispiel zu nennen – die Demokratiebewegung der späten siebziger Jahre so spurlos versickern konnte, nachdem die Organe der öffentlichen Sicherheit einmal kräftig zugelangt und die Wortführer der Bewegung für mehrere Jahre ins Gefängnis respektive in die Zwangsarbeit verbracht hatten, spricht eher dafür, daß die Bevölkerung solcherlei Bestrebungen nicht allzu viele Tränen nachweinte. Demokratisierung bedeutet ja auch zunächst einmal wieder Systemveränderung von links – und wozu es kommen kann, wenn Linke an die Macht gelangen, hatte man während der Kulturrevolution bis zum bitteren Exzeß miterleben können.

Ein vielleicht noch überzeugenderes Exempel haben die chinesischen Staatslenker im letzten Jahr mit ihrer Kampagne gegen »geistige Umweltverschmutzung« statuiert. Da ging es einmal mehr den Schriftstellern und Intellektuellen an den Kragen, die aus der literarischen Bewältigung der Jahre des Terrors auch – obwohl zumeist indirekt – Folgerungen zogen für einen zivilisierteren Umgang zwischen dem starken Arm des chinesischen Volkes und dem, was zu seinem Kopf werden könnte. Diese Attacke wütete gegen eine fiktive Verschwörung, in der kritische Intellektuelle und die Vertreiber von Pornofilmen in einer Brühe aufgekocht werden sollten. Woraufhin die Anhänger der stabilen Verhältnisse erst recht das Hasenpanier ergriffen und um eine starke Führung nachsuchten, die sie vor allen möglichen demokratischen Turbulenzen schützen möge. Das war nicht unbedingt der Ruf nach dem früheren Personenkult um Mao, sollte auch nicht (jedenfalls nach Auskunft des Politbüros) den alten »Dogmatismus« wieder zum Leben erwecken, doch es war eindeutig die Manifestation der Sehnsucht nach autoritärer Führung, wie sie Mao in den frühen fünfziger Jahren praktiziert hatte. (Wie streng und autoritär die Führung sein kann, beweist sie seit einigen Monaten in ihrem bisweilen barbarischen Vorgehen gegen »kriminelle Elemente«, doch auch darin scheint sie eher die Unterstützung der Massen zu finden; schließlich sind ein großer Teil der Kriminellen arbeitslose Jugendliche, und die Abneigung gegen eine die Normen verletzende Jugend sitzt seit der Kulturrevolution tief.)

Was also bedeutet die sorgfältige Inszenierung der Rückkehr von Mao – nach all den Jahren, in denen es um seine Person so ruhig war wie vor den Verkaufsregalen, in denen seine Werke feilgeboten wurden? Für die Reformer in der Partei geht es um die symbolische Wahrung von Kontinuität, und in welchem Bereich genau Kontinuität gewahrt wird und womit eher gebrochen werden darf, legt natürlich die Partei fest. Für Deng Xiaoping bietet die Rückkehr eine Rolle, in die er schlüpft, einmal, um sich mehr Autorität zu sichern, zum anderen, um zu verhindern, daß seine Gegner das gleiche tun.

Für die chinesischen Massen, die »Helden der Geschichte«, schließlich wird ein Mao wiedererweckt, dessen historische Qualitäten dort angesiedelt werden, wo er den Vorfahren dieser Massen Nutzen brachte. Das ist ganz sicher nicht der Mao der Massenkampagnen, des »Großen Sprungs vorwärts« oder der Kulturrevolution (was den Verstorbenen, sollte er eine unsterbliche Seele haben, gehörig ärgern wird, denn auf seine Kunst der Massenkampagnen war er bekanntlich besonders stolz). Es ist auch nicht der Mao des – im Westen vielleicht bekanntesten – Sprachbildes von den »Hundert Blumen«. (Recht geschieht ihm, selten ist ein groteskeres historisches Mißverständnis erweckt worden: ausgerechnet der sturköpfige Sinozentriker als Prophet des Antiautoritären und der geistigen Vielfalt!)

Erinnert wird vielmehr an einen Volksführer, der sein Land zur nationalen Unabhängigkeit, zur Einheit und – in Maßen – Geschlossenheit führte, dem sein Volk für einen bestimmten Zeitraum eine bestimmte wirtschaftliche Prosperität verdankte – ein Volk, um dessen politische Unmündigkeit er sich wenig scherte.

Der Tigerberg kreißt und gebiert einen neuen Mao.

(1984)

Landpartie zum Steuermann

Die Hügel schimmern rötlichbraun, die Reisfelder goldgrün, die Schlaglöcher lassen den Wagen bockspringen. Wir sind in Hunan, auf der Straße von Changsha, der Provinzhauptstadt, unterwegs zu jenem Ort, der noch vor zwei Jahrzehnten Millionen von Pilgern anzog. Unterwegs nach Shaoshan, dem heute – vergleichsweise – so bitter vernachlässigten Geburtsort der *Rötesten aller Sonnen, dem Großen Steuermann, dem unsterblichen Vorsitzenden der Kommunistischen Partei Chinas*, dem Genossen Mao Zedong.

»Flüchtiges Glück auf der Reise« hat uns das chinesische Horoskop für den heutigen Tag versprochen, allerdings stammt dieser Kalender aus Hongkong, meine Mitreisenden sind sich unschlüssig, ob die Sterne über der Kronkolonie auch verläßlich Auskunft geben, wenn es um die Geschicke im Machtbereich der Kommunisten geht. »Ich glaube sowieso nicht daran«, sagt Fräulein Gong, »aber bei meinem Aszendenten ist das auch kein Wunder. Früher gab es für mich ohnehin nur einen einzigen Stern, und der war rot.«

»... mit goldenem Rand«, gibt ihr Nachbar zu bedenken. Herr Yang ist ein sorgfältiger Erinnerer, das hat sich schon auf den ersten fünfzig Kilometern unserer Reise herausgestellt. Er weiß noch genau, mit welchen Losungen er als Sechzehnjähriger »zur Sammlung revolutionärer Erfahrungen« barfuß oder auf Strohsandalen, wie es sich damals gehörte, dem »neuen« Langen Marsch zu Maos Geburtsstätte die Müdigkeit aus den morschen Knochen geschrien hat. »Tiefe Tunnel graben«, ruft er aus dem Wagenfenster in den Frühsommer, »Weizen speichern und nie die Revolution vergessen!«

»Habt ihr eigentlich damals auch eure Kameraden mit ›Das wagst du nicht!‹ gequält«, fragt seine Frau den Rückspiegel an der Windschutzscheibe, unter dem wie ein aufgeknüpftes Amulett das Blechporträt des früheren Vorsitzenden der KP mit Fahrzeug und Straße tanzt. Mal zeigt ihn die Ikone als siegverwöhnten älteren Funktionär mit Glatze, mal als jungen Helden, unter einer steifen grünen Kappe.

»Das wagst du nicht« hieß ein Kinderspiel, bei dem das Opfer in eine Ecke geschickt wurde und dort »Nieder mit dem Vorsitzenden Mao!« rufen mußte. Weigerte sich das Kind, galt es als Feigling, machte es mit, konnte man die Eltern denunzieren.

»Das Böse ist immer ein Mangel an Sein«, zitiert Herr Yang ausweichend und rätselhaft.

»Seitdem ich das Ding hier aufgehängt habe, ist mir noch kein Unfall passiert«, greift unser Chauffeur ein, sein Zeigefinger deutet auf den jungen Mao. Er hat eine ungewisse Bedrohung gespürt, die vielleicht seiner politischen Zuverlässigkeit, vielleicht aber auch nur seiner Fahrkunst gilt. »Andere gibt es, die schwören auf anderes. Ich bleibe bei dem Bewährten.«

Der Fahrer mag Mitte, allenfalls Ende Zwanzig sein, ein Kind der Zeit »danach«, der Zeit, als die Kulturrevolution – und damit die grenzenlose Vergötterung Maos – bereits so schmerzliche wie heftig verdrängte Geschichte war. Die Parteiführung hat das Lebenswerk ihres Gründers pedantisch in glorreiche und weniger glorreiche Kapitel zerlegt, die meisten der früher allgegenwärtigen Statuen waren entsorgt worden, Schulkinder wie er mußten nicht mehr die erste Seite eines neuen Heftes in Schönschrift mit einem Zitat aus dem kleinen roten Büchlein schmücken.

»Ich sehe überhaupt keine roten Azaleen«, meldet sich Fräulein Gong, während draußen Kiefernwäldchen von Bambusbüschen abgelöst werden. »Erinnert Ihr Euch auch noch an das Gedicht ›Wir lieben die roten Azaleen von Shaoshan‹?« Nur der Fahrer und ich erinnern uns nicht, die anderen haben die klassischen Verse von Maos Sohn und seiner Schwiegertochter zitierbereit auf den Lippen. Millionen ihrer Altersgenossen haben es auswendig lernen müssen.

»Ach, Sie reden von dieser Pflanze«, sagt der Chauffeur, der manchmal seine Schwierigkeiten hat, unseren Akzent zu verstehen, »sie blüht sonst immer im Frühling, doch vor zwei Jahren blühte sie im November, genau in der Nacht, wo er seinen hundertsten Geburtstag gefeiert hätte. Genau das meine ich, wenn ich von starker Energie rede.« Er zeigt noch einmal auf das Amulett, das vor der Windschutzscheibe baumelt.

»Ich persönlich habe starken Hunger«, ruft Fräulein Gong, »ich habe gehört, in den Gasthäusern von Shaoshan wird noch ein »Original-Vorsitzender-Mao-Menu« angeboten, einmal Fleisch und einmal Fisch, anschließend Gemüse und eingelegte Essiggurken, richtig scharf natürlich, so wie Mao es liebte.«

Bald sehen wir die Azaleenbäume, leider sind sie schon etwas verblüht. Dann tauchen auch die ersten Stände an der Straße auf, langgstreckte Tische unter luftigen graugelben Schirmen. Getränke und Früchte werden hier feilgeboten, Briefmarken mit dem Porträt des Berühmten, Anstecknadeln, bunt bedruckte Leibchen, Plastikflaschen, Tellerchen, Becherchen, Stickereien und natürlich auch Amulette der Art, wie wir sie schon in unserem Auto bemerkt haben. Die »Wiege der Revolution« ist nach wie vor ein Wallfahrtsort, doch das Charisma des Revolutionärs verliert sich auf den Oberflächen von Emaille, Papier und Kunstfaser.

»Ich erinnere mich an drei Attraktionen«, sagt Herr Yang, nachdem wir uns aus einer Wagenburg von zitternden Überlandbussen und schlammgrauen Transportfahrzeugen befreit haben. In den letzten Jahren sind im Schnitt mehr als eine Million Touristen hierherbefördert worden.

»Es gibt das Geburtshaus, es gibt die ›Höhle des tropfenden Wassers‹, es gibt aber auch noch den ›Gipfel von Shaoshan‹, welcher allerdings nicht unserem Geschmack entsprechen wird.«

Fräulein Gong und der Fahrer möchten ins Wirtshaus, ich auf den »Gipfel von Shaoshan«, somit laufen wir zunächst gemeinsam auf jenes Anwesen zu, das einst »die armselige Hütte« genannt wurde, die Krippe des Revolutionärs. »Dreizehn und ein halbes Zimmer«, erklärt unser Führer, ein baumlanger Genosse, dessen Alter nicht zu erraten ist, »das entspricht dem Niveau eines erfolgreichen Bodenbetreibers vor der Revolution und den Möglichkeiten einer marktorientierten sozialistischen Wirtschaft unserer Tage.«

Wir schieben uns durch mehrere Gebäude, die ein Filmregisseur für einen Stoff erstellt haben könnte, der im 18. Jahrhundert spielt und einen reichen Bauern als tragende Figur vorsieht: Anmutige strohgedeckte Gebäude, die einander zu beschützen oder in Schach zu halten scheinen. Vor dem Holzlager werden wir auf einen Korb aufmerksam gemacht, den

Mao angeblich vor 90 Jahren benutzte, um Äste für den heimischen Brennofen zu sammeln oder – nach einer späteren Interpretation – die Bücher zu bewahren, die der künftige Dichter und Staatsmann las, während er das Vieh seines Vaters hütete. Leider ist der Korb leer.

In einem der Wohnzimmer steht, behütet von einer kleinen Nische, die Statue des Buddhas, den Maos Mutter zu verehren pflegte. Historisch unbelehrte Besucher legen vor dieser Statue ihre Reisegeschenke ab, Blumen, Obst oder Naschwerk. »Außer in seiner frühesten Kindheit war der Vorsitzende immer ein scharfer Gegner des Aberglaubens«, sagt der Führer und entfernt mit heftigem Griff eine Pralinenschachtel. »Unser nächstes Ziel ist der frühere Schweinestall.«

Wir machen uns davon. »Ich finde es irgendwie tröstlich, daß hier überall nur von dem ›Vorsitzenden Mao‹ gesprochen wird«, Fräulein Gong lenkt unsere Schritte mit zierlicher Entschlossenheit in das nahe gelegene Restaurant, »meine Neffen und Nichten reden heute völlig selbstverständlich von Mao *Zedong*, vielleicht bin ich altmodisch, doch es kommt mir respektlos vor.«

Gut eine halbe Stunde später haben wir einen freien Tisch erobert. »Revolution bedeutet nicht, Gäste einzuladen und ein Festgelage zu verspeisen«, zitiert Herr Yang, während er die Tafel mit den Gerichten studiert. »In meiner Einheit heißt das heute: ›Zu Festgelagen dürfen keine Gäste mehr geladen werden!‹ Wir suchen die Wahrheit in den Tatsachen.«

Versteht ihn denn überhaupt noch einer der Jüngeren in seinem Institut, wenn er mit den klassischen Aussprüchen jongliert?

Herr Yang wischt nachdenklich über seine Brillengläser,

die der Dampf aus der Reisschale beschlagen hat. »Ich habe neulich auf einer Personalratssitzung gesagt: ›Einseitigkeit heißt die Dinge verabsolutieren, eine Frage metaphysisch betrachten. Bezüglich unserer Arbeit bedeutet es eine Einseitigkeit, wenn man alles bejaht oder alles verneint …‹« Seine Frau betrachtet ihn plötzlich, als habe sie es bei dem Mann an ihrer Seite mit einem Prüfungskommissar zu tun. »Rede auf der Landeskonferenz, 12. März 1957, Seite 258 im kleinen roten Buch«, flüstert sie, »er kann es wirklich noch.«

»Meine jüngeren Mitarbeiter haben ganz einfach nur gelächelt, als ich ihnen sagte, wer diese Zeilen geschrieben hat«, fährt Herr Yang ungerührt fort. »Dabei kann niemand behaupten, daß es sich um Unsinn handelt.«

Das Essen ist tatsächlich so scharf, wie es der lokalen Küche nachgesagt wird, und scharf sind auch die Schnäpse, die dazu gereicht werden. Die Männer am Nachbartisch haben schon puterrote Köpfe und einen heißen Atem. Der Aussprache und der Kleidung nach zu urteilen, sind sie aus Taiwan hierhergekommen.

»Diese sogenannte Höhle des tropfenden Wassers«, ruft ein Ringelhemd, »das ist doch nur ein Atombunker. Eine einfache Absteige, getarnt als Bauernhaus, dabei mit tiefen Kellern ausgestattet wie ein Rattengang …«

Ein grünes T-Shirt zieht den Mann wieder auf seinen Hocker. »Hier hat sich der Vorsitzende ganz allein die Kulturrevolution ausgedacht, dieser Ort ist«, das T-Shirt ringt mit der angemessenen Formulierung und zählt dabei an den ausgestreckten Fingern seiner rechten Hand ab, »dieser Ort ist Philosophiegeschichte, Militärgeschichte, Wirtschaftsgeschichte, Atomgeschichte, er ist …«

»Und wer hat behauptet, die Atombombe sei nur ein Papiertiger«, fragt das Ringelhemd zurück. »Wieso muß ich mich in einem Betonbunker vor einem Papiertiger verstecken?«

Ein tadellos gewandeter Kellner bringt dem Nachbartisch die Rechnung. Auch wir beschließen den Aufbruch. Die »Höhle des tropfenden Wassers« werden wir uns ersparen, den »Gipfel von Shaoshan« desgleichen. Unser Fahrer hat nichts dagegen. Je früher er nach Changsha zurückkommt, desto angenehmer für ihn, die Gäste haben ohnehin für den ganzen Tag bezahlt.

»Vor zwei, drei Jahren habe ich mir die Lippen schmalgeredet, um meinen Nichten und Neffen zu erklären, warum es falsch ist, den Vorsitzenden Mao als Vorlage für ihre Rockmusik zu nehmen«, sagt das nachdenkliche Fräulein Gong. »Das war eine Entwertung, doch die Entwertung in seinem Geburtsort finde ich noch viel schlimmer. Aber als diese Leute am Nebentisch so heftig stritten, dachte ich: er lebt eigentlich noch immer, er bewegt sich sogar.«

»Und er beschützt uns«, ruft der Fahrer, der gerade einem Maultiergespann ausgewichen ist.

(1997)

Das letzte Kapitel

Es war der Sommer der stumpfen Gefühle. Der Sommer, als die Leichen längst beiseite geschafft, die Panzerspuren übertеert, die verbogenen Fahrräder aus den Straßengräben entfernt worden waren. Gefühle sind nicht greifbar, doch sie waren so gegenwärtig wie die Hitzeglocken über Peking und Shanghai. Nahmen Form an in trägen Bewegungen, in im Schatten kauernden Gestalten, die Schenkel weit auseinandergespreizt, im Geruch von Schweiß, Abgasen und zerlaufenem Speiseeis. Es war der Sommer, in dem unzählige Male der Satz fiel: »Da kann man nichts machen!«

»Da kann man nichts machen«, sagten Studenten und Professoren in Shanghai, wenn sie es wagten, über die unmittelbare Vergangenheit und die drohende Zukunft zu reden. »Da kann man nichts machen«, klagten die fliegenden Händler, nachdem die Beamten erschienen waren, um ihre Bestechungsgelder zu kassieren. »Da kann man nichts machen«, raunzten die Taxifahrer. Sie meinten die fehlenden Touristen und Geschäftsleute, den Verdienstausfall, die ständig steigenden Preise.

Es sei nichts zu machen, bekundeten die Abgewiesenen, die vor den ausländischen Konsulaten tagelang Schlange gestanden hatten. Dasselbe sagten verzweifelte Eltern, die vergeblich versucht hatten, das Schicksal ihrer vermißten Kinder ausfindig zu machen. »Da kann man nichts machen«, sagten auch die drei Alten in dem kleinen Zimmer, als der Fernsehansager eine neue Erklärung der Parteiführung vortrug. Sagten es und schalteten auf den anderen Kanal.

Selbst die Gerüchte schienen von der Hitze ausgezehrt. Vielleicht auch verstaubt. Oder sie hatten sich davongestohlen. Wie ein Wind, der plötzlich abdreht. Vor ein paar Wochen noch waren die Gerüchte durch alle Straßen Shanghais gegeistert, hatten sich in kleinen Zetteln an den Platanen festgemacht, klebten an Hauswänden und hingen über erregten Gruppen, die sich auf dem Bürgersteig über Politik stritten. Es gab feine Gerüchte, die waren von weit her gekommen. Aus Hongkong, besser noch aus Amerika. Deng Xiaoping, sagten die Gerüchte, sei bereits gestorben, Li Peng das Opfer eines Attentats. Die Armeeführer lägen miteinander im Streit. In Peking würden jede Nacht mehrere Soldaten aus Rache erschossen. Die Armee treffe Anstalten, Shanghai zu besetzen. Die Luftwaffe habe sich für neutral erklärt. In Shanghai, hier wurden die Gerüchte wieder bodenständig, werde in Kürze das Trinkwasser rationiert, gehe das Benzin aus, gebe es bald weder Reis noch Sojaöl zu kaufen. Manche Gerüchte kamen mit dem Bus, andere bewegten sich vom Hauptbahnhof in die Stadt. Wurden von Mund zu Mund weiterbelebt. Erhielten Bestätigungen dadurch, daß die öffentlichen Medien ihnen die Glaubwürdigkeit absprachen – oder sie gar nicht erst erwähnten. Und daß die Preise für Reis und Sojaöl stiegen und die Güter knapp wurden.

In jenen Tagen hatten sich die Vertreter der Staatsmacht mit der Taktik der drei weisen Affen vor den Gerüchten geschützt: Sie sahen sie nicht, hörten sie nicht und nahmen sie auch nicht mit dem Munde auf. Die Lage war verwirrend genug in Peking. Handelte es sich bei den dortigen Demonstrationen noch um eine patriotische Bewegung, oder war das bereits die Konterrevolution? Wer hatte noch etwas zu sagen, und – wichtiger – wer würde in Zukunft noch etwas zu sagen haben? Wie sollte man das von Shanghai aus entscheiden können, hier, wo sich das Volk so dicht drängt, daß sein Zorn nicht davor zurückschreckt, auch Hand an Uniformierte zu legen? Wenn doch sogar schon in Peking …

Die Unentschlossenheit hielt noch an, als an den Platanen in den früheren Kolonialvierteln Nachrichten über Vermißte, Verwundete und Erschossene hingen. Steckbriefe als Nachrufe, Schicksale als Aufrufe.

»Doch dann«, erzählte der kleine Dicke, der an der Huatinglu seine Auslage an Hosenröcken umschichtete, »dann war es eben vorbei. Und jetzt ist es vorbei, wir brauchen nicht mehr darüber zu reden.«

Als »es vorbei war«, hatten die Gerüchte noch einmal kurz gezüngelt. Ein Zug war in Brand gesteckt worden, die Macht hatte drei junge Männer verhaften und als Rädelsführer hinrichten lassen. Natürlich wußten es die Gerüchte besser: von wegen »Rädelsführer«! Einer von denen, die sie aschfahl vor die Kamera gezerrt hätten, sei erst gekommen, als der Zug längst brannte, der zweite habe auf einer Polizeistation nur den Diebstahl seines Mopeds zur Anzeige bringen wollen, doch da sich der Diebstahl in der Nähe des Tatorts zugetragen hatte, habe man ihn eben gleich dabehalten. Und beim dritten, na, wen die Jungs vom Amt für Öffentliche Sicherheit so in die Mangel genommen hätten, der würde doch auch noch unterschreiben, er habe seine eigene Mutter gevögelt.

Und dann entfernten sich die Gerüchte. Wenn sich auf den Bürgersteigen Gruppen zusammenballten, umlagerten sie Schachspieler und kommentierten deren Aktionen. Oder sie prahlten mit Schnippchen, die sie korrupten Beamten geschlagen hätten. Die Zettel an den Häusermauem warben um Teilnehmer für Kurse in englischer Geschäftssprache und methodischer Lebensführung.

An einigen Orten wurden die Gerüchte gesucht. Am Bund etwa, der berühmten Flußpromenade von Shanghai. Nein, nicht im Gebäude der Stadtregierung, sondern ein paar Schritte weiter, in der Bank of China. Wer hier, zwischen den grauen Specksteinbalustraden, um Devisen anstand, wer sich Kontoverbindungen mit dem Ausland bestätigen ließ, wer hier einen Paß vorzeigen konnte, einen der neuen Pässe mit Sichtvermerk, ausgestellt nach dem Pekinger »Zwischenfall«, der mußte doch wissen, wie man am schnellsten, am billigsten, am ungefährdetsten das Land verlassen konnte. Die Schlangen vor den Schaltern waren lang, Nummern wurden ausgeteilt, deren Aufruf erst in ein paar Stunden, vielleicht auch nicht vor dem Nachmittag erfolgen würde; da ließ sich doch etwas erfahren über Aufenthaltsgenehmigungen in Australien, über Arbeitsbedingungen in Costa Rica, über die Erteilung von Taxilizenzen in Tel Aviv.

Um das Gebäude der Bank lungerten die Uiguren, die Levantiner aus dem Reich der Mitte. Sie sagten »change money«, als wäre das ein Gruß in ihrer Heimatsprache, boten das Doppelte des offiziellen Umtauschkurses. Doch es gab wenig Kunden, die Hoffnung erweckten, und es war heiß und feucht, deshalb blieben die meisten auf den Steinstufen liegen und deuteten dem Fremden nur durch zwei sich umkreisende Zeigefinger an, daß mit ihnen ein Geschäft zu machen sei.

In den Schaufenstern an der Nanking Road, der Prachtstraße für den Einkaufsbummler, der Traditionspassage für politische Demonstrationen – vom Platz des Volkes zur Stadtregierung –, lockten Waren: Schuhe, Kleider, Fernsehapparate. Das gewohnte Bild. In zwei Läden – der Volksmund sprach, sie zahlten dafür weniger Steuern – klebten Propagandasprüche in den Fenstern. Schäbig ausgeschnittene Zeichen, die das Andenken an einen besonders linientreuen Soldaten der Volksbefreiungsarmee hochleben ließen. »Ich für alle, alle für mich«, soll dieser Soldat gesagt haben. Aber wer schaut schon auf Parolen, wenn nebenan ein neuer pfirsichfarbener Hosenrock hängt?

In einer kleinen Gasse in der Altstadt lud ein ausgemergelter Mann Bilder vom Anhänger seines Fahrrads. Er war nur mit Shorts und Sandalen bekleidet, um seinen Hals hing ein graues Handtuch, auf dem Kopf trug er eine Baseballmütze mit der Aufschrift »Chinatown«. Der Mann setzte die Bilder mit einem Schwung auf seine Schulter, krümmte die Wirbelsäule und lief auf einen Laden zu. An der Tür hing in wuchtigen Schriftzeichen die Einladung zu einer Kunstausstellung. Ihr Titel sprach von Gegenwart, Vergangenheit und Zukunft.

Im zweiten Stock wurden die Gemälde an dicken Kordeln aufgehängt. Sie waren »westlich« gerahmt und zeigten Traditionelles, in moderner Manier kunstgefertigt: dunkle Flächen auf Seidenpapier, darauf die üblichen Gelehrten neben den üblichen Teekannen auf den üblichen Brücken. Die Maler halfen einander beim Ausrichten der Exponate. Sie halfen einander auch, wenn es um Worte ging, ihre Kunst zu erklären. »Er malt die Ruhe«, sagte einer über den Kollegen mit dem dicken Kopf und den dicken beschlagenen Brillengläsern, er malt die Ruhe, weil die Gesellschaft so nervös ist, wenn man einmal von den Nerven redet.« Der Kollege nickte, nahm die Brille ab und putzte sie am Zipfel seines Hemdes.

»Ist das jetzt alles, dann brauche ich eine Quittung«, rief der Ausgemergelte mit der Baseballmütze und wischte sich über die Stirn. Niemand schenkte ihm Beachtung.

»Er hat sich auf die Belebung des Alten mit neuem Geist konzentriert«, erklärte der Dicke im Jeansanzug und zeigte mit dem Schweißtuch unbestimmt in eine Gruppe, die sich um zerbrochenes Glas versammelt hatte. »Die alten Motive, Gespanne aus der Han-Dynastie, Schönheiten aus der Tang-Zeit, Runen, geritzt in die Panzer von Schildkröten, das alles in moderner Technik präsentiert, im Ausland sieht man das doch am liebsten.«

Einer von den fünf oder sechs im Safarianzug mit den modischen Querstreifen berichtete von seiner Ausstellung in Kanada. »Warum war der Erfolg nicht überwältigend?« fragte er erregt. »Weil das Ausland die Besonderheit Chinas nicht zu würdigen versteht.« Andererseits, wurde ihm entgegengehalten, sei das Kunstschöne, wie solle man sagen, irgendwie universell. Wie Beethoven. Oberflächlich betrachtet nutzlos, aber für den Kenner erhaben. Oder die Gedichte von Su Dongpo.

»Die Quittung«, rief der Ausgemergelte mit der Baseballmütze noch einmal. Er stellte das ausgetrunkene Limonadenglas auf ein Podest, das für eine Plastik bestimmt war.

»Morgen abend wird das Fernsehen von der Eröffnung der Ausstellung berichten«, sagte die Frau eines Künstlers.

»Haben Sie meinen Sohn gesehen, er ist erst neun, doch zwei seiner Zeichnungen sind schon veröffentlicht worden.«

Auf der engen Treppe drehte sich der Ausgemergelte plötzlich um. »Ich habe dafür bezahlt, daß mein Sohn studieren kann«, sagte er. »Das hat mich viel gekostet. Er war klug, und ich habe keine Beziehungen. Die ganze Familie hat keine Beziehungen. Aber zahlen konnte ich. Jetzt ist er nicht mehr zu finden. Aus seinem Jahrgang sind siebzehn vermißt. Aber an der Universität sagen sie: Jetzt sind Sommerferien, da fehlen viele Studenten. Ich habe einem Kameraden in Peking geschrieben. Der sollte sich dort nach ihm erkundigen. Wie gesagt, ein alter Kamerad. Wir haben zusammen in Tibet gedient. Uns ist nichts vorzuwerfen. Aber in Peking kann man nicht nachfragen. Jedenfalls, wenn es um Studenten geht.« Der Ausgemergelte rückte den Schirm seiner Baseballmütze nach vorn. »Drei Jahre Ordnung halten in Tibet, das war manchmal sehr patriotisch, unterschiedliche Kulturen, wenig Zivilisation und viel blinder Widerstand. Ich habe meine Verantwortung getragen. Ich habe auch für meinen Sohn gezahlt. Damit er studieren kann. Und jetzt hat er sich seit vier Wochen nicht mehr gemeldet.«

Das Fernsehen brachte am nächsten Abend einen Bericht über die jungen Künstler. Später erklärte ein Regierungssprecher, die Lage sei ruhig, in Peking und anderswo. Die Lage sei ruhig, erklärte der Sprecher, weil Kriegsrecht herrsche. Dann wechselte das Bild, und eine Ansagerin in brauner Seidenbluse verkündete, daß die im Verband organisierten Schriftsteller erkannt hätten, die Literatur müsse mehr vom Leben ausgehen und dürfe keinen abstrakten Ideen folgen. Zhao Ziyang, der gestürzte Parteivorsitzende, sei eine üble

Sache gewesen, hätten die organisierten Schriftsteller befunden. Danach berichtete das Fernsehen von einer alten Frau in Peking, die auf ihr Mittagessen verzichtet hatte, um einen diensttuenden Soldaten der Volksbefreiungsarmee zu verköstigen. Den Empfang der abschließenden Bilder von ausgelassen singenden und tanzenden Genossen der Volksbefreiungsarmee störte ein tropischer Sturm.

Der Dichter war umgezogen. Früher hatte er im Osten von Shanghai, in Caojiadu gewohnt. Im kleinsten Zimmer eines jener zweistöckigen Häuser, aus denen an einem warmen Morgen das Innere – Bettgestelle und Wolldecken, Waschzuber und Holzschemel – auf den Bürgersteig drängt. Wo alte Männer in kleinen Liegestühlen aus Bambusrohren liegen, bisweilen nach einem Fächer greifen und ihn ein paarmal achtlos zwischen Kopf und Oberkörper schwenken. Und dabei unter trägen Augenlidern verfolgen, was auf der Straße so zu verfolgen ist. Meistens ist es nicht viel. Der Schuster, der ein paar Schritte weiter über seinem Angebot an Absätzen aus Hartgummi hockt, tut das schon seit Jahren. Die verkrüppelte Frau aus der Provinz, die an der Kreuzung Rezepte für Hühneraugen und andere Wucherungen der Hornhaut vertreibt, ist längst Teil des Straßenbildes geworden. Genauso wie der Melonenhändler, der immer erst im Juli auftaucht, genauso wie der stotternde Graukopf, der Fahrradschläuche repariert und Öl über Ketten streicht. Alles ist trostlos vertraut. Alles schon unendlich lange im Blick.

In Shanghai, hatte mir der Dichter einmal anvertraut, stützt sich der Sicherheitsdienst auf gut 70 000 Mitarbeiter. Auf Professionelle, Halbprofessionelle, Ehrenamtliche. Sicherheitsdienst sei die ideale Mischung aus öffentlichem Amt und privater Neugier. Meistens ein kleines Zubrot, sagte der Dichter, bei so viel Klatschsucht müsse sich der Staat keinen fetten Extraposten aus dem Etat schneiden, bekannt wird alles gratis – und zwar in Windeseile.

Daß der Dichter umgezogen war, hatte nichts mit den Demonstrationen zu tun. Die habe er eher aus der Entfernung verfolgt. Und Wohnungsangelegenheiten ließen sich ohnehin nicht Hals über Kopf erledigen, gerade in Shanghai. Nein, der Umzug sei zu einem ungünstigen Zeitpunkt erfolgt. Weil die größte Aufmerksamkeit dem Neuankömmling gelte, ganz besonders, wenn ihm noch der Ruf des Dichters vorauseile. Gut, nun habe er zwei Zimmer, doch vom Typ her sei das Haus das gleiche, und die Straße könnte auch in seinem alten Viertel liegen, jedenfalls, was die Aufmerksamkeit der Mitbewohner angehe. Am besten treffe man sich in einem Café, noch besser mit mehreren Ausländern. Er werde ein paar Afrikaner mitbringen. Menge vermischt, behauptete der Dichter.

Das Café lag in einem Keller und war stickig, trotz der halbdutzend Rotorenblätter, die an der Decke kreiselten. Aber es war gut besucht: Auf fast allen Plastikstühlchen um die ordentlich rechtwinklig ausgerichteten Plastiktischchen hockten Gäste und blickten auf die Eingangstür.

»J'aime bien faire la connaissance d'un ami du peuple chinois«, sagte einer der Afrikaner laut, als ich mich setzte. »Ein Treffpunkt der Künstler«, sagte sein Freund und stand auf, um an der Bar eine Runde Orangensaft zu ordern. »Alles Künstler«, wiederholte auch der Dichter. Wie zur Bestätigung setzte am Nachbartisch eine junge Frau die Lippen an einen Strohhalm und blies eine Art Jagdsignal.

»Ich kann nicht viel erzählen«, begann der Dichter, er redete ganz schnell und legte mir den Arm auf die Schulter, als machte er mir gerade das freundschaftliche Angebot, seine Werke umsonst zu übersetzen. »Ich war bei einem der Buskommandos, später werde ich einmal darüber schreiben, ich war einer von denen, die hier die Busse so zusammengestellt haben, daß kein Verkehr mehr lief, jedenfalls tagsüber. Ich habe die Busfahrer überzeugt, daß das Verlassen von Bussen eine patriotische Tat ist. Nachts kamen dann immer andere, die Stadtregierung wird sie geschickt haben, die die Busfahrer überzeugten, daß Busfahren eine patriotische Tätigkeit ist. Was da genau lief, weiß ich nicht. Jedenfalls gab es einen fliegenden Wechsel, und das wichtigste war: In den entscheidenden Momenten hatten wir den Verkehr in der Hand. Natürlich haben sich manche gewehrt. Aber das Entscheidende, man darf das auf ewig nie vergessen, das Entscheidende war: immer freundliche Worte – nie einen Randalierer zum Zug kommen lassen, deutlich machen, daß Demokratie eine erhabene Angelegenheit ist.«

Der Afrikaner war mit den Getränken zurückgekommen. Er stellte sie auf den Tisch und zog aus einer Umhängetasche eine Flasche Wodka. »La Chine, c'est la discipline«, lachte er und goß uns allen Schnaps in den Orangensaft.

»Niemand hat hier geglaubt, daß es möglich ist«, sagte der Dichter und griff hastig nach seinem Glas. »Niemand hatte doch eine Ahnung, daß es heimliche Druckereien gab, unbekannte Versammlungslokale, nein, wir sind nicht feige, aber vielleicht wollten wir es so genau gar nicht wissen; die Bewegung, selbst in Peking, das waren ja wirklich die Studenten, die Intellektuellen sind ja nur hinterhergelaufen. Glauben Sie mir, das ist die Wahrheit, wir Intellektuelle waren doch schon alle mit den Nerven fertig, bevor die Sache überhaupt so richtig anfing, doch die in Peking…«, er zog meinen Kopf so nahe heran, als redeten wir über Tantiemen, »die in Peking wußten, wie man sich im Kopf organisiert«, der Dichter bohrte den Zeigefinger in sein Haar, »und sie verstanden auch, wie man die Straße reguliert. Vor diesem ganzen Pack, das bei jeder Demonstration nur Zoff machen will. Das war doch immer die Sorge, gerade hier in Shanghai, bei all den Arbeitslosen. Da wirft doch jeder mal gerne einen Molli oder stürzt einen Lastwagen um. Oder – wie in der Kulturrevolution – hält sich an die Sachen der Ausländer. Aber diesmal, das war eine Ordnung, eine Einteilung, immer marschierten sie an einem Seil, schon das sorgte für Ordnung, also …«, der Dichter leerte sein Glas, »also diesmal war es wirklich ganz anders.«

Und das nächste Mal?

»Das nächste Mal werden sie begriffen haben, daß friedliche Mittel nur bei friedlichen Gegnern erfolgreich sind. Erinnern Sie sich an die Worte des Vorsitzenden Mao?«

Der Dichter zitierte einen Ausspruch. Später las ich ihn nach: »Für alles Reaktionäre gilt, daß es nicht fällt, wenn man es nicht niederschlägt. Es ist die gleiche Regel wie beim Bodenkehren – wo der Besen nicht hinkommt, wird der Staub nicht von selbst verschwinden.«

Der Afrikaner mit der Wodkaflasche sagte spontan: »Ils sont vraiement des poètes, les Chinois.« Darüber lachten wir alle, der Dichter besonders laut.

Früher hatten wir sie immer »diese alte Frau« genannt, dabei war sie allenfalls Mitte Fünfzig, die Mutter von Liao. Das hing damit zusammen, daß sie ihre einfältigen Äußerungen mit den Worten »Ich bin eine alte Frau, aber …«, einleitete. Wir liebten sie wegen ihrer Einfalt, wegen ihrer Kinder und auch, weil sie es im Leben nie leicht gehabt hatte: ein Mann, der sie verprügelte, wenn er nüchtern war, der sie heftig verprügelte, wenn er betrunken war; eine Familie, die ihr als Mädchen keine Ausbildung gestattete, deren Herkunft sie im Sozialismus aber so stark belastete, daß sie bei jeder Kampagne gegen »feudale Elemente« als abschreckendes Beispiel hervorgezerrt wurde. In der Kulturrevolution hatten Rotgardisten vor ihren Augen die Gräber der Eltern aufgebrochen, um nach Seide, nach Gold, nach Devisen zu suchen. Damals war sie gerade dreißig geworden. »Und so dumm«, erinnerte sich ihr Sohn, »daß sie denen auch noch selbst das Grab zeigte. Unbegreiflich, die Dummheit dieser Frau.«

Sohn und Tochter werden vermißt.

»Ich bin eine alte Frau«, sagte Frau Liao, »aber wir haben uns bemüht zu helfen. Natürlich haben wir gehört, daß es da Hungerstreikende gab. Von meinem Sohn wußte ich nichts und auch nicht von meiner Tochter. Doch alle in meiner Fabrik reagierten sofort. Wir können sie doch nicht hungern lassen, die Kinder, nun, wo wir Sozialismus haben. Natürlich haben wir alle sofort gesammelt und sind ganz schnell mit einem Lastwagen unserer Einheit zum Platz des Volkes gefahren. Mit warmem Essen.«

Aber die Hungerstreikenden weigerten sich doch, Nahrung zu sich zu nehmen?

»Wir haben nur gehört, daß gehungert wurde. Hungern ist Not, das habe ich am eigenen Leibe erfahren. Und wo Not herrscht, muß man helfen.«

Den Hunger zu inszenieren, das meinte auch die Busschaffnerin, die sich uns zugesellt hatte, das war schon ein tolldreistes Stück. Alles konnten sie machen, dort im Norden, in Peking. Konnten sich die Stimmbänder heiser schreien nach Menschenrechten, Demokratie oder Freiheit für die Presse, wen geht das schon etwas an außer diese Intellektuellen, neumodisches Zeug, da kann man sich nichts für kaufen, das ist so verrückt wie diese Tanzpartys, die sie auf dem Platz des Himmlischen Friedens abhielten. Man kann sich ja denken, was da noch alles passierte, schon wie die angezogen waren. Aber hungern?

Das war das Unaussprechliche. Gewiß, jeder über vierzig wußte, daß es auch im Sozialismus Hunger gegeben hatte. Waren es zwanzig, waren es dreißig Millionen gewesen, die Ende der fünfziger Jahre, während des »Großen Sprungs vorwärts«, krepierten, weil Baumrinde schließlich nicht taugt als Nahrungsmittel? Aber das war doch vorbei. Und zu den eisernen Glaubensregeln gehört, daß im Sozialismus jeder seine Reisschale gefüllt bekommt. Was wollten denn die Studenten damit sagen, daß sie nichts aßen? Obszön, eigentlich war das obszön, vorzuführen, daß man so tief mit dem versorgenden Staat gebrochen hatte, daß man nicht einmal seine Nahrung annahm. Andererseits, was für eine kühne, was für eine radikale Geste! Hungern, das war wie eine Ohrfeige für die Herrschenden. Eine Ohrfeige, die um so stärker brannte, weil sie auf einem öffentlichen Platz ausgeteilt worden war.

Über den jetzt leeren Platz in Shanghai trabte ein dürrer alter Mann. An den Enden der Bambusstange, die er über der Schulter trug, hingen dichte Waben von faustgroßen Grillenkäfigen aus Holzspan. »Platz da«, rief der alte Mann, »Platz da, macht doch Platz!« Dabei stand ihm niemand im Weg. Die Grillen zirpten laut.

»Wir wissen noch nicht, wo wir uns morgen abend treffen werden«, hatte der Dicke mit der Hasenscharte genuschelt, »fest steht nur, daß wir uns treffen, um zu besprechen, wie es weitergeht. Wenn du um acht das Hotel verläßt, wird dir jemand zuwinken und dich zu der verabredeten Stelle führen.«

Während ich unter der Dusche stand, schob jemand die Tageszeitung unter der Tür durch. Auf der ersten Seite wurde von einem Reporter berichtet, der in Peking verhaftet worden sei. Der Reporter habe sich arglistig mit einem Touristenvisum versehen, um in die Hauptstadt zu gelangen, meldete die Zeitung. Das sei ein bösartiger Verstoß gegen das Kriegsrecht. Irgend jemand hatte die Nachricht mit zwei roten Balken versehen.

Als ich aus dem Hotel trat, schlug die Hitze wieder zu. Der Türsteher legte die Hand ans Käppi, der mit dem drahtlosen Telefon zog die Antenne aus. Ein Mädchen winkte mir zu. Das Mädchen trug natürlich einen Hosenrock. Pfirsichfarben, darüber eine Bluse aus gelber Seide mit hochgeschlossenem Kragen. Sie war mit dem Fahrrad gekommen, einem dieser rosa und weiß gespritzten Damenräder mit einem Körbchen aus Plastik unter dem Lenker. Das Mädchen hakte sich ein und streichelte meinen Unterarm. »Das Fell eines Tigers«, lachte sie und ließ ihre rechte Brust darübergleiten.

»Wohin gehen wir eigentlich?« fragte ich, nachdem wir uns drei Straßenzüge vom Hotel entfernt hatten.

»Zu dir natürlich«, sagte meine Begleiterin und drückte vertraulich liebevoll meinen Arm.

»Sie hätten uns sagen müssen, daß Sie andere Pläne für den Abend hatten«, meinte der Dicke mit der Hasenscharte, als ich zum Hotel zurückkehrte. Sein Nuscheln war vorwurfsvoll. Aber das Mißverständnis hielt er für komisch. »Eine von uns?« lachte er, während wir uns im Bus drängten. »So jemand, also eine dieser Individualistenschnecken, die um die Ausländerhotels lungern, das ist wirklich absurd. Ich steige jetzt aus, Sie fahren noch zwei Stationen weiter, nein, ein Mann wird Sie ansprechen. Nicht vergessen: ein Mann!«

Selbstverständlich durfte ich bei dem Treffen nicht dabeisein. Ich sollte in einer Bar warten, später würde mir jemand eine Entschließung überreichen, für »die ausländische Presse«, vielleicht auch eine Liste oder eine Dokumentation. Und dann könnte ich der Person, die mir das Dokument überreichte, Fragen stellen.

Die Bar trug einen jener amerikanischen Namen, die man sofort vergißt. Beim Eintreten ging das Licht an. Sobald der Kunde als Kunde erkennbar war, ging das Licht wieder aus. Das Bier kostete das Dreifache, der Gin das Fünffache des üblichen Preises.

Die Frau, die ihren Unterarm auf meine Schulter stützte, war nicht mehr jung und roch säuerlich. »Nach meinem vierzigsten Geburtstag habe ich aufgehört, mir Sorgen zu machen«, sagte sie und lachte hastig. »Es ist eine Generationsfrage.« Sie zündete sich eine meiner Zigaretten an. Dann trank sie meinen Gin. »Golubtschik, ty gowarisch po-russki?« Es klang wie von einer Schallplatte: »Täubchen, sprichst du Russisch?« Nein, sie war wirklich von einer anderen Generation, hier, in der Bar mit dem amerikanischen Namen.

Den kleinen Typ, der behauptete, er sei der Fahrer vom

Volkswagenwerk und müsse mich abholen, hatte ich eher für den Gemüseputzer gehalten. »Es gibt keine Resolution«, sagte der kleine Typ, während wir zur Bushaltestelle liefen. »Es haben sich bestimmte Widersprüche entwickelt. Manche sagen, die in Peking sollten bestimmen, wie es weitergeht. Unsere Lage ist nicht einfach.«

Wir taten so, als bestiegen wir einen Bus, und lösten uns dann im letzten Moment aus der Schlange. »Hongkong ist keine sehr große Hoffnung«, meinte der kleine Typ, nachdem wir eine Weile gelaufen waren. »Aus Peking kommen die Nachrichten sehr spärlich.« Er zuckte mit den Schultern. »Es ist eben Sommer.«

Es war eben Sommer, und es war Nacht, und die Straßen lebten auf. Mit fröhlichem Schwatzen und dem Duft von Orchideen, die an jeder Kreuzung verkauft wurden. Mit Bürgersteigen, die zu Plätzen geworden waren. Mit dem Gequieke junger Mädchen auf den Gepäckträgern der Fahrräder ihrer Liebsten. In den Ballonröcken ihrer älteren Schwester.

»In Peking werden Sie es grimmiger finden«, sagte der kleine Typ und legte Verachtung in seine Stimme. »Dort hat sich keine Frau geschminkt, wenn sie an einer Demonstration teilnahm.«

In Peking war es kaum weniger heiß als in Shanghai. Das Hotel, in dem ich abgestiegen war, verkündete in langen roten Spruchbändern, es sei gegen die Gefahr des kapitalistischen Denkens gefeit. Man merkte es dem Betrieb an.

»Erstaunlich viele Menschen auf der Straße«, der Taxifahrer blickte sich verwundert um. »Letzte Woche hat sich hier kaum einer rausgetraut. Wirklich viele Menschen.«

Er summte leise die Melodie eines Schlagers. Eine bekannte Melodie. Ein einfältiger Text gehörte dazu, über einen Soldaten, der an die Grenze nach Vietnam abkommandiert wird und sich fragt, ob seine Freundin ihm treu bleiben wird. Während der Demonstrationen auf dem Platz des Himmlischen Friedens war das Lied plötzlich wieder populär geworden. Weil sich da viele als Soldaten gefühlt hatten.

»Alles zerschossen«, sagte der Taxifahrer plötzlich und zeigte auf ein Hochhaus am Straßenrand. »Das Glas ist aus Amerika importiert worden. Jedes Fenster war sündhaft teuer. Alles importiert und sehr schwer zu kriegen. Die hätten in die Luft schießen sollen, aber sie haben in die Fenster geschossen. Verrückt, einfach verrückt.«

Wo er denn gewesen sei, in den fraglichen Nächten?

»Zu Hause natürlich, ich habe einen Sohn. Ich hänge am Leben. Ich bin nicht verrückt.«

Er begann, Geschichten zu erzählen, von anderen, die sich nicht klug verhalten hätten. Von der Mutter, der sie das Kind vom Arm geschossen hätten, als sie ihm ein Eis kaufen wollte. Von den drei Neugierigen aus seiner Nachbarschaft, die hätten kaum noch identifiziert werden können, im Leichenschauhaus, von einem Kollegen, der mit einem Molotowcocktail einen Freund habe rächen wollen. Von einer Frau …

»Die Zeit des Redens ist jetzt vorbei«, unterbrach er sich abrupt, »jetzt warten wir erst einmal ab. Wir sind ja nicht verrückt.«

Während er vor dem Hotel den Quittungsblock ausfüllte, gab er mir noch einen Rat: »Seien Sie vorsichtig, nachts, mit den Soldaten, außerdem ist es, allgemein gesagt, besser, wenn Chinesen nicht mit Ausländern reden.«

Der Chinese, mit dem ich am liebsten geredet hätte, nennen wir ihn Song, war vor zwei Wochen verhaftet worden. Vor dem Peking Hotel traf ich zufällig einen seiner ehemaligen Kollegen. Er war mutig genug, in aller Öffentlichkeit mit einem Ausländer zu reden. Natürlich wurde Songs Name nicht erwähnt. Wir liefen ein paar hundert Meter nach Westen zur Verbotenen Stadt, deren Eingangstor verriegelt war, weil dort Teile der Armee kampierten. Anfangs plauderten wir über Belanglosigkeiten: das schwüle Wetter, den niedrigen Preis für Melonen, die bunten Sonnenschirme um den Platz des Himmlischen Friedens, unter denen Soldaten mit halbautomatischen Waffen konzentriert Wache hielten.

Ich machte eine vorsichtige Bemerkung über das jugendliche Alter der Soldaten und ihre strengen Gesichtszüge.

»Die Armee trägt eine große Verantwortung«, sagte mein Gesprächspartner. »Deswegen wird sie hier gut ernährt und als Held gefeiert. Im Fernsehen können Sie jeden Abend sehen, wie sie der Bevölkerung hilft: durch Volkstanz, Fahrradreparaturen und Haareschneiden. Eine Armee von Helden und Märtyrern. Vorausgesetzt«, er machte eine Pause und blickte sich kurz um, »vorausgesetzt, einmal allgemein gesprochen, die Führung verfolgt eine korrekte Linie. Wenn die Armee erfährt, was die Sache des Volkes ist und was nicht, dann wird sie unser großer Lehrmeister.«

Er warf noch einmal einen hastigen Blick über die Schulter, hin zu der Verkehrskamera, die unbewegt das Geschehen auf der Straße des Ewigen Friedens verfolgte, machte eine kleine Verbeugung und war sehr schnell verschwunden.

(1989)

Besuch bei einem Würdenträger

»Es ist der Bruder des großen patriotischen Schriftstellers Lu Xün«, sagte Wang ehrfurchtsvoll, »er hat ein sehr hohes Alter, seine Gesundheit gilt allgemein als nicht besonders stabil, aber er ist noch nicht tot. Wenn wir den befragten …«

Er hustete und zog eine Zigarette aus der Brusttasche. Vor drei Wochen hatte er angekündigt, er wolle jetzt das Rauchen aufgeben, seither trug er die Zigaretten nur noch einzeln in der linken oberen Tasche seines blauen Arbeitsrocks, neben den beiden Kugelschreibern, die ich aus Hongkong mitgebracht hatte.

»Ich erkläre Ihnen, was er meint«, sagte Zhang und ließ seinen Oberkörper ein paarmal nach vorn schnellen, »wenn wir den Bruder des großen patriotischen Schriftstellers Lu Xün befragen dürfen, er hat einige Schriften von Darwin übersetzt, aber das ist schon lange her …«

»Aber er bekleidet eine eminent wichtige Staatsfunktion«, fiel Wang ihm ins Wort. Wenn es um die groben Arbeiten des Erklärens ging, ließ Wang seinem Kollegen Zhang gern den Vortritt, doch das Auspacken brillanter Einfälle übernahm er dann doch immer selbst, »er ist ein hochklassiger Kader, wenn er uns zu einem Gespräch empfängt, das gibt uns natürlich ein ganz großes Gesicht – wenn wir dann die anderen befragen, können wir immer sagen: Wir haben diese Fragen auch schon dem Bruder des großen patriotischen Schriftstellers Lu Xün gestellt.«

Zhang rieb sich die muskulösen Hände und strahlte über sein rundes Gesicht. »Und dann können sie nicht so ausweichen wie der Graukopf in Nanking.«

»Oder dieser pinselnde Botaniker in Wuhan.« Selbst Wang ließ sich von der Stimmung anstecken, obwohl ihn Ausgelassenheit immer zum Stottern brachte. »Dieser, dieser Paläonto, Paläontologe von der Nanking-Universität, der sich nicht aus dem Bett getraut hat, muß dann auch aus dem Schlafanzug.«

Wir kicherten wie Schulbuben, die in Erinnerung an halbwegs gut gelungene Streiche neue planen. Sechs Wochen lang waren wir von Universität zu Universität gereist und hatten greise Professoren danach ausgefragt, wie sie sich an die Einführung des Darwinismus nach China erinnerten. Das war in den zwanziger Jahren dieses Jahrhunderts geschehen, somit waren die Gesprächspartner, die für uns in Betracht kamen, im siebten oder achten Jahrzehnt ihres Lebens: alte Männer, mit deren Erinnerungsvermögen die Zeit genauso gnadenlos umgegangen war wie die verschiedenen Kampagnen zur Ausrichtung des Denkens, denen sie sich hatten unterwerfen müssen. Mit uns und unseren Fragen hatten die wenigsten etwas anfangen können: Was steckte hinter den Fragen? Hätte man damals den Darwinismus als eine gute oder als eine schlechte Sache herausstellen müssen? Sollte ihnen gar heute ein Strick daraus gedreht werden, daß sie damals, vor einem halben Jahrhundert …?

Die Wissenschaftler, mit denen wir sprechen wollten, hielten sich bedeckt und versteckt. Wenn nichts anderes, dann meldete ihnen wenigstens ihr Instinkt, daß Befragungen immer von einem Interesse geleitet, daß Interessen an politische

Fraktionen gebunden sind. Fraktionen, auf deren Seite man entweder steht oder um den Preis der Verfolgung, der Demütigung, des erzwungenen Tragens spitzer Hüte nicht steht. So hatten sie, die Altersgewitzten, durch vielfaches Gebrochenwerden überempfindlich und mißtrauisch geworden, auf unser Nachsuchen um Interviews in aller Regel ausweichend reagiert, hatten Bettlägerigkeit vorgeschützt, uns mit Geschenken abgelenkt – wie jener Botaniker in Wuhan, der mich spätnachts im Hotelzimmer aufsuchte, verlegen erklärte, er habe aus Verzweiflung über sein Unverständnis, unser Interesse zu begreifen, zur Entspannung ein Bambusmotiv gemalt, wie es ihm sein Lehrer Qi Baishi beigebracht habe, das mir gewidmet sei.

»Ganz passabel, das Bild«, sagte Wang, als ich es ihm am nächsten Morgen zeigte, »aber einen Schüler von Qi Baishi nennt sich heute jeder, der den Pinsel in die Hand nimmt und nicht belästigt werden will.«

»Dem Bild fehlt Aussagekraft«, befand der sonst so freundliche Zhang streng.

Zur Evolutionstheorie, zur Geschichte ihrer Aneignung durch das chinesische Denken, hatte auch der Maler nichts beitragen wollen. Nein, sagte er – wie fast alle, die wir befragt hatten –, einen Schock hat das damals nicht ausgelöst, wissen Sie, da kam mein Lehrer von einem Besuch seiner Verwandten aus den Vereinigten Staaten zurück, und der sagte: Es gibt eine neue Evolutionstheorie, die ist von Darwin begründet, das ist die neue Wissenschaft. Was in den alten Lehrbüchern steht, ist falsch, was dieser Darwin sagt, ist richtig.

Dann habe ich mich eben auf das Neue eingestellt. Ob der Mensch nun von Affen abstammt …

Aber das mußte ihm doch irgendwie befremdlich vorgekommen sein?

Eigentlich nicht. Denn das sei ja nun evolutionsgeschichtlich bedeutender als, sagen wir, familiengeschichtlich.

In dem Botaniker zuckte so etwas wie eine Erinnerung an kulturhistorischen Trotz. Für viele Chinesen, sagte er mit jenem Stolz, den gebildete Chinesen in die Stimme legen können, wenn sie ihre eigene Kultur als ein nur durch sie zu enträtselndes Geheimnis präsentieren, für viele Chinesen ist der Affe ein Wesen der kulturhistorischen Verehrung, der Held eines unserer schönsten Romane ist ein Affe, nur ihr Europäer habt diese Schwierigkeit mit der Abstammungslehre. Aber das ist nur meine persönliche Meinung, entschuldigen Sie.

»Kulturgeschichte habe ich nie studiert«, sagte Zhang, »aber was hat er behauptet? Er hat behauptet, er habe sich immer entsprechend den Anordnungen verhalten. Sobald der Lehrer den Kurs änderte, hat er den neuen Kurs mitgemacht. Das war die Einführung des Darwinismus, so leicht ging das.«

»Was sie wirklich gedacht haben, das trauen sie sich nicht, uns zu sagen.« Zhang nahm einen Schluck Tee und kaute genüßlich auf den Blättern, die er sich in den Mund geschwemmt hatte.

»Aber wenn wir vom Bruder von Lu Xün empfangen werden …« Wang nestelte am Reißverschluß seines in Plastik gebundenen Notizbuches. »Dann müssen sie sich trauen.«

Zhang und Wang erhoben sich aus ihren Sesseln und griffen nach ihren Staubmänteln. Ich begleitete sie zum Aufzug. Bevor sich dessen Türen zwischen uns schlossen, rief Zhang fröhlich: »Sobald wir Erfolg haben, rufe ich Sie an.«

Sein Anruf kam eine Woche später. Telefonieren war eine der Tätigkeiten, die Zhang mit Leidenschaft betrieb. Die Sprechmuschel war sein Widersacher. Durch sie trieb er seine Worte, Laute, Halbsätze, manchmal auch ganze, aber kurze Sätze wie eine störrische Maultierherde.

»Hallo«, brüllte Zhang, »hallo, hallo, Genosse, hallo …«

»Kollege Zhang, wie geht es Ihnen?«

»Hallo, hier ist Zhang Weibing vom Institut zur Erforschung der Geschichte der, hallo, hallo, Naturwissenschaften an der, hallo, Akademie der Wissenschaften. Hallo, spreche ich mit …«

»Worum geht es denn, Kollege Zhang?«

»Ich sage Ihnen, eh, guten Morgen, hallo, können Sie mich verstehen? Hallo!«

Ich hätte ihn auch noch verstehen können, wenn ich den Telefonhörer mit dem Sofakissen erstickt hätte, das eine schwarz-silberne Silhouette der Stadt Shanghai und ein darüber kreisendes Propellerflugzeug zeigte.

»Es geht, hallo, um die Angelegenheit, erinnern Sie sich, hallo, der Bruder des verehrten großen patriotischen Schriftstellers, unsere Befragung. Also, seine Gesundheit ist jetzt nicht besonders gut, hallo, wir müssen da noch zwei, drei Briefe schreiben, ein paar, hallo, Kontakte herstellen.«

Die Briefe, die ausgesandt, die Kontakte, die hergestellt wurden, besserten die Gesundheit des Bruders des großen patriotischen Schriftstellers in knapp zwei Wochen. Das Gespräch war für einen Samstagmorgen um zehn Uhr angesetzt worden. Um acht meldete sich Zhang aus dem Wächterhaus des Hotels. Wang und er seien bereit, mich abzuholen, der Stellvertretende Direktor des Instituts warte im Wagen, desgleichen der zuständige Parteisekretär, der Leiter des Institutsbüros für Auswärtige Angelegenheiten, der für Personalangelegenheiten zuständige Genosse und ein Vertreter der Akademie der Wissenschaften, an dessen Namen er, Zhang, sich nicht mehr erinnere. Diese Herren würden vorausfahren, für Wang, mich und ihn stünde ein weiteres Fahrzeug zur Verfügung.

»Ist es denn weit von hier?«

»Ich glaube, nicht zu weit«, antwortete Zhang in präziser Unbestimmtheit.

Als ich aus dem Hotel trat, schien die Sonne. Es war ein warmer Oktobermorgen. Auf dem großen Zementparkplatz schoben drei alte chinesische Amas bedächtig die quietschenden Kinderwagen vor sich her, in denen sie den Nachwuchs der ausländischen Experten festgezurrt hatten. Eine Gruppe von Chauffeuren strich mit buntgefiederten Staubwedeln über die Karosserien ihrer Limousinen. Aus den Autoradios plärrte eine Märchengeschichte.

Wang und Zhang hatten ihre schmucken dunklen Kaderanzüge angelegt. Beide, das sah man auf den ersten Blick, waren auch beim Friseur gewesen, als wir im Wagen saßen, konnte man es sogar riechen. Der Fahrer kurbelte das Seitenfenster herunter.

»Mit den Fragen habe ich mir folgendes überlegt«, begann ich, nachdem wir an dem salutierenden Wachsoldaten vorbeigekurvt waren.

»Also, was das angeht«, fiel mir Wang ins Wort.

»Was er meint«, übernahm Zhang, »ist, daß wir dem Bruder des großen patriotischen Schriftstellers Ihre Fragen bereits geschickt haben.«

»Aber die kanntet ihr doch noch gar nicht.«

Wang klopfte verlegen eine Zigarette auf seinem Daumennagel. »Wir kannten sie nicht ganz völlig genau«, sagte er und dehnte dabei jedes einzelne Wort, so daß der Satz wie der Anfang einer Opernarie klang, »aber dem großen Sinn nach haben wir Sie das fragen lassen, was wir immer fragen.«

»Unser Gastgeber«, sekundierte ihm Zhang, »ist, das weiß jeder, in sehr hohem Alter. Er muß seine Erinnerungen vorbereiten. Seine Erinnerungen kommen verhältnismäßig langsam. Wenn er die Fragen schon kennt, kann das eine beschleunigende Wirkung haben.«

»Habt ihr mir denn meine Fragen wenigstens aufgeschrieben?«

»Aber nein, das ist völlig überflüssig, Sie fragen, und er antwortet.«

Wir fuhren an der grauen Außenmauer des Zoos vorbei, bogen nach Süden ab und überholten ein paar Maultiergespanne. Zhang deutete mit seinem dicken Zeigefinger auf sie. »Die gehören hier doch gar nicht hin«, er grinste, »da muß die Polizei eingreifen, Maultiere im Zentrum der Zivilisation, auf dem Weg zum Gästehaus der Regierung, vielleicht auch ins Maschinenbauministerium, wunderbar!«

Der Fahrer lenkte den Wagen wieder nach Westen. Die zweigeschossigen Häuser der Spitzenfunktionäre, von Platanen und einem engmaschigen Zaun umfaßt, hatten wir hinter uns gelassen, die Ringstraße, breit und bedeutungslos, überquert. Die Häuser, hellrote Backsteinbauten mit anmutig geschwungenen Giebeln, rückten eng zusammen. Akazien säumten den Bürgersteig.

»Gleich sind wir da«, sagte der Fahrer.

Wang warf seine Zigarette aus dem Fenster. »Da ist noch eine Sache, die wir Ihnen sagen sollten«, begann er nervös und machte eine Pause.

»Was er sagen will«, griff Zhang ein, »ist, nun, Sie sind ein Kenner Chinas, man kann schon sagen, ein alter Chinakämpe, also es geht um Ihre Fragen. Sie haben, wir sind ja alte Freunde, da kann man leicht darüber reden, Sie haben die europäische Art, das verstehen wir sehr gut, häufig noch einmal zu fragen, wenn Sie die Antwort nicht ganz verstanden haben oder wenn Sie mit der Antwort nicht völlig einverstanden sind. Wir wollen Ihnen nur sagen: bei manchen älteren Herrschaften konveniert das nicht ganz mit unseren Sitten. Sie verstehen, was ich meine. Also zum Beispiel heute, wenn Sie heute einige Antworten des Bruders unseres verehrten großen patriotischen Schriftstellers nicht richtig verstehen oder wenn Sie sich über sie wundern, dann gehen Sie einfach zur nächsten Frage über.«

»Ihr habt also die Antworten auch schon«, sagte ich und versuchte, so etwas wie gelassene Bewunderung in meine Stimme zu legen.

»Angekommen!« meldete der Fahrer.

Unser Wagen hielt vor einem graulackierten stählernen Tor, von dessen oberer Kante in engen regelmäßigen Abständen matt schimmernde Metallspieße nach außen ragten. Auf ein Hupsignal des Fahrers wurde die eine Hälfte des Tors aufgezogen. Ein hoch aufgeschossener Wachsoldat in grüner Uniform trat heraus, warf einen prüfenden Blick zunächst auf die Insassen, dann auf das Kennzeichen des Autos, gab mit seiner linken Hand ein Zeichen, und die andere Hälfte des Tors wurde aufgezogen.

Der Fahrer legte den Gang ein. Er bewegte das Fahrzeug so vorsichtig, als hätte er Angst, den Zementboden der Einfahrt zu beschädigen. Neben zwei olivgrünen Kübelwagen bremste er ab. Wir stiegen aus und strichen über unsere Jakken. Aus dem Haupthaus bewegte sich gemessenen Schrittes eine kleine Prozession auf uns zu.

»Das ist er«, flüsterte Wang und trat einen Schritt zurück. »Los!« sagte Zhang und gab mir einen kleinen Stoß.

Der Würdenträger war unschwer auszumachen. Der kleine Herr mit der starken Brille und den kurzen weißen Haaren wurde von zwei stämmigen Begleitern herangeführt. Hinter ihm fächerte sich ein Troß von gut einem Dutzend älterer Männer auf, alle in dunklem Tuch. Einige aus dem Institut kannte ich, andere aus dem Institut kannten nicht einmal Wang und Zhang, wie sie mir später gestanden. Der Stellvertretende Institutsdirektor, ein liebenswerter, ständig den Kopf sorgenvoll zur Seite neigender Verwaltungsbeamter – der sich aber auch noch gut an die intellektuellen Debatten der zwanziger Jahre erinnern konnte –, stellte uns alle vor. Wir schüttelten Hände und verbeugten uns. Ich erinnerte mich an einen Satz aus meinem Lehrbuch:

»Lang habe ich den Augenblick ersehnt!«

Die Umstehenden lachten. Der Würdenträger ließ sich von seinem rechten Begleiter den Satz nachsprechen und lachte auch. Wang hustete begeistert.

»Gehen wir, um uns im Haus etwas auszuruhen«, schlug der Würdenträger vor.

Wir gruppierten uns um. Die Nachhut bewegte sich um einige Schritte vom Haus weg, um wieder die Nachhut der Prozession zu werden, die sich jetzt auf das Haus zubewegte.

Das Empfangszimmer lag zum Garten hin offen. Es war in einem angenehm hellen Ton gehalten. Die Inneneinrichtung entsprach dem höheren Standard: das Sofa vor der Stirnwand unter einem Ölgemälde, durch das zwei Kraniche schwebten, rechts und links vom Sofa zwei Sessel, gleichfalls mit Spitzendeckchen geschützt, an den Wänden, die zum Garten führten, eine Reihe von mit rotem Plastik bezogenen Stühlen, auf beiden Seiten symmetrisch von einer Anrichte unterbrochen. Auf dem Tischchen vor dem Sofa standen eine Kristallschale mit bunten Äpfeln und eine Schüssel glitzernd verpackter Bonbons. Die alles entscheidende Sitzordnung war natürlich längst vor unserer Ankunft festgelegt worden, doch genauso gehörte es zur Regel, daß sich die zur Einnahme bevorzugter Plätze Berechtigten um die hinteren Stuhlreihen drängten, um sich mit sanftem oder energischem Druck unter freundlichem Protest und störrischen Gesten der Abwehr nach vorn schieben zu lassen. Der Würdenträger bedeutete einem der beiden Sekretäre, mich auf den Ehrenplatz zu seiner Rechten auf dem Sofa zu zerren. Der Sekretär machte das mit routiniert nachdrücklicher Höflichkeit. Der Würdenträger ließ sich nieder, wir folgten seinem Beispiel wie eine artige Schulklasse. Wang saß einige Schritte rechts von mir, Zhang schon fast im Garten.

Der Würdenträger räusperte sich.

Wie auf Verabredung griffen alle älteren Herren nach ihren Ohren. Mit zitternden Fingern justierten sie die Hörgeräte. Dabei kam es, die Frequenzen waren nicht aufeinander abgestimmt, zu einigen schrillen Peiltönen.

Nun griff auch der Würdenträger an sein Ohr. Schweigen trat ein. Der Stellvertretende Institutsdirektor lächelte versonnen. Der Würdenträger räusperte sich erneut. »Herzlich willkommen«, sagte er und schaute ratlos lächelnd in die aufmerksamen Gesichter vor ihm.

Die beiden Sekretäre, die offenbar Protokoll führten, beugten sich über ihre Notizbüchlein und begannen zu schreiben.

Der Stellvertretende Institutsdirektor gab mir ein Zeichen. »Herzlichen Dank«, antwortete ich.

Die Sekretäre begannen eine neue Zeile.

»Sind Sie zum ersten Mal in China?« fragte der Würdenträger.

»Ich war schon häufiger hier, doch in diesem Jahr ist es das erste Mal.«

»Was sagt er?« fragte der Würdenträger.

Der zuständige Parteisekretär sprang aus seinem Sessel und wiederholte ihm den Satz ganz nahe am Ohr. »Dieses Jahr ist es das erste Mal!« riefen der Vertreter der Akademie und der Leiter des Büros für Auswärtige Angelegenheiten im Chor.

Der Würdenträger warf mir einen überraschten Blick zu. Dann wandte er den Kopf wieder von mir ab und blickte in das grüne Buschwerk im Garten. »Nehmen Sie ein Drops!« forderte er mich auf.

Hilfreiche Hände schossen vor und häufelten ein gutes Dutzend Bonbons neben meinen Schreibblock auf den Tisch.

Grillen zirpten in die Stille, die sich machtvoll ausgebreitet hatte. Selbst Zhang, der sonst immer nur für kurze Momente seinen Knien das Zappeln, seinem Rumpf das Kreisen, seinen Armen das An- und Abwinkeln versagen konnte, selbst Zhang verharrte in einer strengen Pose und blickte unverwandt dorthin, wo, wäre er der Bodhisattwa gewesen, an den er mich erinnerte, sein nackter Bauchnabel hätte sein müssen. Vorsichtig führte ich ein Bonbon in den Mund. Sahnekaramelle legte sich wie ein Saugnapf zwischen Gaumen und Schneidezähne.

»Aus welchem Lande kommen Sie?«

Die Frage des Würdenträgers kam so überraschend, daß ich den mühsam freigearbeiteten Karamelpfropf prompt wieder zurückstieß.

»Ich komme aus Westdeutschland.«

So war der Faden doch nicht gerissen, auf den die Perlen unseres Gesprächs gereiht werden sollten. Die Protokollführer hatten wieder etwas zu notieren, der Parteisekretär nickte mir ermutigend zu. Zhang warf seine Beine übereinander, sein Stuhl schickte abwechselnd helle Knirschlaute und dumpfe Preßtöne aus. Ich erklärte dem Würdenträger Anlaß und Ziel unserer Forschung, berichtete von der bisherigen Arbeit und strich heraus, warum wir uns gerade von ihm, dem ausgewiesenen Kenner, einem Zeugen der Zeit gewissermaßen, besondere Impulse versprachen. So gut wie er könne uns niemand die Zeitumstände erläutern, die für die Einführung des Darwinismus bedeutend gewesen seien.

»Genauso ist es«, sagte Wang, »es ist uns wirklich eine ganz besondere Ehre.«

Der Würdenträger zog langsam seine Augenbrauen hoch. »Mein älterer Bruder, der große patriotische Schriftsteller Lu Xün«, begann er mit hoher Stimme, »kannte einen Deutschen, der beherrschte sechs Sprachen. Sechs Sprachen. Er beherrschte«, der Würdenträger zählte an den Fingern seiner linken Hand vor, »Deutsch, Chinesisch, Englisch und Französisch …« Er brach ab. »Sechs Sprachen«, wiederholte er und wurde lauter, »er beherrschte Deutsch, Chinesisch, Englisch, das war in den zwanziger Jahren.«

Die Zuhörer nickten interessiert. Wang kritzelte in seine Kladde.

»Sie waren auch ein großes Sprachtalent«, tastete ich mich weiter, »Sie haben damals Darwin übersetzt, in den späten zwanziger Jahren, erinnern Sie sich noch, welche Aufnahme das Buch damals fand?«

»Vor der Befreiung unseres Landes, vor der Niederschlagung der reaktionären Guomindangregierung und dem Sieg über die japanischen Eindringlinge«, der Würdenträger spulte gewohnheitsgemäß die einschlägigen Stichwörter zur Landesgeschichte herunter, »kannten nur die fortschrittlichen Intellektuellen unter der korrekten Leitung der Kommunistischen Partei die wahre Bedeutung der Schriften meines älteren Bruders. Nach der Befreiung fanden sie die begeisterte Aufnahme durch das Volk.«

Der Parteisekretär lächelte verständnisvoll. Wang warf mir einen Blick zu, aus dem ich Besorgnis las.

»Und die Schriften von Darwin?« fragte ich mit ermutigendem Lächeln.

Die Frage hatte den Verstärker im Ohr des Würdenträgers noch nicht erreicht, da merkte ich schon, daß mir eine grobe Peinlichkeit unterlaufen war.

»Machen wir eine Pause«, rief der Parteisekretär aufgeregt, »ruhen wir uns etwas aus, gemach, gemach.«

Die beiden Protokollführer hatten ihre Schreibblöcke beiseite gelegt und aus einem Nebenzimmer zierlich bestickte Sofakissen herangeschleppt, die sie dem Würdenträger hinter den Rücken stopften. Der kleinere der beiden zog den Fußschemel beiseite, hob das übergeschlagene linke Bein des Würdenträgers neben das rechte, faßte ihn bei der Hüfte und schob ihn tief in das Sofa hinein.

»So ist es bequemer«, lachte der Vizedirektor, »so ist es viel bequemer«, und zu mir gewandt: »Machen Sie es sich doch auch gemütlich, nehmen Sie noch ein Kissen, wir wollen uns jetzt schön entspannen.«

»Wir haben dir doch extra gesagt, du sollst nicht nachfragen«, sagte der vorwurfsvolle Blick von Wang. Zhang hatte, soweit das bei einem Chinesen möglich ist, einen roten Kopf bekommen. Die älteren Herren im Hintergrund tuschelten einander zu und nickten heftig.

Niedergeschlagen wickelte ich ein weiteres Bonbon aus dem Papier.

Der Bruder des großen patriotischen Schriftstellers hielt die Hände über dem Bauch gefaltet und schaute mich unter halb geschlossenen Lidern träge an. Von der Wand blickten Mao Zedong und Hua Guofeng lächelnd auf uns herab. Die Wachsoldaten vor dem Fenster starrten ungerührt in die Büsche. Die älteren Herren hatten aufgehört zu tuscheln und zu nicken.

Das Schweigen wurde erwartungsvoll.

»In den zwanziger Jahren war die innenpolitische Lage Chinas sehr verwirrt«, sagte der Würdenträger plötzlich. »Es gab Bürgerkriege und Hungersnot, die Universitäten waren in ständigem Aufruhr.«

Bei welchem Punkt unseres Fragenkatalogs war er jetzt angelangt? Ich legte die Hand vor den Mund, ließ vorsichtig das Bonbon durch den Schlund gleiten und probierte es mit einem freundlichen Lächeln.

»Während der Revolution von 1911 herrschte ebenfalls große Unruhe«, fügte der Würdenträger hinzu, »Herr Sun Yatsen hatte damals die Führung inne. Er war«, der Würdenträger griff nach meiner Hand, »er war auch ein berühmter Arzt.«

Ich blieb bei meinem freundlichen Lächeln. »Ein Arzt?«

»Ein Arzt! Ein Mann, der sich in den Naturwissenschaften genau auskannte.«

Ich änderte meine Miene von freundlichem Lächeln zu interessiert freundlichem Lächeln. »Die Naturwissenschaften nahm man damals besonders wichtig?«

Der Würdenträger strich sich mehrmals durch das stoppelige Haar. »Mein Bruder, der große patriotische Schriftsteller Lu Xün, er war auch Arzt. Er war erst Arzt, dann wurde er Schriftsteller. Er sagte: Erst muß man die Gesellschaft heilen, dann kann man sich um die medizinischen Patienten kümmern. In den zwanziger Jahren war die innenpolitische Lage in China sehr verwirrt.«

»Sie waren auch Schriftsteller, Sie haben für die Verbreitung der Thesen des berühmten englischen Biologen Charles Darwin gesorgt, als Übersetzer …«

Der Würdenträger griff wieder nach meiner Hand, die er für wenige Momente freigegeben hatte. »Mein Bruder«, sagte er erregt, »kannte einen Deutschen, der beherrschte sechs Sprachen, der konnte sehr gut übersetzen, er beherrschte Deutsch, Chinesisch, Englisch und Französisch, sechs Sprachen, in den zwanziger Jahren.«

Ich legte meine freie Hand auf seine Rechte, die meine Linke umklammert hielt. »Sie haben uns einen großen Dienst erwiesen. Auch im Namen meiner Kollegen darf ich ausdrücken, wie tief dankbar wir Ihnen sind, daß Sie uns diese Gelegenheit gegeben haben, für unsere Forschung ist der Gewinn unermeßlich, und wenn ich meinen persönlichen Empfindungen Ausdruck geben darf ...«

»Nehmen Sie noch einen Drops!« sagte der Würdenträger.

Die beiden Protokollanten zogen ihn aus dem Sofa. Der stellvertretende Institutsdirektor, der Parteisekretär, der Vertreter der Akademie, dessen Namen wir nicht kannten, der Genosse, der für Personalangelegenheiten zuständig war, und der Leiter des Institutsbüros für auswärtige Angelegenheiten, sie alle erhoben sich, wie von einer mächtigen Welle getragen.

»Ein sehr sinnvolles Gespräch«, sagte einer von ihnen.

»Wir müssen unbedingt noch ein paar Erinnerungsfotos machen«, sagte der Parteisekretär.

Zhang stellte uns zurecht. Er arrangierte Gruppenbilder im Garten und vor dem grauen Tor. Dann fand er noch eine schöne Akazie, deren Äste tief herabhingen, und auch dort mußte einer der Wachsoldaten auf den gespannten Auslöser drücken, während wir angestrengt in die Linse starrten und unsere Mundwinkel auseinanderdrückten.

Danach schüttelten wir uns die Hände. »Das nächste Mal müssen Sie unbedingt wieder vorbeikommen«, sagte der Würdenträger und deutete eine Umarmung an. »Die Deutschen mögen außergewöhnlich gerne Bonbons«, erklärte er dem Parteisekretär zum Abschied, »mein Bruder ...«

»Ganz herzlichen Dank für dieses Gespräch«, sagte der stellvertretende Institutsdirektor und preßte die Hände wie zum Gebet aneinander.

Wir stiegen in unsere Wagen. Ich zog eine Packung amerikanischer Zigaretten aus der Tasche, Zhang winkte ab, und Wang bediente sich.

Erst viele Kilometer später trauten wir uns zu lachen. »Wußtet ihr, daß Sun Yatsen ein Arzt war?«

»Erst seit meiner Volksschulzeit. Vorher habe ich das auch nicht gewußt!«

»Wie war die innenpolitische Lage im China der zwanziger Jahre?«

»Sehr verwirrt!« riefen wir gemeinsam in einem angestrengt hohen Ton und lachten, bis auch der Fahrer, der gar nicht wissen konnte, worüber wir lachten, einfiel und wiederholte: »Sehr verwirrt!«

»Sie hätten nicht nachfragen sollen«, sagte Wang und hüstelte vorwurfsvoll.

»Aber wir haben die Erinnerungsfotos«, lachte Wang glücklich, »nur darauf kommt es an. Jetzt soll einer wagen, uns ein Interview zu verweigern. Wir steigen von oben aufs Dach.«

»Sehr verwirrt«, sagte der Fahrer noch einmal und lachte für uns alle.

(1984)

Als China in die Knie sank

»Achten Sie nicht auf den alten Mann«, sagt der junge Zugschaffner und klemmt die frisch gefüllten Thermoskannen unter dem Tischchen vor dem Abteilfenster fest. »Am besten, Sie achten gar nicht auf ihn. Kurz nach Ulumuqi ist er eingeschlafen, er hat gleich laut geschnarcht. Später ist er dann aufgewacht, hat etwas aus seiner Flasche getrunken und ein wenig gestöhnt. Aber nicht besonders laut. Jetzt ist er immer noch wach, aber was er redet, hat keinen großen Zusammenhang.«

Der Schaffner öffnet die Schiebetür. »Der alte Mann wird von einer jungen Frau begleitet. Sie hat mir gesagt, er sei ein Intellektueller. Und das Reisen auf harten Sitzen verschlimmere seine Schmerzen. Deswegen, und weil es die neue Politik unserer Führung ist, im Rahmen des Programms der vier Modernisierungen die Klasse der Intellektuellen zu unterstützen, habe ich Sie im Namen der jungen Frau gebeten, ihm zu gestatten, sich in Ihrem Abteil ein wenig auszuruhen.« Er verharrt einen Augenblick und schaut uns etwas unschlüssig an, so als ob er sich nicht ganz sicher wäre, daß wir genau verstanden hätten. Unser freundliches Lächeln nimmt er als Aufforderung, noch eine Erklärung nachzureichen: »Der Zug ist ja ganz ausverkauft, weil auch die Genossen der Volksbefreiungsarmee wieder aus dem Westen in ihre Heimat zurückkehren. Also ist es bei denen relativ ein wenig voll. Sie wechseln sich bereits in Schichten mit dem Sitzen ab und stehen Schlange vor den Plätzen.« Der Schaffner rückt etwas verlegen seine Dienstkappe zurecht. »Jedenfalls haben Sie jetzt frisch abgekochtes Wasser. Vielleicht kommt der alte Mann auch gar nicht, und Sie müssen ihn nicht beachten.«

Draußen vor dem Fenster, hinter dem Blumentopf, zieht träge die Gobi vorbei, in unstetem Rhythmus, nur unterbrochen von den Holzmasten der Telefonleitung. Aus den Lautsprechern über dem Fenster singt ein Chor uigurischer Obstbauern. »Schlimme Schmerzen haben heutzutage viele«, murmelt unser Reisebegleiter. Er zieht seine steife schwarze Jacke aus, rollt sie sorgsam zu einer Nackenstütze und legt den Kopf gegen die Glaswand zum Gang. Ein paar Takte lang summt er dem Gesang der Obstbauern hinterher, dann läßt er die Augenlider herunterklappen.

Plötzlich schiebt sich über seinem grauen Haar eine Melone hoch. Würde die Glaswand nicht reflektieren, sähe es so aus, als wüchse ihm im Schlaf die Frucht aus dem Kopf. Ein paar Sekunden verharrt die Melone fast regungslos über dem Scheitel, dann erscheint unter ihr eine krallenhafte Hand, die sie hochhebt wie das Tablett des Kellners. Eine hagere, im Gegenlicht nur als Schattenriß wahrzunehmende Gestalt deutet eine Verbeugung an, klopft an die Abteiltür, zieht sie auf.

»Wie geht es Ihnen? Bitte beachten Sie mich nicht. Ich habe Ihnen eine Melone mitgebracht. Die Melonen aus Hami sind weltberühmt, jedenfalls in China. Mein Name ist Lin.« Seine Sätze böllern wie aneinandergereihte Knallfrösche, die zum Feuerwerk entzündet wurden. Es riecht nach Hirseschnaps.

Wir erheben uns und äußern auch unsererseits die erforderlichen Artigkeiten. Allein der Reisebegleiter nimmt keine

Notiz von den Knallfröschen und der Schnapswolke. Seinen Schlaf stört auch nicht, daß ihm unser neuer Gast bei der Begrüßungszeremonie mehrfach vor- und rückwärts über die Beine steigt.

»Ich bin sehr froh, daß Sie mir Ihren Platz angeboten haben«, sagt Herr Lin, »es ist ausgezeichnet für meine Rückenschmerzen, und es ist auch ausgezeichnet wegen der freundlichen Gesinnung, die es ausdrückt. Ich werde Sie nicht stören. Ich habe ein Buch, das ich lesen muß. Sie müssen mich nicht beachten.« Er läßt sich vorsichtig auf dem freien Sitz nieder. »Mein Name ist Lin«, wiederholt er, lacht abrupt und fügt, noch im Herabgleiten, einen Satz hinzu, den wir nicht verstehen. Deutete nicht alles in Herrn Lins Sprachfärbung auf eine Herkunft aus Shanghai, hätte man diesen Satz als »Credo in unum deum« verstehen können.

Das Buch, das Herr Lin aus der Rocktasche gezogen hat und in dem er jetzt mit stummen Lippenbewegungen liest, erlaubt zum einen den Schluß, daß sein Leser sich für Prähistorisches interessiert, zum zweiten, daß ihn Bücher eher als Gebrauchs- denn als Tauschwerte interessieren. Die eigentümlich platten Finger der rechten Hand verdecken den Titel hinter »Urzeit ...«, mit der linken Hand werden dem Werk hektisch unterschiedlich große Eselsohren eingeknickt.

Die Gobi treibt jetzt dunkelrosa vorbei, das hohe Gebirge steht schwarzgezackt gegen den Himmel. Aus dem Lautsprecher dröhnt eine Oper. Wir versuchen, diesen Lautsprecher auf so etwas wie Zimmer- oder wenigstens Abteilstärke herunterzudrehen. Vergeblich natürlich. Chinesische Lautsprecher, »Trompeten« in der Landessprache, lassen sich nur von einem Beil oder einem schweren Hammer von ihren Verlautbarungen abbringen. Über den Rand seines Buches hinweg verfolgt Herr Lin mit distanziert sportlichem Interesse, wie wir nach einigen mißlungenen Operationen das Taschenmesser wieder einpacken.

»Die Trompeten können Sie nicht sabotieren«, sagt Herr Lin, stößt wieder ein kurzes, gackerndes Lachen aus und fügt hinzu: »Wie die Posaunen von Jericho. Gegen die gibt es kein Mittel nach dem Gesetz der Mechanik. Sie können sich die Ohren zustopfen, aber es hilft nicht, wenn man so tut, als gäbe es sie nicht. Wie in Jericho.« Er gackert noch einmal, und wieder umhüllt uns eine Wolke von Hirseschnaps. »Die Botschaft weht über Wellen. Der Geist kann sich ihr nicht entziehen. Sie, die Sie aus dem Westen kommen, sollten das viel besser verstehen. Wir Chinesen haben die Botschaft von Jericho nie empfangen. Oder nur entstellt, fremdartig, *exotically*; hingegen, nicht alle von uns sind taub.«

Wir versuchen diskret, uns über Blicke zu verständigen, ob wir es mit einem betrunkenen Narren zu tun haben und ob die biblischen Anspielungen nur unserem mangelnden Sprachverständnis anzulasten sind: »Jericho« könnte zum Beispiel auch der Name eines chinesischen Flusses sein, denn »ho« heißt Fluß, und davon gibt es bekanntlich viele in China.

Draußen läuft die Gobi in immer langsameren, ruckartigen Bildern vorbei. Wir nähern uns einem Bahnhof. »Wenn ich fragen darf«, meldet sich Herr Lin, »haben Sie ein besonderes Interesse an unseren westlichen Gebieten? Oder sind Sie Gläubige des Islam?« Ohne unsere Antwort abzuwarten, fährt er fort: »Ich bin zum letzten Mal vor dreißig Jahren hiergewesen. Der gesellschaftliche Fortschritt war damals noch relativ formlos, das religiöse Bewußtsein hingegen hatte einen

Standard erreicht, der von den Han-Chinesen kaum zu übertreffen war.«

Der Zug pfeift so gellend, daß selbst der Reisebegleiter aufwacht und mit einem verstört hastigen Halsruck von unserem Gast Kenntnis nimmt. Sein Gesicht legt sich dabei in einen Ausdruck von Aufmerksamkeit, wie wir ihn seit vielen Stationen nicht mehr bei ihm gesehen haben.

»Sie sind doch …«, beginnt der Reisebegleiter eine Frage, die der nächste Pfiff des Zuges unerbittlich abbricht. Immerhin bleibt der Eindruck, daß unser Gast für Eingeweihte im Kurswert einer eher seltenen Briefmarke steht. Einer Briefmarke, deren Preis möglicherweise noch anziehen könnte.

»Wir Han-Chinesen«, sagt Herr Lin fast entschuldigend, »galten lange als religiös nur schwach erregbar. Es gibt dazu eine Theorie, Sie kennen sie sicher besser als ich, denn Sie kommen aus dem Westen. Was besagt diese Theorie? Sie besagt, daß der chinesische Glaube immer nur Aberglaube war, also Magie. Und sie besagt auch, daß der Glaube kein zusammenhängender war, sondern immer nur ein Stück für ein Stück, eine Familie für eine Familie. Die Verehrung der Ahnen!« Herr Lin blickt uns triumphierend an und nimmt einen Schluck Schnaps.

»Max Weber«, murmeln wir, während unser Gast die Verschlußkappe seiner Reiseflasche wieder zuschraubt.

»Marx?« fragt der Reisebegleiter etwas verstört.

»Lüfte den Deckel und rieche den Gestank!« antwortet Herr Lin streng. Es ist nicht auszumachen, ob er sich auf seinen Schnaps oder den Fehler des Reisebegleiters bezieht, der Max und Marx nicht auseinanderhalten kann.

»Schon als ich jung war, habe ich diese Theorie für wahr

gehalten.« Die Gesichtsfarbe von Herrn Lin ähnelt jetzt der der Gobi vor ein paar Stunden. »Das war lange bevor ich Marx gelesen habe. Ich konnte bei Marx keine große Hilfe für China finden. Aber daß uns der Glaube fehlt, das sah ich überall. Und wo es keinen Glauben gibt, sondern nur Magie, Opferschweine und Weihrauchgestank, da gibt es keinen Fortschritt, da gibt es auch kein neues China.«

Der Reisebegleiter schaut fassungslos auf sein Gegenüber. »Ohne Kommunistische Partei gibt es kein neues China«, zitiert er streng und rollt seine Jacke wieder auf.

Herr Lin rülpst. Wir stellen die naheliegenden Fragen.

»An der Aurora-Universität in Shanghai gab es einen europäischen Ökonomen«, erwidert Herr Lin, »vielleicht ein Franzose, vielleicht ein Deutscher, der hat mich mit den Theorien der Religion vertraut gemacht. Mit dem Zusammenhang zwischen Inbrunst und ökonomischem Fortschritt. Das war die eine Seite. In der Paläontologie hatte ich einen Lehrer, der hatte früher mit Teilhard de Chardin gegraben. Das war die andere Seite. Natürlich habe ich Latein gelernt, das war ja wichtig für die Wissenschaft, aber es war eine große Unordnung in der Bibliothek, deshalb lernte ich aus dem *Missale Romanum*. Aus ökonomischen und religiösen Gründen wurde ich zu einem radikal-materialistischen Metaphysiker.«

Er horcht noch einmal in seinen letzten Satz hinein, kichert, greift nach der Melone und tätschelt sie mit seiner eigentümlich platten rechten Hand.

»Wir haben gerade von Metaphysik gesprochen …«, setzen wir an.

»Bei Kürbissen kenne ich mich mittlerweile besser aus«,

fällt uns Herr Lin in den Satz, »die Familie der Curcurbita, ihr galt in den letzten Jahren das Zentrum meiner Aufmerksamkeit.«

Mit einem höflichen Nicken deuten wir an, daß wir diese Antwort fast erwartet hätten.

Herr Lin verbeugt sich, erst im Sitzen, dann während er sich aus dem Sessel hochstemmt, greift in seine Jackentasche, zieht eine graue Mütze heraus, stülpt sie über die Melone und verbeugt sich erneut. »Ich muß mir kurz die Hände waschen«, sagt er, zieht die Abteiltür auf und ist verschwunden.

Der Reisebegleiter starrt vorwurfsvoll auf die bemützte Melone, die sanft im Rhythmus des Zuges schwingt. »Den Intellektuellen hat man früher die Schandkappe aufgesetzt, jetzt dürfen sie selbst Mützen verteilen«, sagt er. »Ich kenne diesen Lin, neulich stand ein Artikel über ihn in der Zeitung, ich glaube, in der *Guangmingribao*, sogar ein Foto. Ein Opfer der Kulturrevolution. Er ist jetzt rehabilitiert. Man sagt, er soll bald einen bedeutenden Posten in der Akademie bekommen, vielleicht auch im Staatsrat. Wenn es seine Gesundheit zuläßt.« Dem letzten Satz verpaßt er eine Betonung auf jeder Silbe.

Unter ihrer Mütze glotzt uns die Melone smaragdgrün, rätselhaft und ein wenig dämlich an.

»Er war«, sagt der Reisebegleiter, »einer der ersten, der in seinem Institut für die Durchführung der Beschlüsse über die Kulturrevolution eintrat. Ein Held an der vordersten Front der Massenlinie, wie man das nannte. Die Massenlinie in der Paläontologie bezog sich auf die Erdölproduktion. Ein Paläontologe kennt den Boden, wer den Boden kennt, weiß, wo Erdöl zu finden ist. Theoretisch gesprochen.«

»Und haben sie damals Erdöl gefunden?«

»Nur theoretisch! In der Praxis ergaben sich große Widersprüche. Die waren allerdings politischer Natur. Als Lin damals mit der Massenlinie begann, wirkte das sehr überraschend. Schließlich hatte er in seinem Institut eine hohe Position und natürlich eine überragende Bildung. Von außen betrachtet, gehörte er also eher in das Lager der Gegner der Massenlinie. Die theoretischen Vertreter der Massenlinie hatten niedere Positionen und relativ weniger Bildung. Deswegen wurden sie zornig, weil sie plötzlich auch keine Hoffnung auf Massenlinie mehr hatten. Denn die vertrat ja Lin. Also kam es zu einem heftigen Kampf, bei dem Lin vorgeworfen wurde, er sei die schwarze Hand von Liu Shaoqi, er sei unter dem Mantel des Revolutionärs ein verkappter Konterrevolutionär, er sei eine verzuckerte Gewehrkugel aus dem Lager der Großbourgeoisie und er streue den Massen Sand in die Augen. Lin wurde kritisiert, dann niedergekämpft. Bei einem der Verhöre haben sie ihm die rechte Hand platt geschlagen, sein Sohn wollte nicht gegen ihn aussagen und hat sich erhängt. Schließlich kam Lin für ein paar Monate in den Schweinestall und dann zur Umerziehung in ein Lager, das hat er wohl gemeint, als er die Kürbisse erwähnte, er wurde oft vor den Karren mit Kürbissen gespannt. Möglich, daß deswegen seine Gesundheit nicht mehr ganz so gut ist und er unter Schmerzen leidet.«

Der Reisebegleiter beugt sich vor und krümmt die Hand verschwörerisch um den Mund: »Manche sagen, er sei sogar ein wenig verrückt geworden, im Kopf, aber in der Presse stand nichts darüber, natürlich nicht.«

Aus seiner schwarzen Plastiktasche mit dem aufgedruckten, schon leicht abgeblätterten silbernen Flugzeug zieht der Reisebegleiter einen kleinen Stapel von Zeitungsausschnitten. »Es werden jetzt dauernd alte Opfer rehabilitiert. Man muß sich jeden Tag informieren. Das ist alles sehr kompliziert und eine Herausforderung für den Arbeitsstil.«

»Gibt es denn auch schon neue Opfer«, wollen wir wissen, »etwa in Gestalt der alten Täter?«

Vielleicht haben wir die Frage zu einfältig vorgebracht – oder zu umständlich, der Begleiter schaut verdutzt, wir versuchen es noch einmal.

»Mein ist die Rache, spricht der Herr«, kichert Herr Lin, der sich in der halboffenen Abteiltür festhält. Er läßt sich in seinen Sitz gleiten und öffnet die beiden oberen Knöpfe seiner Jacke. »Vor ein paar Wochen war ich in Peking in der katholischen Kirche. Der Priester hat über das Opferlamm gepredigt.« Er bricht ab und sinniert ein wenig, so als könne er sich nicht zwischen Einschlafen und Weitererzählen entscheiden. »›Christus war ein guter Hirte‹, hat der Priester gesagt, ›und auch Mao war ein guter Hirte. Ein guter Hirte sorgt für seine Schafe.‹« Herr Lin nickt zur Bestätigung des Zitats und klopft auf seine Reiseflasche, deren Verschluß aus der rechten Tasche ragt. »Für seine Schafe!« wiederholt er.

Will er damit sagen, daß sich Mao – er liegt bereits seit vier Jahren in Peking im Mausoleum – zu seinen Lebzeiten um Täter und Opfer gleichermaßen gekümmert hat? Möglicherweise anders als seine Nachfolger? Übt Herr Lin verdeckt Kritik im biblischen Vergleich? Oder liegt die Betonung auf »Hirte«? Hirte im wörtlichen Sinne des Wortes? Kein Steuermann, sondern ein Nomade?

Herr Lin bleibt uns die Auskunft vorerst schuldig. Er hat

die Augen geschlossen, zwischen seinen leicht geöffneten Lippen formen sich kleine Bläschen, am linken Mundrand ist der Speichel zusammengelaufen.

»Der Schaffner hatte recht«, wispert der Reisebegleiter, »am besten, wir beachten ihn gar nicht. Wenn Sie Hunger haben, sollten Sie die Melone essen. Melonen aus Hami sind wirklich weltberühmt.« Er streckt die Beine aus und bettet den Kopf auf ein weißes Häkelkissen.

»Dieser Priester hat erkannt«, Herr Lin nimmt seine Erklärungen so abrupt wieder auf, wie er sie abzubrechen pflegt, »daß Mao für China eine Notwendigkeit war, wie Jesus es für die Christen war. Vielleicht hat der Priester die Grundlagen nicht begriffen, von dem, was er gesagt hat, aber seine Worte trafen den zentralen Punkt. Für unser Land war die Verehrung von Mao unumgänglich. Ich bin ein Opfer dieses Glaubens, aber was ich rede, ist die Wahrheit. Nehmen Sie auch einen Schluck!«

Wir lehnen dankend ab und warten gespannt, bis er die Flasche wieder verschraubt hat.

»Ich erzähle Ihnen meine Geschichte aus der Perspektive eines Theoretikers. Ich bin ein Theoretiker, der glaubt, daß man aus der Geschichte lernen kann und muß. Alle Welt weiß, daß Polarisierung das Anwachsen von Kräften bezeichnet. Wenn China Kraft gewinnen will, dann bedarf das Land eines starken Pols. Wie ihr Christen, die ihr euren Gott verehrt. Oder wie die Moslems hier mit ihrem Allah. Was heißt das? Das heißt, auch China braucht einen mächtigen, personalen Gott.« Die Worte »personaler Gott« hebt Herr Lin mit einer Bewegung seiner Hände hervor, die eine Figur in die Luft zeichnen, die allerdings eher an einen Schneemann erinnert. »Ich rede von Religion, aber ich rede nicht von Religion im Sinne von metaphysischem Luxus. Religion muß zielgerichtet sein und materialistisch. Ich rede von Materialismus nicht im Sinne von materiellem Glück des Individuums, sondern im Sinne der großen Harmonie. Verstehen Sie, was ich sage?«

Wir beratschlagen kurz, was die chinesischen Begriffe für Zivilreligion und Monotheismus sein könnten, doch Herr Lin hat nicht die Geduld, sich in philologische Details verstricken zu lassen.

»Die Große Proletarische Kulturrevolution war die erste radikaltheologische Bewegung in China seit dem Aufstand der Taiping vor über hundert Jahren. Ich bin Augenzeuge, ich bin Blutzeuge dieser Bewegung. Ich habe miterlebt, wie China in die Knie sank. Vor einem Mann, der für die meisten Gott war. Ein Gott, der liebte und strafte. Manche, die an ihn glaubten – wie ich zum Beispiel –, hat er gestraft. Gnadenlos. Die Schildkröte strebte hinauf in den Weltraum, doch sie landete im Suppentopf. Andere hat er belohnt und erhoben. Wer an ihn und seine Worte glaubte, der konnte Berge bewegen und andere Wunder vollbringen. Auch hier.« Herrn Lins linke Hand weist auf das Zugfenster, hinter dem die letzten Strahlen der Abendsonne den dunklen Bergkämmen einen goldenen Schein aufsetzen. »Macht euch die Erde untertan! Aus Wüstensand wurden Oasen. Ich sage es noch einmal: im Glauben an seine Worte. Natürlich kann man sagen, daß nicht alle Wunder von Bestand waren. Hier in der Wüste waren es die wenigsten. Meistens wurden die Wasserstellen leer gepumpt, um fruchtbaren Boden zu schaffen. Durch künstliche Bewässerung. Aber der Boden war dann nur ein paar

Wochen fruchtbar, danach war auch die Wasserstelle Wüste. Aber es hat keine Bedeutung, wenn die Finsternis über das Licht siegt, wichtig ist, daß die Chinesen geglaubt haben. Daß sie, vielleicht zum ersten Mal, im fortschrittlichen Sinne gläubig waren.«

Und was war mit den Zweiflern, den Apostaten, den Widersachern?

»Sie wurden gebraucht wie in jedem Glauben! Man kann sagen, sie wurden mit großer Liebe verfolgt, kritisiert, niedergeschlagen. Ohne Spaltung keine Einheit! Ohne Schwarz kein Weiß! Ohne Furz kein Wohlgeruch! Sie müssen begreifen, daß hier Dialektik vorliegt, die auf ein Ziel gerichtet ist. Glaube und Unglaube waren auf dasselbe Ziel gerichtet. Ich habe dieses Ziel erkannt, im Schweinestall und unter den Kürbissen. Ich hatte viel über Religion gelesen und erkannte alle Zeichen. Es gab viele Zeichen. Ich gebe Ihnen einige Beispiele!« Herr Lin greift sich unsere Streichholzschachtel, zieht ein Zündholz heraus und legt es vor den Blumentopf. »Das erste Beispiel: Pilgerreise. Pilgerreisen hat es in China früher nur bei den Buddhisten gegeben. In der Großen Proletarischen Kulturrevolution sind alle gepilgert: zu den Höhlen von Yen'an, zu den Märtyrer-Schreinen des antijapanischen Befreiungskrieges, zu den glorreichen Monumenten der revolutionären Geschichte des Langen Marsches. Und denken Sie an die Rotgardisten!« Herr Lin zieht ein weiteres Streichholz aus dem Schächtelchen: »Erinnern Sie sich, wie sie alle Zugverbindungen danach ausrichteten, daß sie im ganzen Land revolutionäre Erfahrungen austauschen konnten? Das war wie bei den Kinderkreuzzügen des Mittelalters. Es war sein Werk. Das kleine rote Buch – man kann auch sagen: unser

Katechismus.« Noch ein Streichholz: »Glaube, Hoffnung und Liebe hat Mao uns gebracht.«

Die letzten Sätze hat Herr Lin mit der Eindringlichkeit eines Menschen geäußert, dem am Fernsprechautomaten die Münzen rar werden. Nur müssen wir uns gewaltig konzentrieren, weil diese Sätze bisweilen zu einer einzigen Stakkato-Silbe geraten. Auch schaut er nicht mehr uns an, sondern die Melone, der die Mütze schräg verrutscht ist. Er greift nach der Frucht, legt sie neben seinen rechten Oberschenkel. »Das wichtigste aber ist die Liebe«, fährt er feierlich fort, rückt die Mütze gerade und streicht der Melone über die Schale.

»Man muß jeden Genossen lehren, die Volksmassen zu lieben, ihrer Stimme aufmerksam zu lauschen; jeder Genosse soll, wohin auch immer er geht, mit den Volksmassen an dem betreffenden Ort verschmelzen, sich nicht über sie stellen, sondern in ihnen untertauchen«, sagt plötzlich die Melone mit einer ein wenig piepsenden Stimme.

Herr Lin ergötzt sich an unserer Verblüffung. »*Über die Koalitionsregierung*«, erklärt er, »Ausgewählte Werke, Band III. Wir haben im Lager die Kunst des Bauchredens gelernt. Die Leitung durfte nie wissen, wer mit wem über welche Gedanken redete. Da gab es einen konterrevolutionären Artisten, der hat uns das Bauchreden gelehrt. Wir haben nur in Zitaten aus dem kleinen roten Buch gesprochen. Das war doppelt sicher.« Herr Lin patscht sich heiter mit der platten Hand aufs Knie.

»Klavierspielen lernen«, sagt die Melone, »beim Klavierspielen müssen sich alle zehn Finger bewegen; es geht nicht, daß sich dabei einige bewegen und andere nicht. Wenn jedoch alle zehn Finger gleichzeitig auf die Tasten drücken, kommt auch keine Melodie heraus. Überall, wo eine Frage auftaucht, müssen wir diese Taste anschlagen, das ist eine Methode, die wir unbedingt zu meistern haben. Manche spielen gut Klavier, andere schlecht, und die Melodien, die dabei herauskommen, unterscheiden sich stark voneinander.«

»*Arbeitsmethoden des Parteikomitees*«, gackert Herr Lin und wischt sich über den Mund, »aus dem kleinen roten Buch werde ich kein einziges Zeichen vergessen. Schon meine Schmerzen werden dafür sorgen, daß ständig eine physiologische Kontrolle mein Glaubensleben wachhält. Als Wissenschaftler glaube ich an das Zusammenspiel von Geist und Materie. Darauf sollten wir ein Glas trinken!«

»Nur mit dem Klavierspielen wird es seine Schwierigkeiten haben«, gibt er sich zu bedenken, während er versucht, mit der rechten Hand die Streichhölzer wieder einzusammeln.

Aber hat ihn, fragen wir, mit wachsendem Interesse auf seine Äußerungen eingehend, hat ihn denn nicht gestört, daß da – in Gestalt von Revolutionskomitees, Armeeräten und wie derlei Institutionen sonst noch geheißen haben mögen – nicht eine, sondern mehrere Kirchen existierten, die mit dem wahren Glauben herumjonglierten, nicht wie es der Gemeinde, dem Volk, den Massen gefiel, sondern wie es dem Willen der jeweiligen Veranstalter entsprach? Immerhin, das hat Lin selbst zugegeben, waren doch die meisten Wunder mißlungen, und selbst der Stellvertreter Maos, der noch das Vorwort zum kleinen roten Buch schreiben durfte, Lin Biao, hatte der nicht, obwohl von Mao selbst in die hohe Position gerückt, somit gleichsam, um im Sprachbild zu bleiben, unfehlbar gemacht, hatte also nicht derselbe Lin gegen seinen Herrn die

Hand erhoben, deutlicher gesagt, ein Komplott inszeniert, um den Parteivorsitzenden zu stürzen und umzubringen, ein neues Schisma auszulösen? War nicht spätestens zu jenem Zeitpunkt abzusehen, daß selbst der Große Vorsitzende nicht unfehlbar, die reine Lehre so rein nicht sein konnte, zu schweigen von den vielen Kurswendungen in der Politik Maos, zu schweigen von den Besuchen von Nixon und von Kissinger, zu schweigen von Pol Pot, von der Unterstützung der Allende-Gegner, zu schweigen von …?

Herr Lin richtet sich ruckartig auf. »Dazu sagt das kleine rote Buch«, er macht eine kurze Pause, kichert, lacht dann immer stärker, bis ihm die Tränen in die Augen treten, »dazu sagt das kleine Buch: Credo quia absurdum, und in der Bibel steht: Solange einer Mönch ist, läutet er die Glocke.« Er wischt sich mit dem Ärmel die Tränen von den Wangen. »Jetzt werden wieder falsche Propheten in China aufstehen, ich sage Ihnen, in Zukunft wird der große, starke Glaube, den wir Chinesen für eine kurze Zeit gehabt haben, zersplittern wie eine kostbare Schale. Nein, er wird sich auflösen wie der Kadaver eines schönen Tieres, über das die Ameisen herfallen, nein, er wird verschwinden wie die Ziegel des zerstörten Sommerpalastes in den Hütten der Bauern. Wo früher die Bilder des Vorsitzenden Mao aufgestellt waren, auf den Hausaltaren, werden bald wieder Familienbilder verehrt werden, die Tempel der Buddhisten und Daoisten werden Gläubige empfangen, die ehedem zu den Schreinen der Revolution pilgerten. Aberglaube und Weihrauch. Schweineopfer. Mönche werden Witwen verführen. Goldene Kälber«, jetzt ist auch das Lallen kaum noch verständlich, »goldene Kälber überall in China, nur noch goldene Kälber. Verzeihung.« Herr

Lin läßt den Kopf auf die Brust sinken. Dann sinkt er langsam über seine Melone und beginnt, leise zu schnarchen.

»Beachten Sie ihn nicht«, sagt der Reisebegleiter und legt ihm eine Decke um die Schultern.

(1988)

Pragmatischer Daoismus

Daß der deutsche Bundeskanzler zu den Studenten der Peking-Universität sprechen wird, begrüßen auch meine alten Kollegen von der Akademie der Wissenschaften.

»Ein Kanzler, der an der Universität spricht, verleiht dem Besuch größeren Glanz als ein Kanzler, der vor Soldaten spricht«, sagt Zhang, der immer noch zu umständlichen Formulierungen neigt.

»Schade, daß ich keinen Sohn habe, der dort studiert«, sagt Pang, »mein Sohn ist beim Militär, dort hat der Bundeskanzler bei seinem vorletzten Staatsbesuch gesprochen. Natürlich nicht vor seinem Bataillon, leider.«

»Das war ein anderer Kanzler«, erkläre ich.

Wir sitzen in einem Straßencafé, das einen italienischen Namen trägt, die Sonne scheint, aber wir haben die Mäntel angelassen, denn es weht ein heftiger, staubiger Wind. Ich habe für uns einen Cappuccino bestellt, Wang und Zhang blicken ein wenig zurückhaltend auf das Getränk, es scheint ihnen aber zu schmecken, beide tragen eine leichte Milchschaumspur über der Oberlippe.

»Vor zwanzig Jahren sind wir uns zum ersten Mal begegnet«, sagt Pang und bietet mir wie früher hastig eine Zigarette an, »schon damals gab es dauernd Veränderungen, meistens zum Besseren, aber in den letzten Jahren …«

»Was er meint, ist folgendes«, setzt Zhang fort, »als du damals an unser Institut kamst, da hatten wir etwa zwei größere und drei kleinere Veränderungen im Jahr. Aber in der Zeit nach, sagen wir, 1993 …«

»Besonders nach 1994.«

»… nach 1993 oder 94 drehte sich das Rad immer schneller. Man wacht auf und ist erleichtert, daß das Bett noch im Schlafzimmer steht.«

Und der Schreibtisch?

Die beiden zucken mit der Schulter.

Historiker, erklärt Zhang schließlich, seien unter den gegenwärtigen Umständen in einer schwierigen Lage. Wirtschaftlich betrachtet, verursachten sie nur Kosten, Gewinne ließen sich ja nicht erzielen. Womit auch? Aber im neuen Denken sei eben die Anwendungsorientierung entscheidend.

»Ein Paradigma«, ruft Pang und lacht. Vor zwanzig Jahren haben wir den Ausdruck im Chinesischen bekanntgemacht.

»Jedenfalls weicht unsere Leitung nicht von dieser Linie ab. In diesem Punkt gibt es keine Veränderungen. Sie beharren fest auf dem einmal eingeschlagenen Weg.«

»Natürlich sind wir nicht nutzlos. Unsere Arbeit wirft Glanzlichter auf die Geschichte Chinas. Historiker bestärken die Liebe zum Vaterland. Auch das kann man als Anwendungsorientierung betrachten. Allerdings ohne finanzielle Folgen. Deshalb haben wir gedacht …«

»Was er meint«, sagt Zhang und zündet sich nervös eine Zigarette aus der Schachtel seines Freundes an, »wenn dein Kanzler, der ja ein enger Freund unseres Stellvertretenden Ministerpräsidenten ist, wenn der in seiner Rede an der Peking-Universität sagte: man muß nicht nur eine Linie verfolgen, sondern muß auch andere bedenken, dann könnten wir das im Institut gut gebrauchen.«

»Wie dieser Amerikaner damals.«

»Allerdings ist das schon lange her.«

Welcher Amerikaner?

»Der berühmte amerikanische Philosoph Dewey hat hier einmal eine Vorlesung gehalten. Über den Pragmatismus, also: die Tatsachen betrachten, analysieren, dann bewerten, was gut ist, was gebraucht wird, aber nicht nur für den Profit. Das hat einen großen Eindruck gemacht.«

»Immer wenn ein Ausländer an unseren Universitäten redet, macht das einen großen Eindruck.«

»Das weiß doch der deutsche Kanzler ganz genau«, sagt Zhang kennerhaft.

Zu den ruhmreichen Leistungen des Sozialismus zählt traditionsgemäß sein Vermögen, selbst die belebtesten Verkehrsadern einer beliebigen Stadt zu jeder Tages- und Nachtzeit voll passierbar zu halten. Voll passierbar für Funktionäre und deren Gäste.

Um dieses Vermögen, unter allen Umständen einen Zustand der absoluten und jederzeitigen Fortbewegungsfähigkeit garantieren zu können, beneiden manche Politiker und viele Wirtschaftsführer das »Modell China«.

»Schon eindrucksvoll, wie uns seit drei Kilometern kein Auto mehr entgegengekommen ist«, ruft einer aus des Kanzlers Delegation, als wir in Shanghai einer zu eröffnenden Fabrik entgegenfahren.

»Wie damals, an einem autofreien Sonntag.«

»Und die da an den Kreuzungen stehen, die warten sicher schon lange.«

»Aber sie winken uns zu.«

In Peking trifft unsere Delegation den Sozialismus in einer Grenzsituation. Schon bei der Anfahrt zur Halle des Volkes, auf der Straße des Langewährenden Friedens, geraten wir in einen Verkehrsstau. Unberechtigt ein- und ausscherende Privatfahrzeuge behindern den Fluß unserer langen schwarzen Kolonne. Den Kennzeichen nach zu urteilen, nehmen auch private Fahrzeuge, die auf die Volksbefreiungsarmee zugelassen sind, an diesen Manövern teil.

Einige von uns begrüßen den Mut zur Freizügigkeit, der in solchen Handlungen offenbar wird, andere notieren hämisch das Schwächeln der staatlichen Ordnung oder des Sozialismus, wieder andere beklagen die Hetze, die uns durch die Verspätung entsteht. Sogar der Laufschritt, in dem die Wachsoldaten antreten, um uns die Ehre ihres Staates zu erweisen, scheint plötzlich in engem Zusammenhang mit den zunehmenden Verkehrsproblemen zu stehen.

Ausgelöst durch diese leichte Irritation angesichts des nicht völlig reibungslosen Transportwesens fällt mir ein Zitat aus einem Klassiker der chinesischen Philosophiegeschichte ein. Es ist der erste Satz des *Buchs des Weges und der Tugend*, und er lautet: »Der Weg, den du gehen kannst, ist nicht der ewige Weg.«

Eigentlich könnte der Kanzler bei seiner Ansprache die Pekinger Studenten auch an diese daoistische Weisheit erinnern. Soviel mir bekannt ist, soll der Daoismus ohnehin zur Sprache kommen: als Bild vom Zustand des Friedens, in dem man zwar die Hunde aus dem Nachbardorf bellen hört, sonst aber auf Abstand hält.

Wenn Gerhard Schröder die Hunde erwähnt, kann er auch

auf den Weg eingehen, der nicht der ewige ist. Der Philosoph John Dewey hätte den Gedanken vielleicht anders formuliert, doch im Kern dürfte er dasselbe gemeint haben. Ich schlage der entsprechenden Instanz noch in derselben Nacht vor, des Kanzlers Rede um ein Zitat aus dem *Buch des Weges und der Tugend* sowie zwei, drei erklärende Sätze zu erweitern, und stoße nicht auf Widerspruch.

Alledings werde ich den chinesischen Dolmetscher warnen, nehme ich mir vor. Weniges ist für einen Dolmetscher nämlich so unangenehm wie das überraschende Auftauchen eines Zitates aus der eigenen in der zu übersetzenden Fremdsprache. Wie soll der arme Kerl wissen, daß er »Weg« sagen muß und nicht »Fährte«, »Straße« oder »Passage«?

Leider bleibt es bei dem guten Vorsatz, denn wieder spielt mir der Transport einen Streich. Vor unserem Hotel fahren neben der unseren gleichzeitig auch noch eine koreanische und eine kanadische Delegation zu ihren Einsatzorten. Die zahlreichen dazu benötigten Fahrzeuge schaffen es nur, sich in der Nähe des Eingangs zu halten, indem sie ständig im Kreis fahren, um anderen Fahrzeugen kurz die Möglichkeit einzuräumen, anzuhalten und einen Passagier aufzunehmen. Nur mein Fahrer hat so viel Angst, den Anschluß an seine Kolonne zu verpassen, daß er in wilder Panik im Kreis fährt, ohne anzuhalten. Als seine Kollegen den Hof verlassen, folgt er ihnen, ohne sich noch einmal nach mir umzudrehen. So bleibt der Dolmetscher ungewarnt.

Die Studenten in der vollbesetzten Aula der Peking-Universität hören dem Kanzler aufmerksam zu und lachen an den richtigen Stellen, natürlich zeitverschoben, weil die chinesische Übersetzung erst ankommen muß. Gerhard Schröder erklärte ihnen, was die Welt zusammenhält, warum Freiheitsrechte nicht unbedeutend sind und daß man auch lernen muß, Macht zu teilen – sogar mit einer Welthandelsorganisation. Er redet ernsthaft und locker, wie das seine Art ist. Jedenfalls hört sich das vor dem Fenster der Aula so an.

Zwei Lehrgebäude entfernt, hätten sich die Studenten über Japan weiterbilden können. Dort ist aber niemand hingekommen, deswegen drischt ein zorniger Dozent mit seinem alten Schläger einen müden Tennisball immer wieder gegen die Eingangspforte.

Ein paar Minuten später werde ich in den Saal gelassen, in dem der Kanzler vorträgt, und bekomme so noch mit, daß das Bellen der Hunde im Nachbardorf, soviel habe er, Gerhard Schröder aus der chinesischen Philosophie gelernt …

Als sie fragen dürfen, drängen sich die Studenten an die Mikrophone, als hinge davon eine Examensnote ab.

Was es eigentlich für gute Gründe gebe, in Deutschland zu studieren, wollen sie wissen.

Wie es um die Zukunft der deutsch-chinesischen Beziehungen bestellt sei. »Besser oder kaputt«? fragte der Student auf deutsch nach.

Was der Bundeskanzler mit dem Bild der Straße gemeint habe, auf der man nicht ewig fahren könne.

Diese letzte Frage kann allerdings nicht mehr erörtert werden.

»Nur eines habe ich in diesem hervorragenden Vortrag nicht verstanden«, sagt hinterher eine junge Dozentin, »ich habe natürlich nie Weltpolitik studiert, aber warum bedeutet die Einführung des Euro auch für mich ganz persönlich ein großes Glück?«

Leider ist da der Kanzler schon abgefahren.

»Das macht nichts, wir haben schon einen Weg gefunden«, sagt Zhang zwei Tage später am Telefon, »wirklich, du mußt dir keine Sorgen machen.«

Trotzdem entschuldige ich mich noch einmal, daß ich weder John Dewey noch den Begründer des Daoismus so in die Rede des Kanzlers habe einfügen können, daß man daraus ein gescheites Argument für die Aufwertung der Geschichtswissenschaften machen kann.

»Pang hat einfach gesagt, der deutsche Bundeskanzler, bekanntlich ein sehr enger Freund unseres Stellvertretenden Ministerpräsidenten, sei von Beruf Historiker.«

»Das war der Vorgänger«, wende ich ein, »der, der zu den Soldaten gefahren ist.«

»Macht nichts, wir haben keinen Namen genannt.«

»Und dann?«

»Das war in der politischen Schulung. Pang hat noch gesagt, du seist der Philosoph und der Historiker des deutschen Kanzlers und als solcher ständig mit ihm auf Staatsreisen. Dich kennen sie ja noch in der Leitung. Hier kommt Pang, er will dir noch etwas mitteilen.«

Pang räuspert sich umständlich. »Wir haben gelesen, daß es in Amerika etwas gibt, das sich Geschäftsphilosophie nennt. Das machen wir jetzt auch, nach Dienstschluß, und wir nennen es …«

»Daoistischen Geschäftspragmatismus«, ruft Zhang, der

seinem Kollegen offenbar den Hörer aus der Hand gerissen hat.

Sie lachen beide laut, dann wird die Verbindung mit einem kurzen, trockenen Schlag unterbrochen.

(2002)

Eine Frage der Disziplin

Sobald ich mich verabschiedet hatte, versuchte ich den Nachmittag mit Esther Saltzmann schnell und gründlich zu vergessen: Ihre Stimme, dieses Überschnappen von einem Falsett- in das Brustregister, ihre Aussprache, in der sich Wienerisch mit schlechtem Englisch mischte – und vor allem natürlich all die Einzelheiten ihres Lebens, die sie mir zwei Stunden lang erzählt hatte.

Dann fand ich einige Wochen später in der Post einen Umschlag, der ein Foto meiner Gastgeberin enthielt. Das Bild, es war schwarzweiß, zeigte eine grauhaarige Frau, vielleicht Anfang 70, ein von vielen Falten durchzogenes Gesicht, dünne Brauen. Die Augen blickten sehr eindringlich den Betrachter an.

Auf der Rückseite des Fotos stand in einer schnörkellosen, wie gedruckten Handschrift: »Zur Erinnerung an unsere Jause am 26. 10., die ich sehr genossen habe, Ihre E. S.«

Und damit kehrten alle Erinnerungen an den Nachmittag wieder zurück. An den Taxifahrer, der mich in das Viertel fuhr, er hieß Mao und machte darüber Witze, mir fiel wieder ein, wie Mao Luft zwischen halb geschlossenen Schneidezähnen eingesogen hatte, heftig hupte und dann bremste, weil sich an einer Straßenkreuzung so viele Gaffer um eine Unfallszene drängten.

Auf dem Asphalt lagen ein verbogenes Fahrrad und ein Mädchen von vielleicht achtzehn Jahren. Der Fahrer hupte noch einmal, und die Zuschauer drängten sich widerwillig auseinander, um ihm Platz zu machen. Ich sah neben dem Kopf des Mädchens eine verspiegelte Sonnenbrille, das Opfer schaute mit halb geschlossenen Augen zum Himmel, der schwarze Zopf war mit einer gelben Schleife verknotet, unter dem Zopf rann dunkelrotes Blut auf die Straße.

Der Fahrer hupte jetzt in einem wilden Takt, weil von überall her Neugierige auf die Straße strömten. Es irritierte mich, daß sich niemand um das Mädchen kümmerte. Kurze Zeit später hörte ich von irgendwoher eine Polizeisirene, damit beruhigte ich selbst mein Gewissen.

Als ich später, beim Kaffee, Esther Saltzmann von dem Unfall erzählte, sagte sie wie ein Richter bei seiner Urteilsbegründung: »Die jungen Leute haben hier viel zu viel Freiheiten. Man müßte sie besser beaufsichtigen. Es geht nicht mehr straff genug zu.«

Mir schien das eine eigenartige Reaktion auf den Tod des Mädchens und das Verhalten der Passanten zu sein. Man hätte etwas über Rettungsmaßnahmen, über notärztliche Versorgung, über die Sicherheit im Straßenverkehr in China ganz allgemein sagen können, vielleicht auch nur eine belanglose Sentimentalität. Aber Frau Saltzmann fügte ihren Worten nichts hinzu. Sie griff nach ihrem Kuchenteller und stach mit der Gabel in die Cremeschnitte.

»Das Kaffeeservice hat mir einer Ihrer Kollegen aus der DDR vermacht, als er hier abgezogen wurde. Er hatte zum Abschied von seiner hiesigen Dienststelle chinesisches Porzellan geschenkt bekommen, da gab es wohl ein Transportproblem. Aber ich bin ihm sehr dankbar. Das Muster hat Eleganz, und das ganze Geschirr, ich kann es nicht anders sagen, eine hervorragende Haltbarkeit.«

Ich blickte höflich auf meine Tasse. »Zehn Jahre erfolgreicher Aufbau des Sozialismus«, las ich unter dem Motiv eines braune Felder pflügenden Traktors.

»Dann habe ich noch zwei eigenartige Vorfälle erlebt«, nahm ich das Gespräch wieder auf. Und ich erzählte von den zwei Jubelveranstaltungen zur Feier des Rücktritts verdienter Kader. Der Taxifahrer, jener Herr Mao, hatte mich grinsend darauf aufmerksam gemacht, als vor uns ein Lastwagen bremste, aus dessen hinterem, mit Planen bedecktem Teil es dumpf paukte. Auf einen Trillerpfiff öffneten flinke Hände von innen den Verschlag, zwölf Musiker kletterten mit ihren Instrumenten von der Ladefläche, nahmen flüchtig Haltung an und verschwanden dann trommelnd und trompetend in einer Hauseinfahrt.

»Da wird ein Held der Revolution gefeiert. Warum? Weil er endlich ein Amt aufgegeben hat«, hatte der Fahrer gelacht. »Das gute Beispiel soll schließlich Schule machen. Zurücktreten ist doch ein Problem. Zurücktreten will keiner. Aber heute treffen wir sicher noch auf mehr Kapellen.« Tatsächlich stießen wir einige Straßenzüge weiter auf die nächste Gruppe. Sie hatte gerade ihren Auftritt beendet, zwei Trompetern rann der Schweiß über das sehr rote Gesicht. Eine Zeitlang fuhren wir hinter ihrem Fahrzeug her. Das Pauken mischte sich mit Hupen und Fahrradgeklingel.

»Helden der Revolution«, sagte Herr Mao, er gab den Worten eine Betonung, die schwer erkennen ließ, ob sie Respekt oder Spott ausdrücken sollte.

»Auch Dankbarkeit ist eine Frage der Disziplin«, bemerkte Frau Saltzmann, als ich meine Erzählung beendet hatte. »Ich werde jetzt meiner Schwiegertochter auftragen, daß sie uns eine Flasche Weinbrand bringt.« Sie stand auf, öffnete die Zimmertür und sprach scharf ein Kommando in den Gang. Selbst der leichte Anflug von Wiener Akzent in ihrem Chinesisch brachte keine Milde in den Befehl. »Und jetzt kommen wir bitte zur Sache. Warum haben Sie mich aufgesucht?«

»Ich bin dabei, ein paar literarische Skizzen von Leuten anzufertigen, die – wie Sie – schon sehr lange in China leben. Gerade Ihr persönliches Schicksal, die, wie ich gehört habe, Vertreibung aus Österreich, als Jüdin und als Kommunistin …«

»Mit wem haben Sie über mich geredet?«

Mich überraschte weniger die Frage als das Mienenspiel, das sie begleitete. Frau Saltzmann sah mich an wie eine Spielerin, die den Lauf der Kugel beim Roulette verfolgt.

»Einige Ihrer Bekannten«, antwortete ich ausweichend. »Ihr Name tauchte in den Gesprächen immer wieder einmal auf. Es gibt ja hier einen größeren Kreis von ehemaligen …«

»Wenn Sie mit Han Suyin geredet haben, dann muß ich zu meinem großen Bedauern sagen: Diese Dame schreibt nicht die Wahrheit. Wenn Han Suyin zum Beispiel behauptet, mein Mann sei damals politisch progressiver gewesen als ich, dann kann ich das nur zurückweisen und als Infamie bezeichnen. Dafür habe ich Beweise.«

Han Suyin sei mir wirklich gleichgültig, beruhigte ich sie, mich interessierten viel stärker andere historische Kapitel, die Lage der Juden, die Diskussionen der Austromarxisten, ihre Analyse eines so ganz anderen gesellschaftlichen Systems.

Die Erfahrungen als Frau. Wie man sich zurechtgefunden habe in all den Jahren, in denen Ausländer mal als Experten gefeiert, mal als Geheimagenten des Imperialismus verteufelt wurden.

»Mit wem haben Sie noch über mich geredet?«

Natürlich konnte ich ihr das nicht sagen. Die Kulturrevolution, während der es die in China lebenden Ausländer besonders schwer hatten, lag zwar schon einige Jahre zurück, doch nicht lange genug, als daß zwischen Tätern und Opfern, zwischen Denunzierten und Denunzianten Versöhnung eingekehrt wäre. Frau Saltzmann, das hatte mir eine Europäerin erzählt, die damals vier Jahre in Einzelhaft hatte verbringen müssen, Frau Saltzmann habe sich immer sofort als Zeugin der Anklage angeboten, wenn gegen einen Ausländer ein Verfahren, eine Kampagne, ein Tribunal angesetzt worden sei. Frau Saltzmann, erinnerte sich ein anderer, habe ihm drei Jahre Umerziehungslager in einer gottverlassenen Gegend an der Grenze zu Sibirien eingebracht. Frau Saltzmann habe jeden Unterschlupf verraten, sagte ein dritter. Frau Saltzmann, so hatten diese Zeugen mehr oder weniger übereinstimmend behauptet, sei eine doktrinäre Opportunistin gewesen, wenn nicht an ihren Händen, so klebe doch an ihrer Zunge Blut.

Andere, milder Gestimmte, hatten versucht, Frau Saltzmanns Verhalten, wie sie sagten, objektiv zu deuten. Man müsse das Trauma der Verfolgung verstehen, ein Urteil stehe nur dem zu, der den psychologischen Druck begriffen habe, der in jener Zeit ausgeübt worden sei, auf diese Frau ganz speziell, auf ihre Familie, auf alle Ausländer insgesamt. Wobei auch die Ausländer, damals, nun gut, einige seien zumindest töricht gewesen, hätten sich den falschen Fraktionen angeschlossen, selber das Feuer geschürt, es habe eben Bürgerkrieg unter Sozialisten geherrscht.

Nein, hier durften keine Namen genannt werden, also versuchte ich es mit einer Gegenfrage: »Warum haben Sie mich eigentlich empfangen?«

»Damit endlich die Wahrheit erzählt wird. Aus meiner Sicht.«

Ich zog das Notizbuch aus der Rocktasche, aber wir wurden unterbrochen. Die Schwiegertochter hatte geklopft, sie trug ein Tablett aus Bambus herein und stellte langstielige, bunt geschliffene Likörgläser neben unsere Tassen. Frau Saltzmann schenkte Weinbrand ein.

»Nehmen Sie auch etwas in den Kaffee? Statt Schlagobers? Ich muß gestehen, ich versuche immer in beiden Kulturen zu leben. Wie Sie sehen!« Sie wies mit der Hand auf ihre Einrichtung. Auf ein Sofa, über dessen Rückenlehne eine graue Häkeldecke gebreitet war, auf einen Wandteppich, auf dem eine farbenfrohe Ansicht vom Platz des Himmlischen Friedens leuchtete, auf ein Barometer, dessen rotes Lederband ein Bild von Kloster Neuburg zierte.

»Meine Schwiegertochter hat noch eine besondere Bitte an Sie. Ihr Mann fährt nächste Woche in dienstlichem Auftrag ins Ausland. Sie hat ihm eine Krawatte gekauft, doch niemand in dieser Wohnung kann einen Knoten binden. Wenn Sie die Liebenswürdigkeit besäßen, ihr das vorzuführen. Am besten jetzt gleich.«

Sie gab der Schwiegertochter die entsprechende Anweisung und goß sich Kaffee und Weinbrand nach.

»Sie stellt sich manchmal ganz gelehrig an, das muß ich schon zugeben«, sagte Frau Saltzmann, als die Frau ihres Sohnes mit dem Schlips zurückkam. »Stell dich gerade hin, Xiaoling«, fügte sie auf chinesisch hinzu.

Ich demonstrierte das Kunststück zwei- oder dreimal, dann hatte Xiaoling die Technik begriffen. Sie bedankte sich mit einer Verbeugung und lief schnell wieder aus dem Zimmer.

»Mein Leben gehörte schon immer der Literatur«, sagte Frau Saltzmann, nachdem die Tür wieder geschlossen worden war. »Gleich als ich hierherkam, habe ich mich für die deutsche Literatur eingesetzt: Ich habe einiges publiziert, auf deutsch natürlich, aber vieles ist übersetzt worden, und ich habe mir hier einen Namen gemacht. Natürlich nur in unseren eigenen Verlagen.«

Was war das für eine Literatur? Romane? Kurzgeschichten? Theaterstücke?

»Ich habe den Aufbau des Sozialismus porträtiert. In kleinen Stichen, wenn Sie so wollen. Die Befreiung der Landarbeiterklasse, die Befreiung der Frau, den sozialen Fortschritt. Sehr beachtete Beiträge. Ich habe sie gesammelt. Ich zeige sie Ihnen.«

Frau Saltzmann stand auf und trat an das dunkelbraune Bücherregal. Aus einer Reihe von Ordnern nahm sie zwei heraus, sie trugen – in Druckbuchstaben – die Aufschrift »Eigene Veröffentlichungen«.

Hatte sie viele Schwierigkeiten beim Schreiben? Einmal, weil sie ja doch recht isoliert von den Arbeiten anderer deutschsprachiger Autoren war, zum zweiten durch die offiziellen Verbände, durch die Partei?

»Sind Sie Marxist?« fragte sie und legte die Ordner neben mein Likörglas.

»Sicher nicht in einem orthodoxen Sinne, aber ich kann mich hineindenken.«

»Dann verstehen Sie trotzdem nicht, was Parteiarbeit bedeutet. Die Partei faßt kollektive Erfahrungen zusammen, analysiert sie, entwirft Programme und führt sie aus. Wer Schwierigkeiten mit der Partei bekommt, hat in der Regel Schwierigkeiten mit dem eigenen Denken. Nein, ich muß zugeben, meine Verdienste sind immer korrekt gewürdigt worden. Von der Partei jedenfalls. Natürlich gab es bisweilen Mißgunst unter den Kollegen.«

Sie griff nach dem Zopf, zu dem sie ihre weißen Haare mit einer gelben Kordel zusammengebunden hatte.

Welche ausländischen, welche deutschen Autoren hatten denn in China Verbreitung gefunden?

»Sie meinen: von den zeitgenössischen?«

Auf einmal merkte ich, daß Frau Saltzmann nicht mehr nüchtern war. In ganz kurzer Zeit war ihre vorbildlich strenge Haltung in sich zusammengefallen, die Schultern hingen herab, das Wort »zeitgenössisch« geriet ihr zu einer einzigen Folge von sch-Lauten.

Offenbar hatte sie es auch selbst gemerkt. »Literatur ist auch eine Frage der außenpolitischen Beziehungen«, sagte sie sehr vorsichtig. »Man kann die Literatur nicht losgelöst von der Verständigung der Völker betrachten.«

Also in den frühen Jahren DDR-Literatur und später dann nichts mehr außer Klassikern?

»Vergessen Sie nicht, daß wir hier selber geschrieben haben. Wir ...«, sie begann zu kichern, legte aber schnell die Serviette vor den Mund, »wir sind auch Teil der deutschen Literatur.« Sie griff nach meiner Hand. »Lesen Sie uns, ich habe es Ihnen hingelegt, wir sind im ganzen Land bekannt.«

Ich machte vorsichtig meine Hand wieder frei. »Ich fürchte, ich muß jetzt gehen, vielleicht können wir bei einem anderen Mal noch ein paar Punkte vertiefen, es war sehr liebenswürdig von Ihnen …«

Sie griff erneut nach meiner Hand. »Was bleibt uns denn jetzt noch?« Tränen waren in ihre Augen getreten. »Was bleibt uns jetzt noch, nach dem Tod von Mao? Auf wen können wir denn noch vertrauen? All die Kämpfe, all diese Jahrzehnte, alles haben wir ihm geglaubt.«

Sie hielt mein Handgelenk fest umschlossen.

»Ich weiß, daß gegen mich gehetzt wird, ich weiß, die Nachbarn halten mich für eine Denunziantin. Nichts verstehen die, nichts von Verfolgung, nichts von Tod, nichts von Linientreue.«

Sie gab meine Hand wieder frei und griff nach dem Likörglas. »Ich war Expertin, ausländische Expertin. Sie wissen, was das bedeutet, eine materielle Sonderstellung. Ich war also Expertin bis zur Kulturrevolution. Dann habe ich mich in eine andere Kategorie versetzen lassen. Ich habe mich zurückstufen lassen in die Kategorie der Chinesen. Das war mein gutes Recht. Ich war mit einem Chinesen verheiratet. Die Partei war damals gegen Ausländer. Ich muß gestehen, ich habe das materielle Opfer gebracht. Als Chinesin habe ich nur die Hälfte von dem verdient, was ich als ausländische Expertin verdient hätte. Opfer, verstehen Sie! Und jetzt will mich die Partei nicht wieder zurückstufen. Jetzt, wo sie überall Experten suchen.«

Ich suchte angestrengt nach einer Sprachformel, die mich

aus der Situation befreien konnte. »Was vermissen Sie denn am meisten«, fragte ich, als für ein paar Sekunden Stille eingetreten war, »wenn Sie an Ihre Kindheit in Österreich denken?«

Frau Saltzmann schien nicht gehört zu haben. Sie nahm das leere Glas in die Hand und bewegte es wie einen Taktstock. Dann lachte sie in sich hinein, nickte ein paarmal und sagte unvermittelt: »Der Wein und das Singen. Bitte, bei uns zu Hause wurde immer gesungen. Die revolutionären Lieder der Arbeiterbewegung. Mein Vater hat dazu aufgespielt. Er war Anführer einer Schalmeiengruppe.«

Sie stellte das Glas sehr vorsichtig wieder auf den Tisch. »Also singen wir. Kennen Sie das Lied vom Platz des Himmlischen Friedens? Natürlich kennen Sie es. Kommen Sie, wir setzen uns aufs Sofa.«

So endete der Nachmittag. Frau Saltzmann und ich setzten uns auf das Sofa, und wir sangen gemeinsam:

»Ich liebe den Platz des Himmlischen Friedens in Peking
Auf dem Platz des Himmlischen Friedens geht
die Sonne auf
Der erhabene Führer, der Vorsitzende Mao Zedong
Führt uns nach vorn …«

(1989)

Vielfältig verwendbar

Herr Pang kam auf einen kurzen Besuch am Nachmittag. »Nur ganz kurz«, sagte er, »Sie sind ja so beschäftigt, eigentlich wollte ich schon gestern vorbeikommen, aber da fehlte mir noch der zweite Erlaubnisschein von meiner Einheit, heute ist alles klar, ich habe gesagt, es gehe um internationale wissenschaftliche Kontakte, wie sie unser Stellvertretender Ministerpräsident gefordert hat, da mußten sie unterschreiben. Und es geht auch ganz schnell.«

Herr Pang trug ausgebleichte kurze Hosen und offene Sandalen, sein weißes Hemd hing über dem Gürtel. Aus der rechten Hosentasche schaute ein buntkariertes Tuch, das er in kurzen Abständen ruckartig hervorzog, um sich Schweißtropfen von der Stirn zu wischen. In den ersten Minuten unseres Gesprächs imitierte er mit großer Belustigung meine Lehrbuchfloskeln: »Sie stören überhaupt nicht, Herr Pang«, lachte er, »bitte nehmen Sie doch Platz, was kann ich für Sie tun?« Herr Pang klopfte sich begeistert mit beiden Fäusten auf die Knie. »Ihr Chinesisch ist wirklich außergewöhnlich«, kommentierte er seine Parodie, »ich bleibe auch nur ganz kurz.« Er prustete und warf den Kopf zurück. »Sie haben in der letzten Woche so interessant über die deutsche Wissenschaftsentwicklung nach dem Zweiten Weltkrieg vorgetragen. Das hat in unserem Institut einen großen Eindruck gemacht. Jetzt möchte ich Ihnen aus meinem Leben erzählen. Sie haben in Deutschland wissenschaftliche Eliten; ich bin keine Elite. Aber ich habe gelernt, vielfältig verwendbar zu werden.«

Herr Pang ist Jahrgang 1935. Mit 21 Jahren hat er sein biologisches Staatsexamen an einer Universität in Shanghai mit Auszeichnung bestanden, darauf wurde er als Hochbegabter an die Akademie der Wissenschaften nach Peking beordert. »Um anzufangen, war 1956 kein schlechtes Jahr«, schmunzelte Herr Pang und blies auf die Teeblätter, die sich an der Oberfläche seines Bechers gesammelt hatten, »damals hatten wir die ›Hundert-Blumen-Kampagne‹, Sie wissen ja, das Durcheinander mit der plötzlichen Meinungsfreiheit, ich hab mich in meinem Institut auf die Seite der Morgan-Anhänger gegen die Lyssenkoisten geschlagen; die Russenpartei, so dachte jedenfalls mein Abteilungsleiter, schien am kürzeren Hebel zu sitzen.« Herr Pang machte eine schnelle Geste, die ich nicht verstand. Er faltete seine beiden Hände wie zum Gebet und blies dann energisch hinein. »Ganz kurz gesagt«, fuhr er fort, »die Sache hat ja nicht lange gedauert, schon ein Jahr später kam die Kampagne gegen Rechtsabweichler und bürgerliche Intellektuelle, und in unserem Institut war damit jedesmal ich gemeint.«

»Ich habe Selbstkritik geübt«, kicherte Herr Pang, »aber das hat noch nicht ganz gereicht. Da haben mir die Genossen bei der Selbstkritik geholfen, wir nennen das Massenkritik, da war ich dann schon einen guten Schritt weiter.« Sehr lang blieb er nicht im Abseits stehen: 1958 war die Zeit des »Großen Sprunges vorwärts«, da wurde Herr Pang wieder gebraucht – wenn auch nicht auf dem Gebiet, für das er sich akademisch qualifiziert hatte. Denn die politischen Führer des Wissenschaftsbetriebs, fast alle bewährte Veteranen aus der Zeit des antijapanischen Kriegs, waren auf die neue Linie eingeschwenkt, die in der Hauptstadt als »Massenlinie« vorgestellt worden war. Herr Pang breitete die Arme aus wie ein Priester beim Abschiedssegen. »Der Politische Kommissar hat gesagt: Ihr Wissenschaftler macht zuviel theoretisches Zeug, das hilft den Massen keinen Deut. Für mich hat das geheißen: Schluß mit der Embryologie, jetzt geht es an die Bienenzucht!« So kam Herr Pang dazu, das Verhalten von Bienen, ihren Flug und ihre Paarungsgewohnheiten zu untersuchen. Er entwickelte einige Verfahren, um neue Bienenarten zu kreuzen, er kletterte durch die steilen Berge von Yünnan und Jiangxi, und er fühlte sich bereits sehr wohl mit seinen Bienen, da wurde er in die Hauptstadt zurückgerufen. Die Politik der Massenlinie war in großer Eile abgesetzt worden, das ganze Land litt unter Versorgungsschwierigkeiten – »man kann auch sagen: Hunger«, kicherte Herr Pang, »in manchen Gebieten ist damals jeder vierte verhungert, und anderswo«, er zwinkerte mir verschwörerisch zu, »waren es wohl noch mehr«.

Aber in der Akademie standen die Zeichen wieder günstig für theoretische Arbeit. Herr Pang wurde an ein Projekt versetzt, in das er seine Erfahrungen mit Flugtieren einbringen konnte. Es ging um Schmetterlinge, genauer: um die Frage, wie Schmetterlinge Informationen verarbeiten. »Da war ich plötzlich wieder an der Forschungsfront«, amüsierte sich Herr Pang. Er hatte im Selbststudium eine Reihe von Fremdsprachen gelernt, gab seinen wissenschaftlichen Aufsätzen deutsche Titel, damit die internationale Fachwelt wußte, wovon die Rede war, und hatte die Genugtuung, daß diese Fachwelt seine Aufsätze anforderte. »Da habe ich denen dann auch geschrieben und mir deren Arbeiten schicken lassen, die haben fast immer geantwortet, manchmal allerdings nicht sofort. Und dann hatte ich eine ganz schöne Sammlung von Aufsätzen, viel mehr, als ich verschickt hatte. Und gekostet hat es mich praktisch überhaupt nichts, denn Postkarte und Porto hat ja immer das Institut bezahlt.«

Mit 28 Jahren heiratete Herr Pang eine Studienkollegin. »Sie war zwar etwas gebrechlich im Gesundheitlichen«, sagte er entschuldigend, »doch sie hatte eine gute Stellung an der Mittelschule in der Nähe vom Hauptbahnhof, und ihr Französisch war damals nicht schlecht. Französisch habe ich nie richtig begreifen gelernt.«

Auf der Hochzeitsfeier – das Ehepaar hatte einige Kollegen eingeladen, es gab frisches Obst und Süßwerk – erfuhr Herr Pang von einem befreundeten Biochemiker, der jetzt in der Personalabteilung seines Instituts arbeitete, zum ersten Mal von einer neuen politischen Bewegung. Sie war für den Sommer 1962 angekündigt und hieß »Sozialistische Erziehungskampagne«. Herr Pang brach erneut in sein glucksendes Lachen aus: »Am Anfang habe ich gedacht: Das stört deine Arbeit, aber das kriegst du schon in den Griff. Wie Sozialismus in der Wissenschaft geht, hatte ich ja schon 1958, beim Großen Sprung vorwärts, gelernt. Da mache ich dann einfach weiter, dachte ich, wo ich 1959 aufgehört habe. Damals hat ja niemand gewußt, daß aus der Sozialistischen Erziehungskampagne die Große Proletarische Kulturrevolution werden sollte.« Unvermittelt sprang Herr Pang aus seinem Sessel hoch, durchquerte mit zwei, drei kurzen Sätzen den Raum und klatschte mit seiner ausgespreizten rechten Hand auf eine kleine Fliege, die zuvor träge an einer dunkelroten Thermoskanne hochgewandert war und gerade den Verschlußdeckel erreicht hatte. »Dieses fliegende Zeugs muß man verstehen, damit man es vernichten kann«, sagte er, bevor er im Badezimmer verschwand, um sich die Hände abzuspülen.

»Gut«, lachte er, nachdem er sich wieder gesetzt hatte, »so schlecht wie vielen anderen ist es mir nicht gegangen. Ich hatte ja gelernt, beweglich zu bleiben.« Er wippte mit dem Oberkörper. »Aber den älteren Herren in der Wissenschaft, besonders denen, die rege Beziehungen mit dem Ausland unterhalten hatten, denen ging es schon übel. Meiner Frau auch; die hatte auf ihrem Schreibtisch in der Schule ein Bild von Eva Curie. Eine Schülerin hat das gesehen und ihr bei der nächsten Massenkritiksitzung vorgeworfen, sie errichte einen Hausaltar zur Anbetung ausländischer Wissenschaftler. Meine Frau wurde verhört, und das hat sie nicht so gut überstanden, wohl wegen der Prügel. Jetzt ist sie manchmal ein wenig wirr, aber nicht häufig, und sie darf auch wieder unterrichten.« Als Herr Pang das Wort »wirr« aussprach, wischte er sich kurz über die Schläfe und kniff das linke Auge zu. »Aber ich kam noch in eine ganz erträgliche Kategorie«, fuhr er mit einer Stimme fort, in der sich Triumph und Ironie mengten, »hauptsächlich, glaube ich, weil ich ja noch so jung und beweglich war. Bei mir reichten diesmal drei Sitzungen Selbstkritik, und die Sache war ausgestanden.«

Um »dem Volke zu dienen«, wie es die neuen Parolen verlangten, wurde Herr Pang von seinem Institut an ein multidisziplinäres Projekt über Erdbebenforschung geschickt. Das war wieder etwas Neues und Anregendes, fand er, man konnte durch die ganze Volksrepublik reisen – Erdbeben traten ja fast überall auf – und traf viele interessante Kollegen, die in gleicher Sache unterwegs waren: terrestrische Physiker, Physiologen, sogar ein paar Historiker. »Ich sollte herausfinden, welche Tiere frühzeitig auf Erdbeben reagieren und wie man dieses Verhalten statistisch registrieren kann. Um Ihnen ein Beispiel zu geben: manche Schlangen beginnen sich plötzlich zu häuten, wenn ein Erdbeben bevorsteht.« Herr Pang strich flink mit Daumen und Zeigefinger seiner rechten Hand über seinen linken Unterarm. Dann gibt es Fische, die auf heraufziehende Gewitter reagieren.« Er nannte den Namen einer Fischart, der mir nichts bedeutete, auch die Zeichen, die er auf den Rand der Tageszeitung kritzelte, brachten mich nicht weiter. Später las ich, daß diese Fische bei uns in Deutschland »Schlammbeißer« genannt werden. »Macht ja nichts«, nahm Herr Pang seine Erzählung wieder auf, »wir Wissenschaftler hatten uns überlegt, daß diese Verhaltensänderungen mit atmosphärischen Veränderungen zusammenhängen müssen. Aber mit welchen Indikatoren, darüber haben wir uns nicht einigen können. Wahrscheinlich mit allen ein bißchen.«

Herr Pang nahm hastig einen Schluck aus seinem Becher und kaute einige Sekunden auf den Teeblättern, die ihm dabei zwischen die Zähne gekommen waren. »Bevor wir uns einigen konnten, bin ich dann an mein Institut nach Peking zurückgerufen worden. Denen war diese Art von Forschung zu weit von der Biologie entfernt – das muß so um 1972 gewesen sein, da gab es eine neue Anweisung, daß auch Grundlagenforschung nicht aus dem Bereich wissenschaftlicher Arbeit ausgeschlossen werden dürfe. Die Parteileitung am Institut hat lange überlegt, was das konkret bedeuten sollte. Und dann hat man mich zur Vorsicht erst einmal von dem Erdbebenprojekt abgezogen.«

Doch nach 1972 schlug die Stimmung in der Akademie der Wissenschaften und an Herrn Pangs Institut schnell wieder um. Herr Pang wurde zur Integration von Kopf- und Handarbeit aufs Land geschickt. »Das hätte viel schlimmer kommen können«, freute er sich, »es dauerte ja nicht einmal zwei Jahre, und ich durfte jedes Jahr drei Wochen zurück zu meiner Frau. Die ist erst gar nicht verschickt worden, sondern konnte sogar in ihrer Schule weiterarbeiten, in der Küche. Aber denen an der Universität Peking und an der Technischen Universität, denen ging es viel ärger; bei uns in der Akademie und besonders natürlich in der Verteidigungsforschung war man vergleichsweise gut bedient.«

Im Februar 1975 war für Herrn Pang die Integration von Kopf- und Handarbeit beendet, er kehrte einmal mehr an sein Institut zurück, doch an eine geregelte wissenschaftliche Arbeit war nicht zu denken. Viele Kollegen steckten noch mitten in der politischen Umerziehung, leisteten körperliche Arbeit in Fabriken oder auf dem Lande, häufig in weit abgelegenen Provinzen. »Die Institute standen deswegen natürlich nicht leer«, schmunzelte Herr Pang, »im Gegenteil, so voll war es vorher noch nie gewesen, es kamen ja lauter neue Kräfte, um darauf zu achten, daß die proletarische Kontrolle über den Wissenschaftsbetrieb nicht gefährdet wurde. Nur leider keine Wissenschaftler.«

Wissenschaftliches Arbeiten war zu einem Risiko geworden. »Außerdem«, sagte Herr Pang und warf einen schnellen Blick auf seine Armbanduhr, »wurden wir ja auch für Nichtstun weiterbezahlt, der Lohn war zwar niedrig, Fabrikarbeiter kriegten im Monat fast ein Drittel mehr, aber er kam regelmäßig. Andererseits: wenn man ein gutes Ergebnis erzielt hatte, dann schmückten sich die Vorgesetzten damit. Und dagegen zu protestieren war erst recht gefährlich, denn dann hieß es, man wolle sich wohl einen besonderen Namen machen und sei ein bürgerlicher Karrierist.

Außerhalb des Instituts, in jener Arena, die man die wissenschaftliche Öffentlichkeit nennt, war es ziemlich unmöglich, sich »einen besonderen Namen« zu machen, denn nach 1967 gab es kaum noch wissenschaftliche Zeitschriften. »Meine beste Arbeit habe ich 1965 geschrieben«, erinnerte sich Herr Pang fröhlich. »Ich habe den Artikel zusammen mit meinen ganzen Unterlagen zu den Versuchen eingeschickt. Bevor er veröffentlicht wurde, stellte die Zeitschrift ihr Erscheinen ein – irgendwann haben sie die Unterlagen dann weggeworfen. Na ja, das wäre heute ja ohnehin alles sehr veraltet.« Danach wurden wissenschaftliche Arbeiten in aller Regel nur noch als Berichte an die vorgesetzte Dienstbehörde verfaßt, die machte dann damit, was in ihrem Ermessen stand. »Meistens ging das Zeug in die Schublade«, giggelte Herr Pang.

Nach dem Sturz der »Viererbande« im Herbst 1976 durften die chinesischen Wissenschaftler wieder zeigen, was in ihnen steckte. Herr Pang sollte jetzt die Umweltforschung vorantreiben und auf Weltniveau bringen. »Auch das hat mit der Biologie, die ich gelernt habe, eine Menge zu tun«, rief Herr Pang und sprang auf. »Aber ich hatte keine Lust mehr, in meinem alten Institut zu arbeiten. Ich habe mich in die Wissenschaftsforschung versetzen lassen. Wenn man so viel herumgekommen ist wie ich und dabei so viel Neues gelernt hat, dann ist man am besten in der Philosophie aufgehoben.«

(1981)

Lisbeth Lu oder
Das Flirren der Liebe in Shanghai

Weder ihre Studienkollegen aus dem Institut für fremdländische Sprachen, mit denen sie vier Semester gelernt und gewohnt hatte, noch ihre damaligen Lehrer wußten Genaues über Lisbeth Lus gegenwärtiges Leben. Sie hatte einen Chinesen geheiratet, soviel war klar, jenen Lu eben, eine ganz spontane Angelegenheit nach einer Zufallsbekanntschaft im Zug. In den Waggons mit den harten Sitzen natürlich, Lisbeth war nie anders gereist. Irgendwo zwischen Kanton und Wuhan soll das Ganze begonnen haben. Oder war es zwischen Lanzhou und Xi'an passiert? Auf jeden Fall war sie dann mit ihrem Mann nach Shanghai gezogen. In ein Arbeiterviertel, meinte Anna, die Lisbeth noch aus Göttingen kannte. Doch das sagt wenig in Shanghai, Arbeiterviertel ist ja praktisch überall in der Millionenstadt. An einer der dortigen Universitäten war sie jedenfalls nicht aufgetaucht, davon hätte man gehört. Man hätte erst recht davon gehört, wenn Lisbeth den Dienst bei einer der ausländischen Firmen angetreten hätte. Dann wäre sie unweigerlich bei einer Messe, einem Empfang, einem Delegationsbesuch aufgetaucht. Kevin war offenbar der letzte, der sie gesehen hatte, in einem Café an der Nanking Road. Aber gesprochen hatte er damals nicht mit ihr, außerdem lebte er jetzt schon seit langem wieder in Sydney. Lisbeths Spuren hatten sich verloren.

Ihr Mann, dieser Lu, soll beruflich etwas mit Metallen zu

tun gehabt haben, meinte Richard. So eine Art Kesselschmied, behauptete Tina, Schweißer in einer der Werften, sagte Giacomo. Fest stand, daß es sich um etwas Proletarisches handelte. Das war noch am wenigsten verwunderlich. Einer Generation entstammend, für die der Zauber Chinas untrennbar mit der Vorstellung von »China als Modell für ...« zusammenhing, hatte Lisbeth seit jeher einer strengen Lebensführung das Wort geredet. Allerdings ohne missionarische Verbitterung, als Urteil des Gefühls eher denn des Verstandes. Wobei sie natürlich eine Unterscheidung zwischen Gefühl und Verstand aus – wie sie selbst sagen würde – »klassenanalytischer und feministischer Perspektive« heftig abgelehnt hätte. Dabei galt Lisbeth nicht als besonders radikal, das waren die Parolen der Zeit. Selbst wenn sie von den »Ausgebeuteten durch die Agenten des Kapitals« redete, weichte schon ihre rheinische Sprechweise die Papierkragenworte auf. Und beim Definieren von Klassenzugehörigkeiten, einem beliebten Spiel im Sprachunterricht am Pekinger Institut, soll sie einmal laut gesagt haben: »Das ist doch Kappes!«, als aus dem Lehrbuch wieder die Trennung zwischen »halbarmen und mittelarmen Kleinbauern« vorgetragen wurde.

Früher, in Göttingen, habe sie es allerdings manchmal genauer genommen, erzählte ein Kommilitone, da habe sie einen ganzen Kurs über die Eisengewinnung im mittelalterlichen China kippen wollen und statt dessen gefordert, die Seminarteilnehmer sollten über die mißliche soziale Lage von einst und die hervorragenden Bedingungen von heute unter besonderer Berücksichtigung der Lage im Stahlwerk Baoshan diskutieren. Damals sei Lisbeth den meisten auf die Nerven gegangen, man habe sie Betty Baoshan genannt und gehofft, daß sie so bald wie möglich ein Stipendium nach China erhielte. Schon damals hatte sich herumgesprochen, daß Realitätserfahrung dämpft.

Die Demonstration auf dem Platz des Volkes in Shanghai ist nicht sonderlich aufregend. Ich stehe festgekeilt im Nieselregen, ein paar Lautsprecher verkünden Forderungen nach studentischen Freiheiten, nach größerer staatlicher Toleranz, die Lautsprecher brüllen, als müßten sie es nicht nur mit den vielen Polizisten um uns herum, sondern auch mit der Dunkelheit und der Nässe aufnehmen. Schon zum sechsten Mal wird die Internationale angestimmt, doch der Text sitzt schlecht, nach der ersten Strophe können die meisten nur noch mitsummen. Ganz in der Nähe – aber was heißt schon Nähe, wenn dazwischen ein paar tausend Körper stehen? – werden zwei Autos umgekippt und aufgeregt in Brand gesetzt. Jetzt trillern Polizeipfeifen, jetzt drückt und schiebt es, Zeit zum Aufbruch.

»Kommen Sie hier entlang«, sagt eine Frau und greift nach meinem Arm. Sie hat englisch gesprochen, mit einem Akzent, der auf das »th« in »this« keinen Wert legt. Sie ist groß und breitschultrig, aus den Spitzen ihres blonden Haares tropft es in den von einem großen Reißverschluß gesäumten Lederkragen. »Ich kenne Shanghai besser«, ruft sie, »wir gehen jetzt nach Norden, dann nach Westen.«

Eine halbe Stunde später sitzen wir in der Bar des Friedenshotels. Unterwegs haben wir kaum miteinander gesprochen, sie war mir immer zwei, drei Schritte vorausgelaufen, hatte sich durch den zähen Strom der Passanten geschlängelt, immer einen Blick über die Schultern werfend, ob ich ihr noch folgte. »Ich habe Sie da herausziehen müssen«, sagt sie, nachdem ich die Bestellung aufgegeben habe, »warum habe ich das gemacht? Nun, weil es gefährlich werden würde. Unsere Sicherheitsorgane verstehen keinen Spaß.« Sie redet in einem hellen, bisweilen etwas klirrenden Tonfall, als ob sie in eine schwache oder gestörte Telefonleitung sprechen müßte.

»Wir können auch deutsch reden«, sage ich und nenne meinen Namen.

»Ich heiße Lisbeth«, antwortet sie, »Lisbeth Lu. Ich glaube, ich habe schon einmal etwas von Ihnen gelesen. Auf dem Platz vorhin sahen Sie sehr nach Ausländer aus. Worüber haben Sie gearbeitet? Sie haben über ...« Der Satz bleibt unvollendet.

Die Bar füllt sich mit japanischen Touristen. Abends spielt hier eine Rentnerband Glenn-Miller-Melodien aus den vierziger Jahren. Sie haben das bereits getan, als diese Melodien noch brandneu waren. Auch vor japanischem Publikum. Nur waren das damals Besatzungsoffiziere. Die Nachkommen dieser Offiziere bewahren der Band ihre Treue. Und dem Ort. Zu den Klängen von »In the Mood« erzähle ich Lisbeth von den Gedanken, die sich ihre früheren Kommilitonen in Peking über sie machen.

Lisbeth zieht am Reißverschluß ihrer Lederjacke. »Warum verstehen die nicht, wofür ich mich entschieden habe?« fragt sie in ihrer Art, eine Aussage mit einer selbst gestellten Frage einzuleiten. »Na, weil sie Angst haben, selber von der Kante der Oberfläche zu rutschen. Weil sie uns Chinesen immer nur wie im Film genießen wollen, für ein paar Stunden, immer nur das Exotische, nie das Innere der Truhe. Fast schon wie die da vorn«, sie wendet das Gesicht einem japanischen Reiseleiter zu, der in der Tür zur Bar mit einem vom Regen schlaffen Fähnchen winkt. »Warum sind wir Deutsche so?« fährt Lisbeth fort. »Nun, weil wir uns so angenehm eingerichtet haben, weil wir es gerne stabil haben und trotzdem auf unsere Neugier nicht verzichten wollen.«

Gerät sie, will ich jetzt wissen, nicht manchmal in Schwierigkeiten, wenn sie das Wort »wir« benutzt? In die Schwierigkeit herauszufinden, ob sie als Lisbeth oder als Frau Lu redet und empfindet?

Lisbeth hämmert mit Daumen und Zeigefinger den Takt von »Chattanooga Choo-Choo« auf die Glasplatte, wendet sich ab, wippt mit dem Oberkörper. »Schon komisch«, antwortet sie nach einer Weile und greift nach dem Glas. »Verstehen Sie, für mich ist das alles so klar, und niemand begreift es. Hier begreift es auch niemand. Mein Mann, nun, daß Chinesen Ausländer heiraten, ist ja nicht ungewöhnlich. Warum machen sie das? Weil sie aus China herauswollen. Aber wir haben geheiratet, und ich will hierbleiben. Ich will hierbleiben, und was soll mein Mann in Europa? Das hat meine Familie überhaupt nicht verstanden. Ich meine, die Familie meines Mannes hat das überhaupt nicht verstanden. Ich wollte ja nicht einmal Geld für die Heirat. Vielleicht war das ein Fehler. Meine Schwiegereltern hatten jahrelang gespart für die Braut ihres Sohnes. Bräute sind ja hier sehr teuer. Ausländische Bräute praktisch unerschwinglich. Weil immer mehr junge Männer nach Shanghai kommen und natürlich nicht so viele Frauen zur Verfügung stehen.« Sie hält inne und schüttelt angewidert den Kopf. »Das ist ein dummer Ausdruck, ›zur Verfügung stehen‹, aber es stimmt schon, es hat etwas mit Markt zu tun. Jedenfalls haben meine Verwandten gar nicht geglaubt, daß ich umsonst war. Ich habe gesagt, ich mache das aus Liebe. Da haben die gedacht, ich sei irgendwie krank. Vielleicht unfruchtbar, genetisch belastet oder so. Eine Ausländerin ist doch nicht umsonst. Wo hier schon eine Busschaffnerin ein paar Jahresgehälter kostet.«

Ich bestelle noch einmal zwei Gin Tonic. »Die alte Missionarserfahrung aus dem 19. Jahrhundert: Solange sie ihre Bibeln umsonst verteilten, in Kanton, in Hongkong oder hier in Shanghai, wollte niemand die Dinger haben. Dann verlangten sie dafür einen Preis, und sofort stieg der Wert von Gottes Wort.«

»So sind wir eben«, sagt Lisbeth, »materialistisch bis auf die Knochen. Ich muß jetzt nach Hause. Bitte trinken Sie den Gin ohne mich. Wenn Sie wollen, können Sie meinen Mann kennenlernen. Ich kann Sie morgen in Ihrem Hotel anrufen. Aber nur, wenn Sie wirklich wollen. Nein, wirklich, bitte kein Taxi!«

Ich bringe sie zur Bushaltestelle. Der Regen ist nicht mehr sanft, er schlägt jetzt mit Gewalt. »So eine Dusche wünschte ich mir einmal in unserem öffentlichen Badehaus«, sagt Lisbeth Lu zum Abschied.

»Möchten Sie vielleicht hier im Hotel ein Bad nehmen?« frage ich am Nachmittag des nächsten Tages. Lisbeth Lu hat am Morgen angerufen, am Telefon klang die Stimme noch etwas schriller als am Vorabend, die Botschaft lautete: ein anstrengender Tag, Besorgungen seien zu erledigen, Gin mache Kopfweh, die feuchte Schwüle lasse die Kleider kleben, vielleicht gingen heute die Demonstrationen weiter, ihr Mann sei auf dem Gemüsemarkt, am späten Nachmittag könne ich die Familie besuchen kommen. Sie würde mich im Hotel abholen.

Sie trägt wieder den Lederanzug mit den groben Reißverschlüssen. »So wohnen also unsere großen Kader auf Dienstreise«, sagt sie und mustert die beiden Zimmer, in denen ich Quartier gefunden habe. Chinesische Hotelsuiten sind ein Fest fürs Auge. Viel Bewegungsfreiheit habe ich nicht, dafür könnte ich bequem einem Dutzend Gäste einen Stuhl anbieten, ein weiteres Dutzend damit beschäftigen, sich ein Urteil über das einheimische Kunsthandwerk zu bilden. Stühle und Kunsthandwerk im Überfluß. Zu schweigen von dicken Teppichen, schweren Vorhängen und geschliffenen Saftgläsern in der Vitrine.

»Sie können hier wirklich gern ein Bad nehmen«, sage ich noch einmal, »ich lese derweil unten in der Lobby eine Zeitung und versuche, den Sportteil zu verstehen.«

»Warum kann ich dieses Angebot annehmen? Nun, weil in unserem Badehaus heute politische Versammlung ist und es deswegen geschlossen bleibt.« Lisbeth Lu springt aus dem Sessel, läuft zum Badezimmer, verriegelt die Tür. Sekunden später poltert Wasser, trällert eine Melodie: Glenn Miller, »Moonlight Serenade«.

Ich streife mir mein Jackett über und suche nach dem Zimmerschlüssel. Plötzlich geht die Badezimmertür wieder auf. Zwischen milchweißen Schwaden erscheint Lisbeth, sie trägt immer noch den Lederanzug. »Ich finde hier keinen Bademantel«, sagt sie im Ton einer leicht genervten Kundin. »Meinetwegen müssen Sie übrigens nicht nach unten gehen. Bei uns verlaufen die Schamgrenzen anders.« Dann schließt sie ruhig wieder die Tür.

»An das öffentliche Badehaus habe ich mich erst nach und nach gewöhnt«, sagt sie eine halbe Stunde später. »Es ist da alles so öffentlich. Und so voll. Lauter nackte Frauen, die sich unter die Dusche drängen. Dabei tröpfelt es nur lauwarm. Die Wände und der Boden total vermodert. Man fühlt richtig, wie einem der Pilz zwischen den Zehen hochkommt. Echt too much.«

Ich frage nach den Demonstrationen. Werden sie weitergehen? Werden sie von den Studenten auf die Arbeiter überspringen? In den Nachrichten im Radio habe ich nichts gehört. Nur unten, in der Hotellobby, werden die abreisenden Gäste diskret aufgefordert, für die Fahrt zum Flughafen eine zusätzliche Stunde einzukalkulieren. Vielleicht auch ein bißchen mehr.

Lisbeth schüttelt den Kopf. »Die haben ja solche Angst, unsere Kader. Was haben sie gemacht, als die Studenten angefangen haben, durch die Straßen zu ziehen? Sie haben sofort den Arbeitern höhere Prämien versprochen. Den Arbeitern! Damit die ruhig bleiben. Denn wenn es hier einmal losgeht, dann ist doch sofort alles zu. Da ist die Stadt blockiert. Da läuft echt nichts mehr, kein Transport, niemand kommt mehr zur Arbeit, das Chaos.« Sie legt lustvoll die Hände um den Hals und reißt die Augen in einer fröhlichen Geste des Strangulierens weit auf.

»Und haben die Arbeiter auf die Stillhalteprämien entsprechend reagiert? Oder hat sich proletarisches Klassenbewußtsein geregt?«

»Ach, die chinesischen Arbeiter und ihr Klassenbewußtsein! Was kann man dazu sagen? Man muß sagen, was unser Dichter Lu Xün gesagt hat: Sie haben Angst, sich den Kopf anzustoßen, bevor sie sich noch erhoben haben. Worüber reden die Arbeiter mit ihrem proletarischen Bewußtsein? Nun, sie reden darüber, was im Fernsehen kommt, und sie reden darüber, wo es auf dem Schwarzmarkt billige ausländische Zigaretten gibt. Wieso kann ich das so genau sagen? Weil ich mit einem Arbeiter verheiratet bin. Und weil der Bruder meines Mannes auch ein Arbeiter ist. Abend für Abend sitze ich mit denen zusammen. Wir rauchen, und wir sehen fern. Wo gibt es etwas billiger einzukaufen, das ist die Frage, und: Kommt ein Film aus Korea? Weil, die zeigen mehr Fleisch.«

Lisbeth nimmt sich eine Zigarette und läuft über das Kranichmuster des weinroten Teppichs zum Fenster. Sie wiegt sich dabei in den Hüften. In dem schwarzen Seidenmantel wirkt sie wie eine Schauspielerin, die falsch besetzt wurde, aber tapfer und mit viel Dampf dagegen anspielt.

»Marx ist hier ziemlich weit weg. Und die politische Ökonomie verlottert. Was mache ich jetzt? Ich rauche Tauschwert. Ware – Geld – Ware, ich rauche gleichzeitig Geld und Ware. Und Dienstleistungen. Seitdem ich gebadet habe, habe ich eine Fahrradreparatur geraucht, und wenn ich so weitermache, dann habe ich bald einen Arztbesuch in den Lungen.« Sie wirft den Stummel aus dem Fenster und holt die ausgestreckte Hand mit einer Geste zurück, die im Schattenboxen das Aufgehen des Vollmonds beschreibt.

Vielleicht ist es diese Geste, vielleicht der Bademantel oder der nackte Arm: Hat sich denn wenigstens fürs Gefühl erfüllt, wovon sie damals geträumt hat, im Zug von Kanton nach Wuhan, oder wo immer dieser Teil der Lebensgeschichte seinen Anfang genommen hat?

Lisbeth baut wieder Spitzbögen mit ihren Augenbrauen. »Natürlich will ich Kinder«, antwortet sie, »und ich bereue überhaupt nichts.« Sie läßt sich in einen der Sessel mit den umhäkelten Deckchen fallen, kreuzt die Beine, zieht die Seide übers Knie. »Natürlich ist einfach nur leben hier schon sehr anstrengend. Also ohne jegliche Vorfälle. Und für Liebe braucht man ja Bedingungen. Was habe ich gedacht, als ich zum ersten Mal bei meinem Mann in die Wohnung kam? Nun, das ist ja eine lustige Studentenbude. Altbau und so. Natürlich sehr eng, aber ich bin ja in China. Und dann habe ich bemerkt, daß da in einer Ecke noch die Eltern saßen, und der Bruder wohnte auch noch da. Der war nur gerade auf Schicht. Wenn man mit all denen auf einem so engen Raum zusammenlebt, ja, wie soll sich dann ein erotisches Flirren einstellen? Also ...«, sie zieht den Saum des Mantels tief hinab, bis über die Fußknöchel, »also, ich laufe im Sommer gerne einmal nackt durch die Wohnung. Gerade wenn es so heiß und schwül ist. Kann ich aber nackt herumlaufen, wenn die Schwiegereltern und der Schwager gerade ihr Schwätzchen halten?«

Und wie verschafft man sich dann die zwei, drei ungestörten Stunden, die man für, sagen wir, fürs »Flirren« braucht?

»Kino«, sagt Lisbeth Lu entschieden. »Kino, nur Kino. Es ist ja sonst nichts los in Shanghai. Außer Zirkus – aber da will dann mein Mann auch mit. Aber Kino geht. Nur: Finden Sie mal einen Film, der gleichzeitig meinen Schwiegervater, meine Schwiegermutter und den Schwager interessiert. Dazu braucht man natürlich Eintrittskarten, das ist doch auch nicht leicht, gleich für drei. Das kostet Geld, das kostet viel Zeit fürs Schlangestehen. Aber dann genießt man natürlich die Einsamkeit, allerdings nicht ganz ohne Leistungsdruck.« Und wenn man sich sonstwo ein ungestörtes Plätzchen sucht? »Wo soll denn ›sonstwo‹ sein, hier in dieser Stadt? Die drei, vier

Parks sind doch immer rammelvoll. Da ist doch rund um die Öffnungszeit alles besetzt. Ein Gedränge und Geschiebe hinter jedem Busch, als wäre dort Gold versteckt. Wer da keinen starken kleinen Bruder hat oder ein robustes Schwesterchen, der kommt sowieso zu spät.«

Wieso braucht man zum Schmusen Geschwister?

»Damit die den Platz reserviert halten. Vorher. Die Leute kommen doch alle gleichzeitig. Warum? Weil zur selben Zeit die Schicht endet. Also muß man vorher jemanden hinter die Büsche schicken, der sich auch nicht vertreiben läßt, wenn Ältere und Größere kommen. Am besten Geschwister, denen man vertrauen kann. Die halten dann die Stellung. Wir nennen sie die kleinen Platzpatronen.«

Lisbeth drückt die Zigarette aus. Ich habe nicht buchgeführt, doch unter Schwarzmarktkonditionen sind gewaltige Werte im grünen Marmoraschenbecher gelandet. »Ich zieh mich jetzt an, und dann fahren wir zum Lokaltermin.«

Natürlich kann man Lisbeths Wohnung auch mit den Mitteln des örtlichen Nahverkehrs erreichen. Ein paarmal umsteigen, der wiederholte zähe Kampf um den Platz für die eigenen Füße, als Frau die fremde Hand am Hintern. Es regnet wieder, und ich bestehe auf einem Taxi. Als wir dem Fahrer die Adresse nennen, schüttelt er ungläubig den Kopf, dreht sich um, hebt die Hand so abwehrend vors Gesichts, als hätten wir ihm einen besonders anstößigen Auftrag gegeben.

»No«, sagt er, »no, no. Ich bringe Sie in jedes Hotel, zum Bund, ins Lu-Xün-Museum, zum Zoo, zum Flughafen, doch dorthin fahre ich nicht, dort kenne ich mich nicht aus.«

Lisbeth erklärt ihm den Weg.

»Aber was wollen Sie da? Dort gibt es nichts zu kaufen, kein Restaurant, nichts Schönes anzuschauen, dort ist es einfach nur …«, er sucht nach dem passenden Wort, »dort ist es nur durcheinander.«

»Ich wohne da«, sagt Lisbeth schlicht.

»Sie wohnen da?« wiederholt der Taxifahrer. Er wirft ihr einen Blick zu, in dem sich Resignation, Abscheu und selbst eine Spur Mitleid mischen. Ein Blick, der immer länger wird.

»Sie werden dort warten«, fährt Lisbeth mit entschlossener, schriller Stimme fort, »etwa eine Stunde, und dann werden Sie den Herrn wieder zurück ins Hotel bringen.«

»Sie wohnen da?« wiederholt der Taxifahrer, schüttelt seinen Vogelkopf, löst die Handbremse und gibt vorsichtig Gas.

Die Fahrt wird länger dauern als die vorausgesagten dreißig Minuten. Der Regen ist heftiger geworden, der Verkehr noch dichter, Trauben von Radfahrern zwingen den Fahrer zu immer waghalsigeren Manövern. Im Wagen beschlagen die Scheiben. Lisbeth malt mit ihrem Zeigefinger chinesische Zeichen ans Fenster, wischt sie dann mit dem Schal wieder ab, als müßte sie ein unanständiges Graffito auslöschen. Bevor die Scheibe wieder zu Milchglas wird, sehe ich auf zweistöckige naßgraue Häuser aus Beton, sie tragen große Nummern, damit man sie auseinanderhalten kann. Vor einem Kohlehaufen tanzt ein kleines Mädchen. Sie trägt einen dunklen Trainingsanzug, das nasse, kurzgeschnittene Haar glänzt. Mit den Füßen, mit Spitze, Absatz oder Seitenkante läßt sie einen kleinen Ball aus Silberpapier, in dem eine Möwenfeder steckt, immer wieder in die Höhe steigen.

»Wann wollt ihr denn euer erstes Kind?«

»Mein Mann hat da seine eigenen Vorstellungen. Unsere

Familie auch. Was habe ich vorher gesagt? Wenn es wieder anfängt, so richtig zu flirren!«

»Angekommen«, meldet der Taxifahrer. In seiner Stimme schwingt Zweifel. Wir steigen aus, ich schaue mich um: Wir stehen an einer Straßenkreuzung – zwei, drei kleine Läden, Häuser aus den zwanziger, dreißiger oder vierziger Jahren, Häuser ohne Gesicht, ohne Alter und ohne Jugend.

»Ich geh mal voraus.« Lisbeth greift nach ihrer Handtasche. Ein paar Minuten später laufen wir durch eine enge Gasse, biegen in einen Hof, erreichen den Hinterhof. Die Eingangstür ist unverschlossen.

»Passen Sie auf Ihren Kopf auf«, mahnt Lisbeth, »es wird jetzt sehr eng und sehr dunkel.«

Kaum hat sie zu Ende gesprochen, pralle ich mit der Stirn an eine nackte Glühbirne, schlage sie aus dem Sockel, höre, wie sie dumpf zerspringt. »Macht nichts«, sagt Lisbeth, »die war schon kaputt, als ich hier eingezogen bin.« Ihre Wohnung liegt im zweiten Stock. Sie schließt auf, streift die Schuhe ab und macht eine einladende Geste. »Hereinspaziert!«

Nach dem dunklen Stiegenhaus blendet das weiß gekalkte Zimmer. Es wird, etwa in Brusthöhe, von einem dicken Balken durchteilt, auf dem Balken sitzt eine Gruppe grellrot drapierter, etwas dümmlich dreinblickender Puppen mit breit auseinandergespreizten Beinen.

»Hochzeitsgeschenke«, sagt Lisbeth, die meinem Blick gefolgt ist.

»Unser Besucher aus Westdeutschland«, ruft sie plötzlich auf chinesisch in eine Ecke des Raumes. Ein kleiner schlanker Mann erhebt sich von einem braunen Stuhl vor einer braunen Schrankwand. Ich verbeuge mich, strecke den

Arm aus, tauche unter dem Balken durch und schüttle ihm die Hand.

»Westdeutsche Gäste sind uns immer sehr willkommen«, sagt er. »Bitte trinken Sie mit uns einen Schluck Tee.« Er trägt das Haar auffällig lang, für einen Stahlarbeiter ist sein Händedruck fast zärtlich.

»Hier sehen Sie die Pracht.« Lisbeth deutet auf zwei Klappbetten, einen Schreibtisch, eine schwarze Truhe, einen Glasschrank und einen Nachttopf. »Aber immerhin haben wir einen Balkon.« Auf dem Balkon wächst aus blau glasierten Schalen Küchengemüse. Zwischen dem Gemüse liegt eine fette alte Katze, um ihren Hals ist eine Schnur geknotet, deren anderes Ende am Eisengitter festgemacht ist. »Katzen leben hier gefährlich.« Lisbeth schließt die Balkontür.

»Wir trinken jetzt Tee, bevor das Wasser kalt wird. Heißes Wasser gibt es nur zentral, vorne im ersten Hof. Im Winter ist es ein wenig unangenehm. Warum? Weil man so lange laufen muß. Aber das Klo liegt gleich neben der Wasserstelle. Da kann man zwei Notwendigkeiten miteinander verbinden. Jedenfalls tagsüber.«

Und nachts?

»Nachts braucht man kein heißes Wasser. Und für das andere gibt es den Nachttopf.«

Der Tee wird in kleinen Emaillebechern auf dem Schreibtisch serviert. »Die westdeutsche Wirtschaft hat überall auf der Welt ein großes Ansehen«, sagt Herr Lu. »Mercedes Benz, Volkswagen und die Erzeugnisse der Werkzeugmaschinenindustrie sind hochberühmt. Vor ein paar Tagen zeigte das Fernsehen einen Film über Hamburg. Hamburg hat auch einen großen Hafen …«

»Schätzchen, zeige unserem Gast deine Fotosammlung«, unterbricht ihn Lisbeth. »Er fotografiert ausgezeichnet, vielleicht können Sie etwas davon für Ihren Artikel gebrauchen.«

Herr Lu holt ein Dutzend Fotoalben aus dem Schrank. Sie sind mit bunten Plastikhüllen überzogen und tragen in Gold geprägte Jahreszahlen.

»Ich bin kein Experte, aber die Fotos haben einen tiefen Eindruck in mir hinterlassen«, sage ich eine Stunde später. Dann begleitet mich Lisbeth zum Taxi.

»Warum kommt selbst mir das Leben hier manchmal eintönig vor? Es kommt mir eintönig vor, wenn es nichts Neues, Aufregendes gibt. Man muß es einfach ganz genau kennenlernen. Dann versteht man viel mehr. Vielleicht, in ein paar Jahren, vielleicht weiß ich dann immer mehr.«

Der Taxifahrer erblickt uns mit unverhohlener Erleichterung. »Zurück finde ich den Weg ohne Probleme«, sagt er und startet den Motor.

(1989)

Alle glückliche Familie

Mit den jungen Köchen hat es schon häufiger Krach gegeben. Die beiden sind aus Hunan und streitsüchtig. So etwas wie Respekt vor dem Alter kennen die überhaupt nicht. Als Yongxin ihnen einmal sagte, nicht jeder deutsche Gast sei glücklich über den Haufen Glutamat, den sie in Suppen und Fleischsoßen rührten, hatten sie ihn nur verächtlich angeblickt. Ihn, den Chefkellner.

»Mach's doch mit deiner Mutter«, hatte der ältere gesagt, der mit den gekrüllten Haaren und der platten Nase.

»Katholikenfurz«, fügte sein breitschultriger Kollege hinzu, ohne von der Petersilie auf dem Hackbrett aufzusehen.

Typisch für Leute aus Hunan, dachte Yongxin. Frech, ungehobelt, unfähig, einen Satz zu sagen, ohne gleich unflätig zu werden. Seit genau zwölf Monaten sind die Köche jetzt hier in Hamburg, niemand im Restaurant kann sich erinnern, von den beiden ein freundliches Wort gehört zu haben. Wenn der Chef sie morgens mit zur Großmarkthalle nimmt, stehen sie bereits starr vor der Tür wie zwei Wachsoldaten, die die Nacht auf ihrem Posten verbracht haben, dann steigen sie grußlos in seinen Lieferwagen. Später sieht man sie genauso stumm die Gemüse- und Obststeigen abladen. Als würden sie Granaten verladen und nicht frischen Kohl, zarte Salate und duftende Mandarinen. Vor nicht allzu langer Zeit hat Yongxin sie in ihrem Zimmer, oben in der Mansarde, besucht: Ein grauer Spind aus Sperrholz, zwei eiserne Pritschen, die

Wände blank bis auf zwei Handtücher an Nägeln. Die Einrichtung eines Militärlagers, ohne die geringste Spur von Kultur. Und genauso wird es da oben auch noch das ganze nächste Jahr bis zu ihrer Rückreise nach China aussehen.

Allerdings, der Chef ist sehr mit ihnen zufrieden. Der würde ja auch kaum verstehen, was sie reden, wenn sie redeten. Der Chef ist aus Surinam, jedenfalls ist seine Familie da gelandet, nachdem es in Malaysia zu Schwierigkeiten gekommen war. Malaysia ist oft schwierig, doch nie so schwierig wie Kalkutta. Yongxin hat lange in Kalkutta gearbeitet. Dort war man auch arm, achtete aber auf Farben und Formen.

Ursprünglich kommt die Familie des Chefs wohl von der Insel Hinan. Mandarin hat der Chef nie richtig gelernt, er beherrscht nur ein paar Kommandos und natürlich die Gerichte auf der Speisekarte. Für den Chef kommt es vor allem darauf an, daß die Köche spuren und nichts beiseite schaffen. Wenn sie viel Glutamat benutzen, kann ihm das nur recht sein. Glutamat spart schließlich Geld, und die echte chinesische Küche kennt sowieso kaum ein deutscher Gast.

Ob man dem Chef sagen soll, daß einer der beiden Hunanesen neulich einmal als Spitzel tätig geworden ist? Als einer von denen, die alles aufschreiben und an ihre Behörde auf dem Festland melden. Damit die dann etwas in der Hand haben gegen die Freunde und Verwandten der im Ausland Beschäftigten.

Direkt beweisen kann das selbstverständlich niemand. Es gibt ja bei denen »von drüben« sowieso kaum festangestellte Spitzel. Alles wird immer von Fall zu Fall neu betrieben. Aber die kleine Wu, die an drei Abenden in der Woche zum Bedienen kommt, hat Andeutungen gemacht, die diesmal kaum einen Zweifel gestatten. Ihre Tante in Shanghai sei vor ein paar Wochen von so einem merkwürdigen Vogel des Amtes für Öffentliche Sicherheit heimgesucht worden, der sie darauf angesprochen habe, daß auch das Verhalten von Verwandten im Ausland nicht ohne Folgen bleiben könne für diejenigen, die noch unter dem Schutz der sozialistischen Ordnung stünden. So, oder so ähnlich, habe das der merkwürdige Vogel in der bekannten Zwielichtsprache gesagt. Jene Tante der kleinen Wu hatte das natürlich nicht so direkt wiedergeben können, beim Briefschreiben muß man vorsichtig sein, dem Tiger streicht man nicht über den Schwanz.

Yongxin jedenfalls wird nie mehr über Politik reden, wenn sich das Personal zum Nachtessen zusammensetzt. Das gebietet einfach die Rücksicht auf die anderen am Tisch. Ihm selbst kann es ja gleichgültig sein, was irgendein Spitzel über ihn verbreitet. Seine Familie lebt schon seit mehr als zwei Generationen auf Taiwan. Deswegen wurde er auch katholisch getauft. Eigentlich heißt er Albert, doch in einem Chinarestaurant kann ein Kellner nicht Albert gerufen werden.

Die vom taiwanesischen Geheimdienst haben sich eigentlich nie um die politischen Meinungen ihrer Landsleute gekümmert. Soweit man weiß, hatten sie Wichtigeres im Kopf: Konstruktionspläne für U-Boote, die Beschaffung von Großrechnern, Daten über Importquoten. Der taiwanesische Geheimdienst war einfach zivilisierter.

Das Reden über Politik hat sowieso keinen Sinn. Davon wird man nicht reich, und das Essen schmeckt auch nicht besser. Bei einem Essen sollte man überhaupt nur über Essen reden. Yongxins Onkel ist darin ein Meister gewesen. Dieser Onkel, der zweitälteste Bruder seiner Mutter, hat ihm auch seine erste Anstellung verschafft. Im »Großen China«, in Kalkutta, Ende der fünfziger Jahre. Für einen Chinesen, der ins Ausland geschickt wurde, galt Kalkutta als eine besonders schwierige Adresse. Hier hielten nur die Tapfersten aus. Aber Yongxin hatte seinen Vertrag erfüllt, und zum Abschied hatte ihm der Onkel noch zweihundert Dollar in einem kleinen roten Umschlag zugesteckt – und ein kleines Buch, das zu allen wichtigen Gerichten die angemessenen Gesprächsstoffe vermerkte. Das etwas gewagte Märchen aus den Westländern etwa, wenn Melonen aus Hami gereicht werden. Die lustige Geschichte der kaiserlichen Konkubine, die so gut zur Schwalbennestsuppe paßt.

Die beiden Köche vom Festland können davon keine Ahnung haben. Das wird schon klar, wenn man ihre Vornamen hört. Männer, die »Feurige Lokomotive« oder »Fester Bohrturm« heißen, stammen von Eltern ab, die auch mit der Geburtsurkunde ein politisches Bekenntnis ablegen wollen. Und die über Namen auch Charaktere prägen. Albert zum Beispiel steht für Milde und Harmonie. Deutschland ist milder als Indien, doch nicht einmal in Kalkutta hätte ein Landsmann Yongxin je als »Katholikenfurz« beschimpft.

Die kleine Wu bedient heute abend wieder sehr schleppend. Wenn man sie schon etwas länger beobachtet hat, sieht man sofort, daß sie das linke Bein nachzieht. Wenn sie so schlurft wie jetzt, bedeutet das, daß sie wieder ihre rosa Pillen nimmt. Der zweite Neffe ihrer Mutter schickt sie ihr aus Manila. Angeblich helfen sie gegen Trübsal. Seitdem Yongxin die kleine Wu kennt, leidet sie unter Trübsal. Mal weniger, mal mehr. Erst war es die Erinnerung an ihren Vater, den berühmten Journalisten aus Wuhan, dem sie während der Kulturrevolution die Finger platt geschlagen haben. Als er aus dem Umerziehungslager zurückkam, hatte ihm ein Kollege gesteckt, daß seine Tochter mit einem Ausländer schlief. Daraufhin hatte er sie fortgejagt.

Wahrscheinlich hat die kleine Wu an ihrem freien Wochenende wieder ihre Freundin besucht, die in Leipzig Gesang studiert hat. Hoffentlich geht es der langsam besser. Noch vor drei Wochen soll die Freundin nicht einmal in der Lage gewesen sein, mit den Augen zu rollen. Hat immer nur, wie ein Karpfen auf Eis, hoch zur Zimmerdecke gestarrt. Der Mann, der sie umgefahren hat, wird angeblich immer noch gesucht. Fünfzig Meter lang hat er sie mitgeschleift, und auf dem Asphalt war keine Bremsspur zu erkennen. Die Freundin hat eine wirklich schöne Stimme gehabt, doch Opernsängerin wird sie nach diesem Unfall bestimmt nicht werden. Nicht einmal in Deutschland.

Den zwei Stahlköpfen aus der Küche ist so ein Schicksal natürlich völlig egal. Als alle damals ein wenig Geld zusammenlegten, haben die nur gelacht und gesagt, in Leipzig müsse man als Ausländer eben besonders vorsichtig sein. Das könne man doch schon in der Zeitung lesen. Als ob diese beiden je Zeitung lasen. Sprachen es und beugten sich wieder über ihre Glutamatportionen.

Die kleine Wu hat sich ihre Enttäuschung über das Verhalten der Köche nicht anmerken lassen. Sie hat kurz ihre Straßbrosche zurechtgerückt und ganz einfach gesagt, Schicksal sei unerforschbar, deswegen auch nicht zu kontrollieren. Obwohl ein deutsches Sprichwort lautet: Jeder ist seines Glückes Schmied.

Unter den katholischen Chinesen in Kalkutta ist man anders mit dem Schicksal umgegangen. Nicht nur unter den Katholiken, eigentlich galt das für alle, die aus Taiwan kamen, egal, welchem Glauben sie anhingen. Wer aus Taiwan war, der verehrte Sun Yatsen und Chiang Kaishek, der spendete für die Nationalisten und verachtete die chinesischen Kommunisten. Das galt als eiserne Regel. Jedenfalls bis zu dem verhängnisvollen Grenzkrieg zwischen China und Indien im August 1962. Da mußten alle Chinesen plötzlich zusammenhalten, Kommunisten und Nationalisten, denn die Inder machten ja auch keine Unterschiede zwischen ihnen, wenn sie sie verhafteten, verprügelten und mit Steinen bewarfen. Als an einem dieser unerträglich heißen Wochenenden eine der kleinen Schulen in Brand gesetzt wurde, in denen die Kommunisten ihre Kinder unterrichten ließen, durften montags darauf diese Schüler selbstverständlich in die feineren und besser geschützten Gebäude ihrer nationalistischen Landsleute. Das Essen war umsonst, sogar Kleider hat man ihnen geschenkt. Einige Eltern sahen es natürlich nicht gern, daß ihre Kinder in den Schuluniformen der »Landesverräter« herumliefen. Vielleicht hatten sie auch Angst, man könne ihr Verhalten als einen »Kniefall vor dem Klassenfeind« deuten, als das »Schlecken am Schokoladenüberzug einer Patrone des Gegners«, oder wie man das damals nannte. Spitzel und die Angst vor Spitzeln gab es in jenen Jahren ja auch schon zur Genüge.

Es kann natürlich auch sein, daß die beiden Köche aus Hunan überhaupt kein Geld für Mildtätigkeit übrig haben und deswegen so schroff reagierten. Als sie hier ankamen, wurde ihnen erst einmal der Flugpreis vom Lohn abgezogen. Das war gegen die Vorschriften, doch was sollten sie tun? Und keiner weiß, wieviel sie jeden Monat für Essen und

Unterkunft zahlen müssen – außer dem Chef natürlich, doch der behauptet sowieso immer, daß sich das ganze Lokal nicht rentiere. Weil sich keiner der Angestellten vorstellen könne, welche Kosten ihm entstünden, die nicht in den Büchern auftauchten.

So schlimm wie in New York kann es hier aber auf keinen Fall sein. Deutschland ist nicht Kalkutta, Deutschland ist auch nicht New York. In New York, hat der Neffe von Yongxin erzählt, treiben die Bruderschaften, die die jeweilige Straße kontrollieren, ihr Schutzgeld ein; dann tauchen in letzter Zeit immer mehr vietnamesische Banden auf, die gleichfalls abkassieren wollen, das sind ganz besonders üble Typen, die sofort zustechen und Feuer legen. Dazu erwarten diese ganzen Sanitäts- und Sicherheits- und Feuerwehrinspektoren noch ihren kleinen Umschlag. In New York kann von Zivilisation keine Rede sein. Selbst in den schwärzesten Zeiten von Kalkutta war es für ein Lokal nicht so schwarz wie in New York. Deutschland ist dagegen ein Glücksfall. Relativ gedacht.

Die Verwandten in New York müssen zum Glücksspiel auch immer raus aus der Stadt und nach Atlantic City. Jedenfalls wenn es sich um legales Glücksspiel handelt. Da hat man es in Deutschland doch sehr viel leichter – vielleicht mit Ausnahme von Bayern. Hier in Deutschland drehen sich sogar die Walzen der Spielautomaten viel länger. Irgendwie hat das mehr Kultur, die Farben schillern prächtiger, die Bilder stehen länger, Musik ertönt, gut, manchmal blitzt und kracht es. Doch in aller Regel vollzieht sich das Spielgeschehen angenehm unaufgeregt, und auch der kleine Einsatz erfährt seine höfliche Würdigung.

Eigenartig dagegen, wie unterschiedlich Deutschland riecht. In Kalkutta, in Hongkong und selbst in Surinam – jedenfalls behauptet das die Frau des Chefs – kann man sofort riechen, in welchem Viertel man sich gerade befindet. Ein Blinder kann sich in allen Straßen ganz hervorragend zurechtfinden, hier ein wenig den Duft der einen Küche aufnehmen, dort die Gewürze der anderen, dann wieder die Beize einer dritten Kultur. Deutschland riecht auf eine machtvolle Weise einheitlich, doch nicht besonders stark. In diesem Land sind aber auch die Abfalltonnen sehr dicht verschlossen. In allen Küchen werden ganz spezielle Apparate zum Absaugen von Gerüchen eingebaut. Selbst dafür gibt es Gesetze. Daher ist jeder verloren, der sich in Deutschland allein auf die Kraft seiner Nase verläßt.

Die Frau des Chefs hat die beiden Köche zum letzten Neujahrsfest auf einen Ausflug mitgenommen. In den Zoo. Dieser deutsche Zoo ist ein hervorragendes Beispiel für die Überlegenheit von Kultur über Natur. Man erkennt die Macht des Wilden und erlebt gleichzeitig den Triumph der Zivilisation. Selbst auf den Spazierwegen gibt es kein Unkraut. Die Tiere können die Kraft zeigen, die in ihnen steckt, doch durch das Raffinement der gesamten Anlage ist es ihnen verwehrt, ihre tierische Gefährlichkeit angriffslustig auszuspielen. Eigentlich besteht darin das Geheimnis von Kultur.

Die beiden Köche werden sich die Tiere nur unter praktischen Gesichtspunkten angeschaut haben. Was ihre Jagd, was ihr Transport gekostet hat, wie man sie häuten, gerben, braten kann. Wieviel verwertbares Fleisch auf ihren Knochen sitzt. In Hunan hat man über Natur schon immer sehr rückständig gedacht. Da waren selbst die in Kalkutta weiter.

Für Frauen scheinen sich die beiden Köche auch nicht besonders zu interessieren. Für die Frau des Chefs sowieso nicht, das versteht sich von selbst, doch auch nicht für die kleine Wu, deren Freund sie manchmal wochenlang allein läßt, und genausowenig rührt sich einer von den zweien, wenn die jugoslawische Maria, die hinter der Bar bedient, spätnachts fragt, ob noch irgendwer mit der Trambahn in ihre Richtung fährt.

Vielleicht gehen sie am späten Nachmittag in das Pornokino am Hauptbahnhof. Das haben früher die Köche immer gemacht. Zwei oder drei Mann auf eine Eintrittskarte, wenn's dem ersten gekommen ist, überläßt er die Karte dem Kollegen. Für die Deutschen sehen die Chinesen ja ohnehin alle gleich aus. Fast genauso wie in Kalkutta. Die Köche mußten nicht einmal die Mäntel wechseln, obwohl sie es sicherheitshalber dann doch immer taten. Dabei ist Kalkutta wirklich nicht Deutschland.

Die Frau des Chefs steht fast den ganzen Tag hinter dem Tresen, schenkt Getränke aus und spült Gläser. Vor ihr haben alle Respekt, selbst die beiden aus der Küche. Denen steckt sie bisweilen Briefmarken zu, gebrauchte und frische. Mit den gebrauchten Marken aus Deutschland kann man in China ein kleines Geschäft machen, und die frischen braucht man, um die Waren dorthin zu befördern. Eigentlich steht den Hunanesen vertraglich pro Woche nur das Porto für einen einzigen Brief in die Heimat zu. Doch die schreiben, was das Zeug hält. Dabei können sie in der Küche nicht viel mehr erleben, als was auf eine Postkarte passen würde. Von Deutschland kriegen die so gut wie nichts mit. Außer vielleicht in der Nachmittagspause vor dem Fernseher. Natürlich verstehen die beiden kein Deutsch, aber das Werbefernsehen fasziniert sie. Da kriegen sie richtiggehende Elsternaugen und könnten stundenlang zusehen.

Die kleine Wu hat ihr Deutsch im Werbefernsehen gelernt. Sie hat am Anfang auch nie ein anderes Programm verfolgt. Wenn ein Gast besorgt fragt, ob irgendein Gericht zu scharf oder zu süß oder zu fett sei, lacht die kleine Wu und sagt: »Keine Sorge, Volksfürsorge.« Das macht immer einen ganz speziellen Eindruck.

Irgendwann wird die kleine Wu einen Deutschen heiraten. Sie hat sich das fest vorgenommen, weil sie schon als kleines Mädchen für das Exotische schwärmte. Als sie das letzte Mal auf dieses Thema zu sprechen kam, hat Yongxin eingewendet, hier in Deutschland seien die Deutschen nicht besonders exotisch. Exotisch seien Afrikaner, besonders die aus dem Herzen von Afrika.

»Afrikaner sind Affen«, hatte darauf einer der Köche gesagt.

Dem widersprach die kleine Wu heftig. Sie machte das sehr geschickt, denn sie berief sich auf Mao. »Die Welt schreitet vorwärts, die Zukunft ist glänzend, und niemand kann diese allgemeine Tendenz der Geschichte ändern«, zitierte sie. »Ausgewählte Werke, Band IV. Gilt das nicht auch für die schwarzen Menschen?«

Darauf schwiegen die Köche. Gegen einen Spruch von Mao sind sie machtlos. Sie liebe die Deutschen, hat die kleine Wu noch hinzugefügt, weil es hier ganz anders und doch ohne große Unruhe zugehe. Beim Einkaufen merke man das besonders.

»Wir sind alle eine Gemeinschaft«, hatte daraufhin die

Frau des Chefs gesagt. Es war Yongxin nicht klar, ob sich dieser Satz auf die Tischrunde, die Afrikaner oder die ganze Welt bezog. Die Frau des Chefs sagt manchmal Dinge, die direkt vom Himmel herabzusinken scheinen. Wie neulich, vor zwei, drei Wochen muß das gewesen sein, als im Restaurant diese Kantonesen aus Amsterdam auftauchten. Alle trugen sie Sonnenbrillen und mit Gold verzierte Jadekettchen. Natürlich kamen sie von irgendeiner »Bruderschaft«, wollten also entweder Schutzgebühren erpressen oder Drogen loswerden. Die Frau des Chefs hat sie unglaublich kühl empfangen. Nicht gezittert und auch keine Extraspeisen auffahren lassen. Sie tat einfach so, als verstünde sie überhaupt kein Kantonesisch. Dabei lebt sie schon dreißig Jahre mit ihrem Mann zusammen. Die Kantonesen aus Amsterdam konnten dagegen Nordchinesisch nur radebrechen.

»Meine Herren«, hatte die Frau des Chefs zum Abschied nur gesagt, »wir sind hier in Deutschland, nicht in Kalkutta und auch nicht in Kanton.«

(1992)

Edward W. Said

Am falschen Ort

Autobiografie · Aus dem Englischen von Meinhard Büning

Die Memoiren des palästinensisch-amerikanischen Autors erzählen vom Verlust der Kindheit und der Heimat.

»*Saids Memoiren sind ein literarisches Meisterwerk. Dieses überwältigend gute, ebenso scharfsinnige wie rührende Buch ist die allerbeste Antwort auf politisch motivierte Enthüllungen aller Art.*« Die Zeit

»*Said ist unter den wirklich wichtigen Intellektuellen unseres Jahrhunderts am richtigen Ort.*« Nadine Gordimer

»Am falschen Ort *kommt wie ein Blitz aus heiterem Himmel, ein Traum wird wahr. In diesem Buch wird Edward Saids Weg zur Selbstfindung mit großer Eindringlichkeit beschrieben – zweifellos ist er einer der unverzichtbaren Intellektuellen der Gegenwart.*« Kenzaburo Oe

Berliner Taschenbuch Verlag